D1683702

Service-Marketing

Leonard L. Berry / A. Parasuraman

Service-Marketing

Aus dem Englischen
von Patricia Künzel

Campus Verlag
Frankfurt/New York

Die amerikanische Ausgabe »Marketing Services« erschien 1991 bei Free Press, A Division of Macmillan, Inc., New York
Copyright © 1991 The by Free Press, A Division of Macmillan Inc., New York.
All rights reserved. No Part of this book may be reproduced or transmitted in any form or by any means, electronic or mechanical, including photocopying, recording or by any information storage and retrieval system, without permission in writing from the Publisher.

Die Deutsche Bibliothek – CIP-Einheitsaufnahme

Berry, Leonard L.:
Service-Marketing / Leonard L. Berry ; A. Parasuraman. Aus dem Engl. von Patricia Künzel. – Frankfurt/Main ; New York : Campus Verlag, 1992
Einheitssacht.: Marketing services ‹dt.›
ISBN 3-593-34735-0
NE: Parasuraman, A.:

Das Werk einschließlich aller seiner Teile ist urheberrechtlich geschützt. Jede Verwertung ist ohne Zustimmung des Verlags unzulässig. Das gilt insbesondere für Vervielfältigungen, Übersetzungen, Mikroverfilmungen und die Einspeicherung und Verarbeitung in elektronischen Systemen.
Copyright © 1992 Campus Verlag GmbH, Frankfurt/Main
Umschlaggestaltung: Atelier Warminski, Büdingen
Satz: Fotosatz L. Huhn, Maintal-Bischofsheim
Druck und Bindung: Clausen & Bosse, Leck
Printed in Germany

Gewidmet einer kleinen, aber zielstrebigen Gruppe amerikanischer und europäischer Wissenschaftler, die glaubten, daß Marketing bei Dienstleistungen anders sei – und der wissenschaftlichen Lehre ein neues Fachgebiet erschlossen. Einer weitblickenden Gruppe von Führungskräften in Dienstleistungsfirmen, die frühzeitig an Treffen teilnahmen, in ihren Unternehmen als Rollenvorbild dienten, die wissenschaftliche Forschung finanziell unterstützten und Forschungsergebnisse in die Praxis umsetzten.

Meinem verstorbenen Großvater Joseph Gold,
der mein Leben bereicherte.
L. B.

Meiner Schwägerin Sara Swamy
und ihrem Mann Sam Swamy.
A. P.

Inhalt

Danksagungen 9
Anmerkung der Autoren 11

TEIL I
Ein Integrationsrahmen für das Dienstleistungsmarketing

1. Dienstleistungen und Qualität 15

TEIL II
Qualität als Grundlage des Dienstleistungsmarketing

2. Richtiger Service gleich beim ersten Mal 29
3. Herausragender Service beim zweiten Mal 48
4. Kundenerwartungen steuern und übertreffen 74

TEIL III
Organisation für Dienstleistungsmarketing

5. Marketing als Linienfunktion 95

TEIL IV
Maximale Ausschöpfung des Potentials im Dienstleistungsmarketing

6. Die Symbolisierung steuern 113
7. Dem Unternehmen Markenstatus verschaffen 138
8. Marketing bei bestehenden Kunden 155
9. Marketing bei Mitarbeitern 175

TEIL V
Ein Blick in die Zukunft

10. Dienstleistungsmarketing bis zur Jahrtausendwende 201

Anmerkungen 219
Register 226

Danksagungen

In diesem Buch stellen wir Ihnen unsere gesammelten Erfahrungen vor, die wir in insgesamt mehr als 30 Jahren der Forschung und der Veröffentlichung von Fachbeiträgen zum Dienstleistungsmarketing zusammengetragen haben. Darüber hinaus enthält es die Erkenntnisse vieler von uns befragter Manager und Professoren. Unser Ziel war es, ein Buch zu schreiben, das zu Fortschritten im Dienstleistungsmarketing führt, ein Buch, das auf der Grundlage des Vorhandenen neue Gedanken und neue Facetten alter Ideen entwickelt. Unser Buch sollte nicht nur eine interessante Lektüre abgeben, sondern auch die Erkenntnisse in diesem Fachgebiet verbessern. Jedes Jahr erscheinen Hunderte von Wirtschaftsbüchern; wir wollten, daß unser Buch aus der Menge herausragt.

Wir danken all jenen, die uns für diesen Band ihre Zeit geopfert haben, ihre Ideen und ihre Fertigkeiten zur Verfügung stellten und uns ermutigten. Die Kapitel 2 bis 4 basieren zum Teil auf unserer laufenden Forschungsstudie zum Thema Servicequalität, die vom Marketing Science Institute (MSI) unterstützt wird. Unsere Mitarbeiterin an diesem Projekt, Valarie Zeithaml von der Duke University, ist zwar diesmal nicht als Autorin beteiligt, hat aber dennoch durch ihre direkte Mitarbeit an der Forschungsstudie zur Servicequalität einen bedeutenden Beitrag geleistet. Wir danken Frau Professor Zeithaml für ihr herausragendes Engagement in einer Forschungsstudie, die 1983 begann und noch immer auf vollen Touren läuft. George Day, der vor kurzem seine Amtszeit als geschäftsführender Direktor des MSI beendete, und die MSI-Forschungsbetriebsmanagerin Katherine Jocz haben unser Projekt in jeder erdenklichen Hinsicht unterstützt. Wir danken beiden dafür.

Dieses Buch verdankt viel denen, die in unseren brieflichen Umfragen die offenen Fragebögen beantworteten oder sich an telefonischen Interviews zu Themen beteiligten, in denen sie besondere Erfahrungen vorweisen konnten. Die folgenden Seiten enthalten eine Fülle von Zitaten und Beispielen, die aus diesen Untersuchungen stammen. Wir sind all diesen hochqualifizierten Menschen für ihre wichtigen Anmerkungen zu Dank verpflichtet.

Wir danken auch den Wissenschaftlern, aus deren Arbeiten auf dem Gebiet des Dienstleistungsmarketing wir zitieren. Diese Forschungsrichtung hat bemerkenswerte Fortschritte erzielt, seit unsere Freundin G. Lynn Shostack 1977 im *Journal of Marketing* einen bahnbrechenden Artikel mit dem Titel »Breaking Free from Product Marketing« veröffentlichte. Wie kein anderer regte dieser Artikel die Phantasie der wissenschaftlichen Forscher an und bildete die Basis für einen Großteil der grundlegenden Arbeiten, die in den 80er Jahren zu diesem Thema folgten. Wir ziehen den Hut vor Frau Shostack und vor anderen amerikanischen und europäischen Forschern, die der Fachrichtung Dienstleistungsmarketing auf die Sprünge halfen. Eine akademische Disziplin wird Stück für Stück aufgebaut, durch eine Forschungsstudie, einen Artikel, ein Buch, eine Konferenz... Dieses Buch ist ein weiterer Baustein in einem evolutionären Prozeß und zollt vielen anderen Arbeiten Tribut.

Schließlich danken wir denen, die am stärksten an dem vorliegenden Projekt beteiligt waren und es als Mitarbeiter des »Buchteams« durchlebten:

- Glenda Bessler, unserer langjährigen Verwaltungsassistentin und guten Freundin, die für dieses Buch die telefonischen Interviews durchführte und jedes Wort des Manuskripts getippt hat.
- Shirley Bovey, Associate Editor im Real Estate Center der Texas A&M University, die sich die Nächte mit dem Redigieren des Manuskripts um die Ohren geschlagen hat und uns zeigte, wie man den Text besser straffen kann.
- Paul Busch, Leiter des Marketing Department an der Texas A&M University – einem wunderbaren Freund und Kollegen, der unsere Arbeit immer nach Kräften unterstützt hat.
- Robert Wallace, Cheflektor bei The Free Press, der nunmehr zwei Bücher mit uns bearbeitet hat und in beiden Fällen sehr hilfreich war.
- Unseren Familien, die verstanden, daß ein Projekt unsere Zeit in Anspruch nahm, das für uns persönlich große Bedeutung hatte.

LEONARD L. BERRY
A. PARASURAMAN

Anmerkung der Autoren

Für dieses Buch haben uns etliche Personen Originalmaterial in Form von schriftlichen Stellungnahmen und mündlichen Kommentaren im Rahmen unserer telefonischen Interviews zur Verfügung gestellt. Wer ohne Quellenangabe zitiert wird, nahm an unseren brieflichen und telefonischen Umfragen teil. Die Zitierten haben in allen Fällen der Verwendung ihrer Aussagen in diesem Buch zugestimmt.

Teil I
Ein Integrationsrahmen für das Dienstleistungsmarketing

1
Dienstleistungen und Qualität

Ein Gast im Holiday Inn am Union Square in San Francisco versucht, den Radioapparat in seinem Zimmer einzuschalten. Er probiert alle Knöpfe aus, doch es rührt sich nichts. Schließlich meldet der Gast, daß sein Radio defekt sei. Kurze Zeit später steht eine Hotelangestellte mit einem neuen Radio, einer Schachtel Pralinen und einem Blumenstrauß vor seiner Tür. Es gelingt ihr mühelos, das angeblich defekte Radio einzuschalten (es funktioniert einwandfrei); sie versichert dem Gast sofort, daß dieses Gerät schwer zu bedienen sei. Die Angestellte zeigt dem Gast, wie man mit dem Radio umgeht und verläßt freundlich lächelnd den Raum. Beide Radioapparate, die Pralinen und die Blumen läßt sie im Zimmer zurück.

Eine ältere Dame kauft in ihrem bevorzugten Lebensmittelgeschäft, Ukrop's Super Markets in Richmond, Virginia, ein. Sie nimmt eine große Ananas aus der Anrichte, hält sie ein paar Augenblicke lang in der Hand und legt sie dann mit deutlich sichtbarem Bedauern wieder zurück. Der *President* von Ukrop, James Ukrop, ist Zeuge dieses Vorfalls. Er fragt die Kundin, ob sie eine halbe Ananas kaufen möchte und signalisiert so die Bereitschaft des Geschäfts, die Frucht zu zerteilen. Die Kundin nimmt diesen Vorschlag an und meint, daß sie sich schon auf ihren nächsten Einkauf bei Ukrop freue, da das Personal dort so freundlich sei und sich so sehr um sie bemühe.

Der Manager des Marriott-Hotels in der Innenstadt von Chicago stellt fest, daß zwei Drittel aller Gäste, die bei der Hauswirtschaftsabteilung anrufen, ein Bügelbrett wünschen. Deswegen hat er die Idee, in jedem Zimmer ein Bügelbrett und ein Bügeleisen bereitzustellen. Woher soll er aber die 20.000 Dollar nehmen, die er dafür bräuchte? Eine Überprüfung seines Investitionsbudgets ergibt, daß 22.000 Dollar für Farbfernseher vorgesehen sind, die im Erdgeschoß anstelle von Schwarzweißgeräten in den Bädern installiert werden sollen. Der Manager fragt nach, wie viele VIP-Gäste Farbfernseher in ihren Bädern verlangt hätten, und stellt fest, daß noch nie danach gefragt wurde. Daher legt er die Pläne zum Kauf von

Farbfernsehern ad acta und kauft statt dessen Bügeleisen und Bügelbretter. Die Investitionsausgaben steigen dadurch nicht, und den Gästen wird eine wichtige neue Serviceleistung geboten.

Nacht für Nacht werden der Polizei in Aurora, Colorado, Einbrüche in Wagen gemeldet, die vor einem örtlichen Tanzlokal parken. Ein Beamter stellt fest, daß in der Regel Handtaschen gestohlen werden und befragt die weiblichen Gäste des Lokals. Diese sagen, sie würden ihre Handtaschen im parkenden Auto einschließen, da sie befürchteten, daß man ihnen die Taschen stehlen könnte, wenn sie zum Tanzen gehen und sie unbeaufsichtigt am Tisch zurückließen. Der Beamte regt den Besitzer des Tanzlokals dazu an, Schließfächer einzurichten; die Zahl der gemeldeten Diebstähle geht von mehreren Dutzend pro Monat auf zwei in vier Monaten zurück.[1]

Diese vier Beispiele unterstreichen unser zentrales Argument in diesem Buch: Das Wichtigste beim Dienstleistungsmarketing ist der Service. Servicequalität ist die Grundlage des Marketing von Serviceleistungen. In den Marketinglehrbüchern stehen Produkt, Ort, Werbung und Preis im Vordergrund, doch ohne Qualität läßt sich mit keinem dieser Faktoren ein wirklicher Vorteil erzielen.

Die Beispiele zeigen, daß eine führende Position im Dienstleistungsmarketing nicht so sehr von schicken, prestigeträchtigen Kampagnen bestimmt wird als vielmehr von altmodischen Tugenden wie fürsorgliche Aufmerksamkeit und gesunder Menschenverstand. Sie beweisen, welch durchschlagende Wirkung es auf dem Markt hat, wenn man sich um die kleine Dinge kümmert, die von der Konkurrenz vergessen werden – angefangen mit Blumen und Pralinen als Beigabe zum Radio bis hin zur Bereitstellung von Bügeleisen und Bügelbrettern im Schrank eines Hotelzimmers. Sie zeigen auch die Bedeutung einer kundenfreundlichen Servicegestaltung wie z. B. die Ausstattung eines Tanzlokals mit Schließfächern. Schließlich verdeutlichen diese Beispiele, daß jeder Dienstleister Marketing betreibt – vom Chef eines Supermarkts, der im Laden herumgeht, bis hin zur Wirtschafterin im Hotel, die den Gästen beibringt, wie man mit einem (schlecht konstruierten) Radio umgeht.

Wirkungsvolles Dienstleistungsmarketing besteht aus einer schlagkräftigen Servicestrategie, die gut an den Mann oder die Frau gebracht wird; es ist die hervorragende Erfüllung eines Servicewunsches. Diese Synergie aus Strategie und Erfüllung eines Wunsches ist die Triebfeder für die Pioniere und Führer im Servicesektor, von Domino's Pizza bis zu Cable News Network (CNN), von Federal Express bis zu Walt Disney World, von ServiceMaster bis zu Southwest Airlines. Jedes dieser in der jeweiligen Branche führenden Unternehmen arbeitet mit einer bestimmten Formel, die eine großartige Idee überlegen umsetzt.

Phantastische Ideen allein bieten nur vorübergehend einen Wettbewerbsvorteil. Unternehmen, die mit Erfolg den Weg für neue Servicestrategien bahnen, treffen immer auf ehrgeizige Konkurrenten, die sich nicht schämen, sie nachzuahmen. Angesichts des dynamischen Wachstums von Domino's Pizza hatte Pizza Hut kaum eine andere Wahl, als selbst einen Heimservice einführen. Der Erfolg von Federal Express war der Startschuß für eine ganze Horde neuer Mitbewerber – und scharfe Preiskonkurrenz – in der Postzustellung über Nacht.

Erstklassige Umsetzung ist von entscheidender Bedeutung für nachhaltigen Erfolg, der von einer innovativen Servicestrategie herrührt. Die Servicequalität eines innovativen Unternehmens ist in der Regel schwerer zu kopieren als seine Servicestrategie. Qualitätsservice ist nämlich zurückzuführen auf geniale Führung im ganzen Unternehmen, eine kundenorientierte Unternehmenskultur, ein ausgezeichnet gestaltetes Servicesystem, die wirksame Nutzung von Informationen und Technologien sowie auf andere Faktoren, die sich nur langsam – wenn überhaupt – in einem Unternehmen entwickeln. Der Vorstoß auf den Pizza-Heimservice-Markt ist eine Sache. Auf diesem Markt einen so guten Service zu bieten wie Domino's Pizza ist etwas ganz anderes.

Servicequalität ist die Grundlage des Dienstleistungsmarketing, da es sich bei dem zu vermarktenden Kernprodukt hier um eine Leistung handelt. Eine schlagkräftige Servicestrategie ermöglicht den Wettbewerb um die Gunst des Kunden; eine leistungsstarke Umsetzung der Servicestrategie steigert die Wettbewerbsfähigkeit durch Vertrauensbildung beim Kunden und Unterstützung der Markenpolitik, der Werbung, des Verkaufs und der Preispolitik.

Dienstleistungsmarketing im Vergleich zum Warenmarketing

Im verarbeitenden Sektor spielt die Marketingabteilung eine tonangebende Rolle bei der Ermittlung der Kundenbedürfnisse und der Produktentwicklung vor der Herstellung sowie bei der Erzeugung der Produktnachfrage danach. (Zumindest ist ihre Aufgabe so definiert.) Die Produktion geht der Stimulierung der Nachfrage voraus, die wiederum vor dem Verbrauch kommt. Zu den Aufgaben des Marketing nach der Herstellung gehören die Schaffung eines Markenbewußtseins, die Durchführung von Markentests, das Aufzeigen der Vorteile einer Marke und der Aufbau der Markenpräferenz. Die Kunden bewerten die versprochenen Vorteile einer

```
┌─────────────────┐      ┌─────────────────┐
│ Marketing vor der│─────▶│    Marken-      │◀╌╌┐
│   Produktion    │      │   bewußtsein    │   ╎
└────────┬────────┘      └─────────────────┘   ╎
         │                                      ╎
┌────────▼────────┐      ┌─────────────────┐   ╎
│    Produktion   │─────▶│   Markentests   │◀╌╌┤
└────────┬────────┘      └─────────────────┘   ╎   ┌─────────────────┐
         │                                      ╎   │    Mündliche    │
┌────────▼────────┐      ┌─────────────────┐   ╎   │   Empfehlung    │
│ Marketing nach der│───▶│    Marken-      │◀╌╌┤   └─────────────────┘
│   Produktion    │      │   präsentation  │   ╎
└────────┬────────┘      └─────────────────┘   ╎
         │                                      ╎
┌────────▼────────┐      ┌─────────────────┐   ╎
│     Konsum      │◀─────│   Erzeugung der │◀╌╌┘
│                 │      │  Markenpräferenz│
└─────────────────┘      └─────────────────┘
```

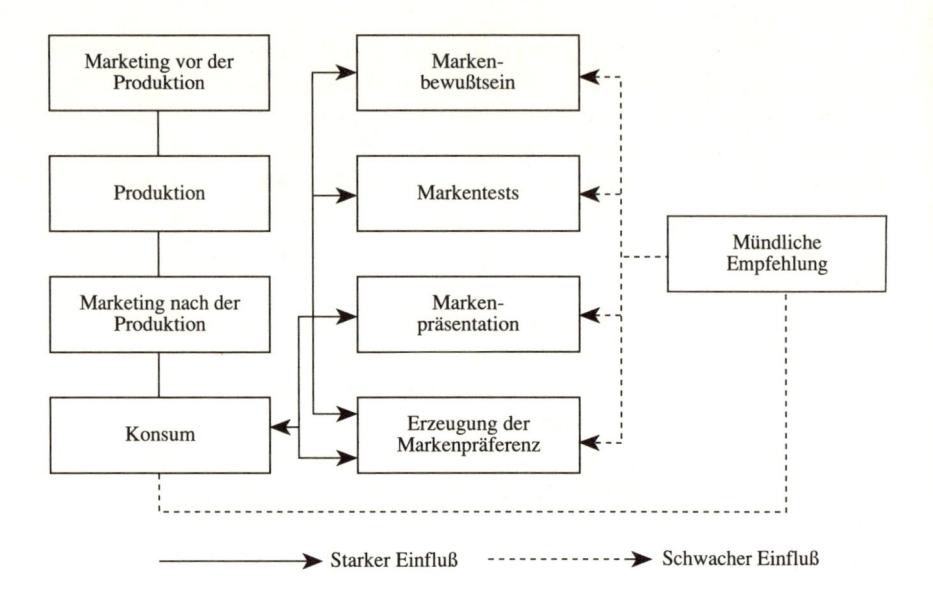

─────▶ Starker Einfluß   ╌╌╌╌▶ Schwacher Einfluß

Abbildung 1–1 Warenmarketing – Merkmale und Aufgaben

Marke während des Konsums, und entsprechend wächst oder schwindet ihre Vorliebe für eine Marke.

Abbildung 1–1 zeigt die chronologische Abfolge dieser vier funktionalen Phasen. Sie skizziert auch die Beiträge des Marketing nach der Produktion, des Konsums und der mündlichen Empfehlungen (das Ergebnis der Erfahrungen anderer Kunden mit dieser Marke) zu Markenbewußtsein, Markentests, Markenpräsentation und Markenpräferenz. Güter sind etwas Greifbares; sie können sichtbar vorgestellt werden. Dies erlaubt der Marketingabteilung, alle vier nachfragestimulierenden Aufgaben *vor der Kaufentscheidung eines Kunden* wirksam zu erfüllen. Da Güter materiell sind, können sie auch das Vertrauen eines Interessenten in seine eigene Einschätzung der Waren stärken und somit seine Abhängigkeit von Mund-zu-Mund-Werbung verringern.

Die unterbrochenen Pfeilschäfte in Abbildung 1–1 verdeutlichen die begrenzte verkaufsfördernde Wirkung der mündlichen Empfehlungen. Wenn die Mundpropaganda auf den Kauf von Waren einen starken Einfluß ausübt – wie dies z.B. bei Autos und PCs der Fall ist, dann meist deshalb, weil der Kunde meint, das Produkt vor dem Kauf nur schwer einschätzen zu können, und fürchtet, daß ein Fehler für ihn riskant sein könnte. Allgemein gilt, daß der potentielle Einfluß der Mund-zu-Mund-Propaganda desto größer wird und das Produkt mehr wie eine Dienstleistung verkauft

```
Marketing vor dem        →  Marken-              ←
Verkauf                     bewußtsein

                         →  Markentests          ←

Marketing nach dem       →  Marken-                    Mündliche
Verkauf                     präsentation         ←     Empfehlung

  △
Erbringung  Konsum       →  Erzeugung der        ←
                            Markenpräferenz
```

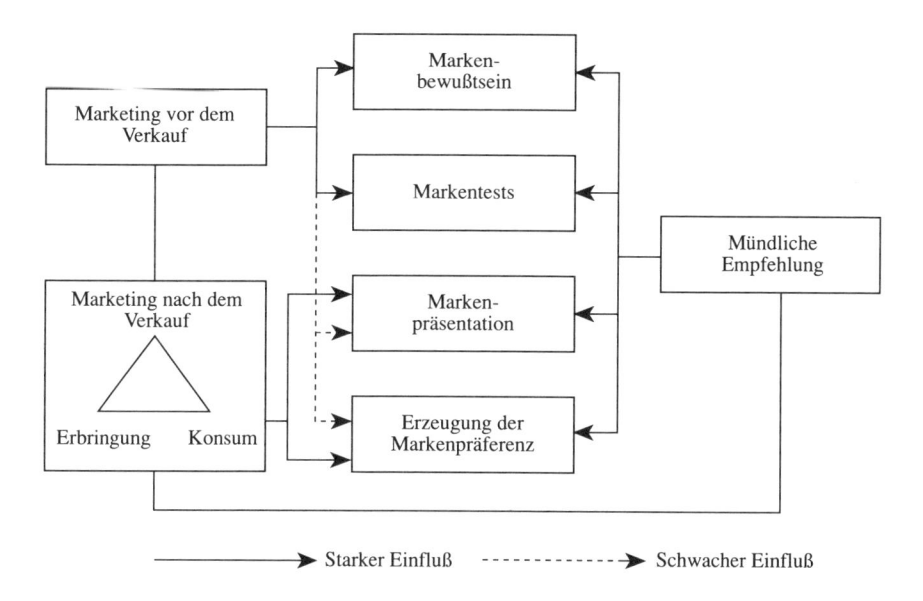

——————→ Starker Einfluß   - - - - - - -→ Schwacher Einfluß

Abbildung 1–2 Dienstleistungsmarketing – Merkmale und Aufgaben

werden muß, je schwieriger es ist, vor dem Kauf seine hervorstechenden Merkmale zu bewerten.

Wie Abbildung 1–2 zeigt, hat das Marketing bei Dienstleistungen andere Aufgaben und Merkmale. Zwar stehen sowohl bei Dienstleistungen als auch bei Waren die Ermittlung der kritischen Bedürfnisse und die Produktgestaltung an erster Stelle, doch werden Waren in aller Regel vor dem Verkauf produziert und Dienstleistungen vor ihrer Erbringung verkauft. Außerdem ist der Einfluß auf den Kunden vor dem Kauf beim Dienstleistungsmarketing geringer als beim Warenmarketing. Wer Waren verkaufen will, kann das Markenbewußtsein eines potentiellen Kunden durch Verpackung, Werbung, Preispolitik und Vertrieb in Markenpräferenz verwandeln – Anbietern von Dienstleistungen dagegen steht diese Möglichkeit normalerweise nicht offen.

Die Kunden müssen den immateriellen Service erleben, um ihn kennenzulernen. Die unsichtbaren Dienstleistungen sind für die Kunden schwerer vorstellbar als Waren, und der Wunsch nach ihnen läßt sich schwerer wecken. Wer die Dienste eines Steuerberaters in Anspruch nehmen möchte, kann nicht an Knöpfen drehen, auf Tasten drücken oder Bilder betrachten. Die Risikowahrnehmung der Kunden ist meist hoch bei Dienstleistungen, da man sie vor dem Kauf nicht anfassen, riechen, schmecken oder anprobieren kann. Der Kunde kann ein neues Auto probefahren und gegen die Reifen treten – will er aber einen neuen Ferienort kennenlernen, so muß er dort erst einen Urlaub buchen.

Erlebte Eigenschaften stehen bei Dienstleistungen im Vordergrund – Merkmale, die erst nach dem Kauf und während des Konsums sinnvoll bewertet werden können.[2] Will man bei Dienstleistungen treue Kunden gewinnen, so spielen sowohl das *Marketing nach dem Verkauf* – die Gewährleistung einer zufriedenstellenden Erfahrung für die Kunden während der Serviceabwicklung – als auch *mündliche Empfehlungen* (Ersatz und Ergänzung der direkten Erfahrungen des Kunden) eine herausragende Rolle. In Abbildung 1–2 sind diese relativ starken Einflüsse dargestellt. Anbieter von Dienstleistungen können Markenbewußtsein wecken und einen Probeservice vor dem Kauf anregen, aber erst nach dem Kauf können sie am wirksamsten ihre Vorteile zur Geltung bringen und Markenpräferenz schaffen.

Vorzüglichen Service kann man nicht in einer Fabrik herstellen, verpacken und als Ganzes an die Kunden ausliefern. Bei vielen Dienstleistungen betreten die Kunden vielmehr tatsächlich die »Fabrik« (z.B. den Flughafen und das Flugzeug), um den Service zu konsumieren, während er geleistet wird. Die »Produzenten«, mit denen die Kunden zu tun haben (z.B. die Angestellten am Ticketschalter, die Stewards und Stewardessen oder die Gepäckträger) erfüllen auch gleichzeitig Marketingaufgaben. Wie sich die Servicemitarbeiter verhalten, was sie sagen oder nicht, welchen Eindruck sie insgesamt machen – das alles beeinflußt die Entscheidung des Kunden, ob er nochmals bei dieser Firma kaufen wird.

Wenn ein Arbeiter in einer Fabrik für Haushaltsgeräte sich unnahbar gibt, schlecht gekleidet ist oder Körpergeruch hat, wird der Kunde das niemals erfahren, weil sich Produzent und Konsument nicht über den Weg laufen. Wenn jedoch ein Arzt arrogant ist, ein Kellner in einem Restaurant ungepflegt wirkt oder ein Taxifahrer Schweißgeruch verströmt, dann kann dies schwerwiegende Auswirkungen auf die Servicewahrnehmung der Kunden haben. Ein Servicebetrieb, der wenig Marketing vor dem Verkauf betreibt, sich aber wirklich für einen exzellenten Qualitätsservice einsetzt, wird erfolgreicher bei der Vermarktung seiner Leistungen sein, eine geringere Kundenfluktuation, mehr Verkäufe an Altkunden und größeren Erfolg mit neuen Kunden durch mündliche Empfehlungen beobachten, als ein Unternehmen, das den Schwerpunkt auf das Marketing vor dem Verkauf legt, aber bei der eigentlichen Serviceleistung schlechter abschneidet.

Dienstleistungen in der verarbeitenden Industrie

Ein Vergleich zwischen den Merkmalen und Aufgaben des Marketing bei Waren und Dienstleistungen ist zwar aufschlußreich, doch gibt es keine deutliche Trennlinie zwischen Fertigungsunternehmen und Servicefirmen. In Wirklichkeit ist die Serviceleistung ein wesentlicher, wenn nicht sogar der *entscheidende* Erfolgsfaktor für die verarbeitenden Unternehmen.

Ein Faktor, der Hersteller von Waren mehr Gewicht auf den Service legen läßt, ist die Tatsache, daß hier eine größere Chance zu einem langfristigen Wettbewerbsvorteil besteht als bei den Waren selbst. Quinn, Doorley und Paquette bringen es auf den Punkt:

> Wahrhaft strategische Ausrichtung heißt, ein Unternehmen vermag sich stärker auf seine Zielmärkte zu konzentrieren als jedes andere. Früher war der Besitz der größten Ressourcen, Fertigungsbetriebe, Forschungslabors oder Vertriebskanäle Voraussetzung zur Unterstützung der Produktlinien. Doch mittlerweile gewähren die materiellen Vorteile – auch nicht ein anscheinend überlegenes Produkt – nur noch selten einen dauerhaften Wettbewerbsvorsprung. Denn sie lassen sich zu leicht umgehen, nachvollziehen, imitieren oder geringfügig verbessern. Wohl aber basiert ein haltbarer Vorteil meist auf hervorragenden menschlichen Spezialfertigkeiten, logistischen Fähigkeiten oder anderen Stärken im Service, die Mitbewerber nicht einfach nachahmen können und die dem Kunden einen sichtbar größeren Nutzwert bieten.[3]

Kluge Führungskräfte in Fertigungsunternehmen interessieren sich für Servicequalität genauso wie für die Qualität ihrer Erzeugnisse, für den Verkauf der immateriellen Leistungen ebenso wie für den Absatz der stofflichen Produkte, für den Vorstoß auf neue Dienstleistungsmärkte in gleichem Maße wie für den Eintritt in neue Warenmärkte. Sie erkennen, daß der wesentliche Nutzen, den ihre Kunden kaufen, nicht eine Ware oder eine Dienstleistung ist, sondern eine Kombination aus beidem. Sie sehen die Synergie des Materiellen und des Immateriellen als wertschöpfende, differenzierende Leistung.

Auch Hersteller bieten Dienstleistungen an, nur eben in geringerem Umfang als die Firmen, die man gemeinhin dem Servicesektor zurechnet. Wenn die Quelle des wesentlichen Nutzens eines Produkts mehr materieller als immaterieller Natur ist, bezeichnet man es als Ware. Wenn der wesentliche Nutzen sich eher aus den immateriellen als aus den materiellen

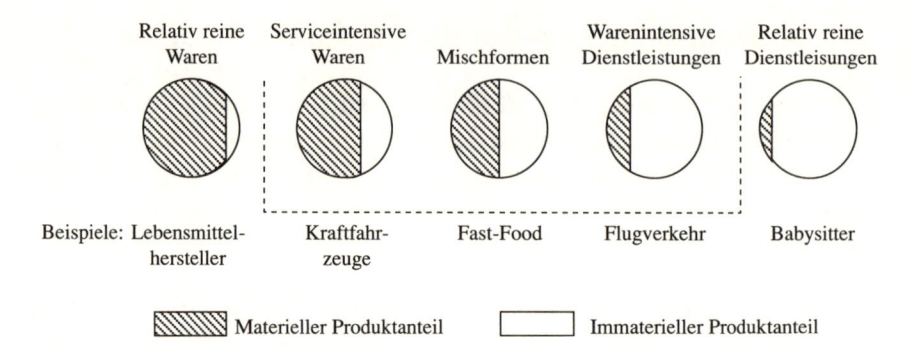

| Relativ reine Waren | Serviceintensive Waren | Mischformen | Warenintensive Dienstleistungen | Relativ reine Dienstleistungen |

Beispiele: Lebensmittelhersteller — Kraftfahrzeuge — Fast-Food — Flugverkehr — Babysitter

▨ Materieller Produktanteil   ☐ Immaterieller Produktanteil

Quelle: Die Konzeptualisierung in dieser Abbildung wurde angeregt von G. Lynn Shostacks Artikel »Breaking Free from Product Marketing«, *Journal of Marketing,* April 1977, S. 73–80.

Abbildung 1–3 Das Spektrum von Waren bis Dienstleistungen

Faktoren ergibt, so spricht man von einer Dienstleistung. Wie Abbildung 1–3 zeigt, setzen sich jedoch nahezu alle Produkte sowohl aus materiellen als auch aus immateriellen Elementen zusammen, die zum wesentlichen Nutzen beitragen. Wertbewußte Autokäufer erwerben nicht einfach nur ein Fahrzeug; sie kaufen ein Transportmittel, das für sie sein Geld wert ist. Daher beeinflussen der Ruf eines Händlers für professionellen Verkauf und Service, die Verfügbarkeit von Ersatzteilen, der Garantieschutz und andere Faktoren die Wahl des Fabrikats und des Modells.

Die meisten Unternehmen befinden sich in dem durch die punktierte Linie abgegrenzten Bereich in Abbildung 1–3. Diejenigen Firmen, die jetzt noch außerhalb dieses Bereichs liegen, werden wahrscheinlich auch dorthin wandern in dem Bemühen, den Wert ihrer Produkte zu steigern und sich von der Konkurrenz abzusetzen. Ein Lebensmittelhersteller könnte z.B. ein kostenloses Informationstelefon einrichten, Kochkurse finanzieren oder Rezepte anbieten. Die Mitarbeiter eines Babysitterdienstes könnten den Kindern Computerspiele mitbringen.

In diesem Buch verwenden wir die Begriffe *Dienstleistungsmarketing* und *Warenmarketing* und unterscheiden entsprechend. Und wir sprechen von Servicebetrieben und Fertigungsunternehmen, weil die meisten Firmen mehr in die eine oder andere Richtung tendieren. Aber wir weisen darauf hin, daß sich die Trennlinie zwischen der Industrie und dem Dienstleistungssektor verwischt und daß auch im verarbeitenden Gewerbe der Service immer mehr zum entscheidenden Faktor wird.

Ein Integrationsrahmen

Ziel dieses Buches ist es, Servicequalität und Dienstleistungsmarketing als ein Fachgebiet darzustellen. Es handelt sich hier nicht um zwei getrennte und auch nicht um verwandte Disziplinen. Vielmehr ist der eine Aspekt (Servicequalität) ein Teilbereich des anderen (Dienstleistungsmarketing). In diesem Buch möchten wir einen Integrationsrahmen aufstellen, der die hervorstechenden Merkmale des Dienstleistungsmarketing abdeckt – die wichtigsten Eigenschaften eines Produkts, das in einer Leistung besteht. Wir wollen dann versuchen, mit diesen Gedanken einen Schritt über die bisherige Entwicklung hinauszugehen. Abbildung 1–4 zeigt den Rahmen für das Dienstleistungsmarketing, den wir in diesem Buch abstecken werden. Die Kapitel 2 bis 4 beschäftigen sich mit den Grundlagen der Servicequalität: Servicezuverlässigkeit (»Richtiger Service beim ersten Mal«), Nachbesserung von Servicefehlern (»Herausragender Service beim zweiten Mal«) und stark interaktiver Service (»Die Kundenerwartungen steuern und übererfüllen«). Diese Kapitel basieren zum Teil auf den Forschungsarbeiten, die wir seit Beendigung unseres ersten Buches *Qualitätsservice*[4] (an dem unsere Kollegin Valarie Zeithaml mitgewirkt hat) durchführten.

Kapitel 5 (»Marketing als Linienfunktion«) beschäftigt sich mit den Hauptaufgaben der Marketingabteilung beim Aufbau einer Organisation für Dienstleistungsmarketing. Der Schwerpunkt liegt auf der Verlagerung

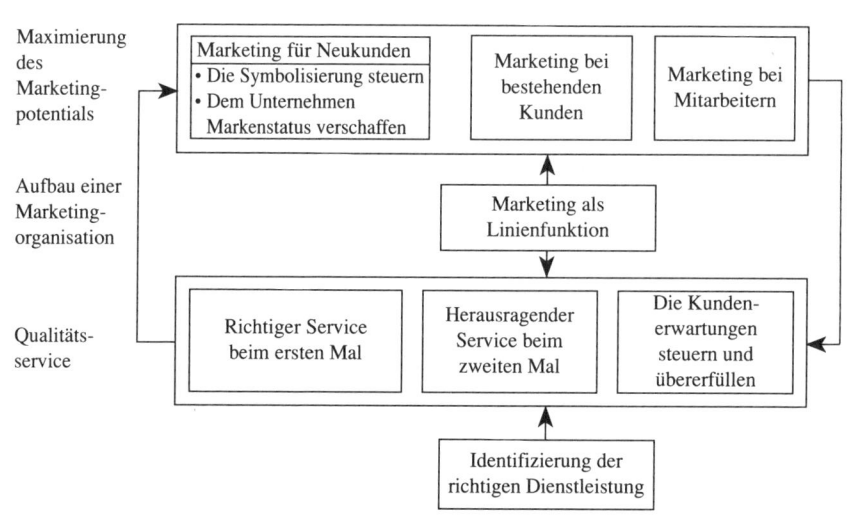

Abbildung 1–4 Ein Integrationsrahmen für das Dienstleistungsmarketing

der Marketingaufgaben in die Linienorganisation, die dem Endkunden am nächsten steht. Die Entwicklung von Marketingfähigkeiten und einer kundenorientierten Einstellung bei den Linienmitarbeitern hilft einer Dienstleistungsfirma, ihren Service zu verbessern und ihr Marketingpotential zu maximieren. Bei Dienstleistungen können die Linienmitarbeiter, die den versprochenen Service liefern oder nicht, die zusätzliche Serviceleistungen bieten oder einfach nur Befehle entgegennehmen, das Markenprofil eines Unternehmens aufbauen oder zerstören.

Kapitel 6 (»Die Symbolisierung steuern«) handelt davon, wie man die sichtbaren Anhaltspunkte in der Servicewelt vorteilhaft nutzen kann. In Kapitel 7 (»Dem Unternehmen Markenstatus verschaffen«) beschreiben wir, wie das Unternehmen selbst eine werbewirksame Botschaft vermitteln kann. Da Dienstleistungen immateriell sind, steht und fällt der Erfolg im Servicemarketing mit der Steuerung der Symbole und der Markenpolitik. Vor allem neue Kunden suchen gespannt nach Anzeichen, die ihnen Aufschluß über den Service geben können, da sie wenig oder keine anderen Erfahrungen mit dem Unternehmen besitzen, die ihnen als Grundlage für ihre ersten Eindrücke dienen könnten. Daher plazieren wir in unserem Modell die Symbolisierung und die Markengestaltung in die Rubrik »Marketing bei Neukunden«. In den entsprechenden Kapiteln weisen wir jedoch ganz deutlich darauf hin, daß diese Aspekte nicht nur für das Neukundenmarketing relevant sind.

In Kapitel 8 (»Marketing bei bestehenden Kunden«) stellen wir die außergewöhnlichen Gewinnchancen heraus, die sich im Geschäft mit bereits gewonnenen Kunden bieten, und erörtern, welche Faktoren bei der Pflege einer Kundenbeziehung erfolgsrelevant sind. Kapitel 9 (»Marketing bei Mitarbeitern«) stellt die Mitarbeiter als Kunden vor und liefert eine Beschreibung der Bestimmungsfaktoren für erfolgreiches internes Marketing. In Kapitel 10 (»Dienstleistungsmarketing bis zur Jahrtausendwende«) überlegen wir uns, welche Veränderungen hier auf uns zukommen.

Unser Modell zeigt, daß wirksames Dienstleistungsmarketing bei jeder Kundenart – bei neuen, alten und internen Kunden – gefragt ist. Bevor Servicegesellschaften eine Geschäftsbeziehung aufbauen können, müssen sie zunächst neue Kunden gewinnen. Sie müssen Marketing gegenüber den Mitarbeitern betreiben, denn diese verrichten die Leistung, die das Produkt darstellt. Die Pfeile in unserem Modell zeigen die wechselseitigen Einflüsse im Dienstleistungsmarketing. Qualitätsservice regt zu einer positiven Mund-zu-Mund-Werbung an und hilft einem Unternehmen, neue Kunden zu gewinnen. Er steigert die Zufriedenheit der Altkunden und macht für die Innenkunden ihre Arbeit zu einer erfüllenderen und lohnenderen Aufgabe. Umgekehrt wird eine Firma, die Symbole geschickt einsetzt und wirksame Markenpolitik betreibt, die Kundenbeziehungen aufbauen kann und internes Marketing beherrscht, automatisch ihren Service verbessern. Die Marketingabteilung, die im Zentrum unseres Modells steht, errichtet eine starke Marketingorganisation, indem sie all ihre Energien und Ressourcen auf die Verbesserung des Service im besonderen und die Wertschöpfung für neue, alte und interne Kunden im allgemeinen lenkt.

Teil II
Qualität als Grundlage des Dienstleistungsmarketing

2
Richtiger Service gleich beim ersten Mal

Zuverlässigkeit – *eine verläßliche und präzise Serviceleistung* – ist das Kernstück eines ausgezeichneten Dienstleistungsmarketing. Wenn ein Unternehmen im Service nachlässig ist, vermeidbare Fehler begeht und verführerische Versprechungen nicht erfüllt, mit denen es Kundschaft anlocken wollte, erschüttert es das Vertrauen der Kunden in seine Fähigkeiten und untergräbt seine Chance, sich einen guten Ruf für hervorragenden Service zu erwerben. Aus der Sicht der Kunden bedeutet Service die tadellose Verrichtung einer Dienstleistung.

Zuverlässigkeit entscheidet

Schon der gesunde Menschenverstand sagt einem, wie wichtig Zuverlässigkeit für den Qualitätsservice ist. Wer will schon mit einer Fluggesellschaft reisen, auf deren Piloten man sich *in der Regel* verlassen kann? Wer will von einem Chirurgen operiert werden, der sich *in der Regel* daran erinnert, an welcher Stelle er die Operation vornehmen soll? Wer würde sein Geld einem Finanzinstitut überlassen, das *in der Regel* die Konten richtig führt? Für uns als Kunden ist »in der Regel« nicht gut genug. Und wir fordern diese Zuverlässigkeit nicht nur bei jenen Dienstleistungen, bei denen der »Einsatz« hoch ist und unsere Gesundheit oder finanzielle Sicherheit auf dem Spiel stehen. Die Reinigung, die unsere Hemden verliert, die Reparaturwerkstatt, die behauptet, unser Auto sei in Ordnung, obwohl das nicht stimmt, der Taxidienst, der vergißt, uns zum Flughafen abzuholen – all diese Anbieter von Dienstleistungen verlieren ebenfalls unser Vertrauen. Und uns als Kunden.

Zuverlässigkeit ist entscheidend für Servicekunden – diese Aussage untermauern die Ergebnisse formeller Forschungsprojekte. Seit 1983 betreiben wir systematisch Forschung zum Thema Servicequalität im Rahmen einer Studienreihe in Branchen, die vom »reinen« Dienstleistungsgewerbe (z.B. dem Versicherungswesen) bis hin zu Serviceleistungen reichen, die mit greifbaren Produkten einhergehen (z.B. Gerätereparatur).[1] Die empirischen Daten aus unseren Untersuchungen zeigen immer wieder, daß Zuverlässigkeit das wichtigste Kriterium für die Kunden bei der Bewertung der Servicequalität eines Unternehmen ist.

Natürlich ist Zuverlässigkeit nicht die einzige Determinante bei der Bewertung der Servicequalität durch die Kunden. Wie unsere Studien zeigen, bestimmen fünf allgemeine Kriterien die Einschätzung der Servicequalität durch die Kunden:

Zuverlässigkeit: Fähigkeit, den versprochenen Service verläßlich und präzise auszuführen.
Materielles: Erscheinungsbild von Einrichtungen und Ausrüstungen sowie des Personals und der gedruckten Kommunikationsmittel.
Entgegenkommen: Bereitschaft, Kunden zu helfen und sie prompt zu bedienen.
Souveränität: Fachwissen und zuvorkommendes Verhalten der Angestellten sowie deren Fähigkeit, Vertrauen zu erwecken.
Einfühlung: Fürsorgliche Aufmerksamkeit der Firma für jeden einzelnen Kunden.

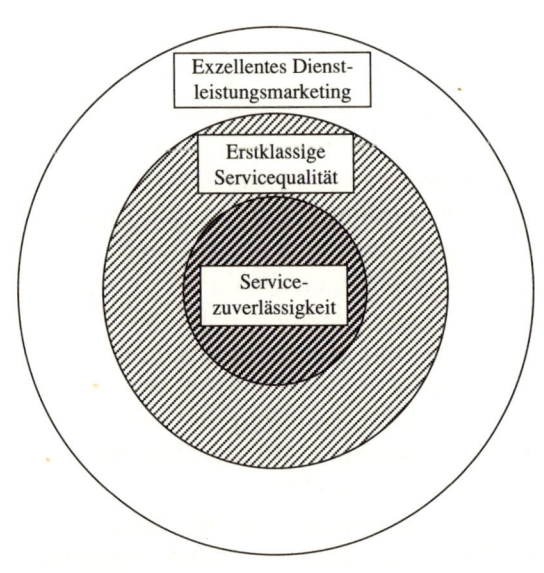

Abbildung 2—1 Die Grundlage für exzellentes Dienstleistungsmarketing

Als wichtigstes Kriterium in allen Untersuchungen, in denen wir die relative Bedeutung dieser fünf Faktoren gemessen haben, hat sich die Zuverlässigkeit erwiesen. (Bisher haben wir zehn solche Untersuchungen mit unabhängigen Kundenstichproben abgeschlossen.) In unserem jüngsten Projekt baten wir mehr als 1 900 Kunden von fünf verschiedenen Dienstleistungsunternehmen, die relative Bedeutung der fünf Kriterien anzugeben, indem sie 100 Punkte auf die einzelnen Faktoren verteilten. Die Punkteverteilung ergab die folgende Rangordnung (die im Durchschnitt vergebenen Punkte sind in Klammern angegeben): Zuverlässigkeit (32), Entgegenkommen (22), Souveränität (19), Einfühlung (16) und Materielles (11). Zuverlässigkeit ist das Herz der Servicequalität, die ihrerseits die Grundlage für exzellentes Dienstleistungsmarketing bildet. Wie Abbildung 2–1 verdeutlicht, steht somit zuverlässiger Service im Zentrum des perfekten Dienstleistungsmarketing.

Vorteile eines zuverlässigen Service

Eine auf Anhieb richtige Serviceleistung trägt erheblich zum Gewinn eines Unternehmens bei, da sie gleichzeitig die Wirksamkeit des Marketing und die betriebliche Effizienz erhöht. Abbildung 2–2 gibt einen Überblick über die Möglichkeiten, wie eine Verbesserung der Servicezuverlässigkeit einer Firma zu einem besseren Ergebnis verhelfen kann.

Unsere Untersuchungen großer, bekannter US-Firmen zeigen durchwegs, daß diese Firmen in den Augen der Kunden hinsichtlich der Zuverlässigkeit mehr Mängel aufweisen als in bezug auf alle anderen Kriterien. Wenn man sich vor Augen hält, wie häufig beim Service Fehler gemacht werden und wie oft Serviceversprechen gebrochen werden, wird deutlich, daß ein Unternehmen sich durch konsequente Zuverlässigkeit wirksam im Wettbewerb behaupten und eine gute Servicereputation aufbauen kann. Abheben von der Konkurrenz durch dauerhaft zuverlässigen Service kann zu einigen wesentlichen Marketingvorteilen führen: geringere Kundenfluktuation (und weniger Druck, sich auf teure Bemühungen um Neukunden einzulassen), mehr Aufträge von bestehenden Kunden,[2] mehr positive Mundpropaganda für das Unternehmen und bessere Chancen, einen höheren Preis durchzusetzen.

In zahlreichen Kundenfokusgruppen, mit denen wir im Rahmen unseres Forschungsprogramms über Servicequalität sprachen, klagten die Teilnehmer häufig, daß zuverlässiger Service rar sei, und sie erklärten ihre Bereitschaft, zuverlässige Dienstleister stattlich zu belohnen. Ein Kunde

```
                    ┌─────────────────────┐
                    │   Steigerung der    │
                    │ Servicezuverlässigkeit │
                    └─────────────────────┘
```

| Niedrigere Kunden-migrationsrate; mehr Geschäfte mit Altkunden | Mehr mündliche Empfehlungen | Möglicherweise leichtere Durchsetzung von Preiszuschlägen | Einsparung der Wiederholungskosten | Bessere Arbeitsmoral, begeisterte Mitarbeiter | Geringere Mitarbeiterfluktuation |

| Wirksameres Marketing; Umsatzsteigerungen | Produktivitätszuwächse; Kosteneinsparungen |

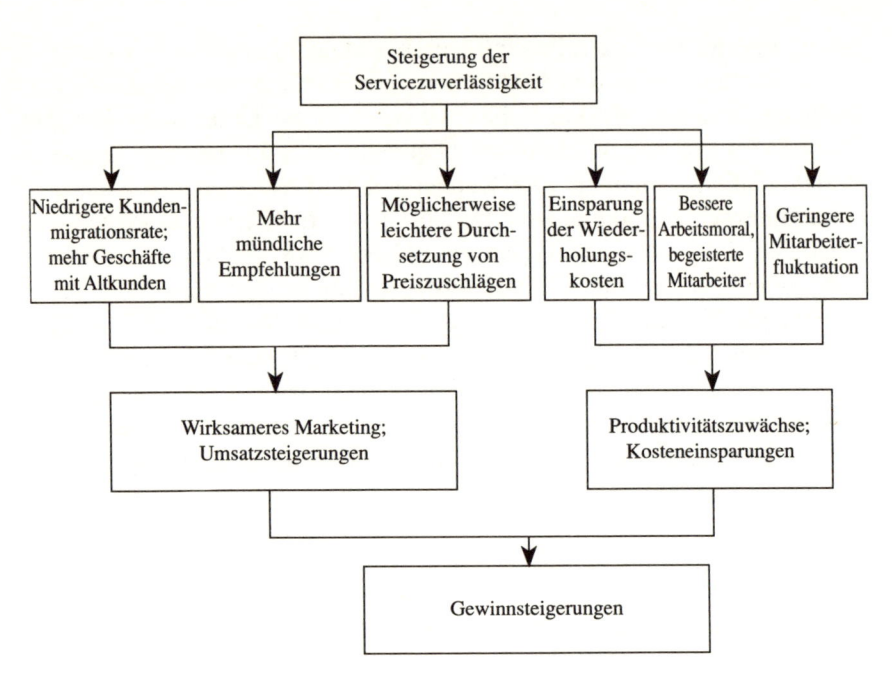

Gewinnsteigerungen

Abbildung 2-2 Potentielle Vorteile eines zuverlässigen Service

einer Gerätereparaturfirma nannte hierzu ein Beispiel: »Es macht mir nichts aus, bis zu 50 oder 60 Dollar für eine Dienstleistung hinzulegen, *wenn* ich nur einen Handwerker finde, der pünktlich erscheint und seine Sache gut macht ... Ich würde nicht einmal verschiedene Preisangebote einholen, wenn ich so jemanden fände.« Eine vor kurzem vom *Wall Street Journal* und NBC News durchgeführte Umfrage bestätigte die Bereitschaft der Kunden, für überlegenen Service einen Aufpreis zu zahlen. 35 Prozent der Befragten gaben an, daß sie meistens von Unternehmen kauften, die höhere Preise verlangten, dafür aber einen besseren Service böten. Weitere 40 Prozent meinten, sie täten dies zumindest in einigen Fällen.

Geschickte Werbespots, augenfällige Anzeigen und andere Mittel der Verkaufsförderung verpuffen ohne zuverlässigen Service in ihrer Wirkung. Solche Marketingstrategien richten sogar mehr Schaden als Nutzen an, wenn die Unternehmen mehr versprechen, als sie halten.

Zuverlässigkeit im Service steigert auch die betriebliche Effizienz, da die Leistung nur einmal erbracht werden muß. Zu den Kosten eines unzuverlässigen Service gehören jedoch nicht nur die direkten Ausgaben, die aus der Wiederholung der Dienstleistung entstehen, sondern auch die indirekten Aufwendungen infolge der negativen Aussagen unzufriedener Kunden. Die zur Nachbesserung einer mangelhaften Dienstleistung erforderlichen Gesamtkosten und die potentiellen Einsparungen, die man erzielen kann, wenn die Serviceaufgaben auf Anhieb richtig erledigt werden, können daher beträchtliche Summen erreichen. Ein Chirurg, der eines seiner Werkzeuge im Körper des Patienten vergißt, ein Automechaniker, der statt des schadhaften ein einwandfrei funktionierendes Teil austauscht, ein Wertpapiermakler, der 1000 Aktien kauft, obwohl der Kunde ihm den *Verkauf* von 1000 Aktien auftrug, oder ein Hotel, das einem Gast mit einer bestätigten Reservierung kein Zimmer bereitstellen kann – sie alle zahlen einen saftigen Preis für ihre unzulänglichen Dienstleistungen.

Die Wechselbeziehung zwischen Serviceangestellten und Kunden, die mit der Erbringung und dem Konsum vieler Dienstleistungen einhergeht, bietet zusätzliche, wenn auch weniger augenfällige Möglichkeiten der Produktivitätssteigerung und Kostenreduzierung durch zuverlässigen Service. Arbeitsmoral, Arbeitszufriedenheit und Engagement der Mitarbeiter an der Kundenfront sind umgekehrt proportional zur Frustration der Kunden, mit denen sie Tag für Tag zu tun haben. Beschäftigte, die sich mit enttäuschten Kunden herumschlagen müssen, die Erklärungen und Schadenersatz für mangelhafte Dienstleistungen verlangen, verlieren unter Umständen ihre Motivation und die Begeisterung für ihre Arbeit und zeigen weniger Einsatzbereitschaft für das Unternehmen.

Unternehmen, die an chronisch unzuverlässigem Service leiden – eine Fluggesellschaft, deren Flüge meist Verspätung haben und häufig annulliert werden, ein Reparaturbetrieb, der seine Techniker nicht für die präzise Diagnose von Gerätefehlern schult und ihnen nicht die richtigen Werkzeuge an die Hand gibt –, laufen große Gefahr, sich in einem Teufelskreis sinkender Arbeitsmoral, schlechterer Serviceleistung, höherer Mitarbeiterfluktuation, rückläufiger Produktivität und eskalierender Kosten zu verfangen. Unternehmen, die für Servicezuverlässigkeit Prämien zahlen, den Mitarbeitern Anreize bieten, sich für dieses Ziel einzusetzen und die nötigen Ressourcen dafür bereitstellen, fördern dagegen ein positives Klima am Arbeitsplatz, indem sie Arbeitsmoral, Begeisterung und Engagement ihrer Beschäftigten stärken.

Manche Manager erzählen uns, daß eine Zuverlässigkeit von 98 Prozent in Ordnung sei, und daß alles, was darüber hinausgehe, zu hohe Kosten verursachen würde. Wir sind da anderer Meinung. Einer Zuverlässigkeitsrate von 98 Prozent stehen 2 Prozent Unzuverlässigkeit gegenüber, und die Gesamtkosten für diese 2 Prozent sind in nahezu allen Fällen höher als die Kosten einer Serviceverbesserung.

In ihrem vor kurzem veröffentlichten Buch *Bahnbrechender Service* unterscheiden die Professoren James Heskett, Earl Sasser und Christopher

Hart zwischen »einfach nur guten« und »bahnbrechenden« Servicemanagern. Sie beschreiben die Unterschiede in der Einstellung dieser beiden Gruppen zur Verbesserung der Servicezuverlässigkeit. »Einfach nur gute« Servicemanager glauben, daß es ein »optimales« Niveau für einwandfreien Service gibt und daß jede weitergehende Steigerung der Zuverlässigkeit unwirtschaftlich wäre. Im Gegensatz dazu streben »bahnbrechende« Manager das Null-Fehler-Ziel im Service an.[3] Wenn sich die »einfach nur guten« Manager ernsthaft überlegen würden, wieviel Marketing- und Geschäftsvorteile sich aus einem zuverlässigeren Service ergeben, würden sie erkennen, daß eine Zuverlässigkeit von 100 Prozent lukrativ sein kann. Wer sein Ziel niedriger steckt, stempelt sich – und sein Unternehmen – als einen unter »ferner liefen« ab und muß zusehen, wie die aufgeklärteren Konkurrenten ihn überholen.

Zuverlässige Serviceleistungen

Der Aufbau und die Förderung einer »Null-Fehler-Kultur« ist im Dienstleistungssektor genauso wichtig wie in der Industrie, doch ist hier diese Zielsetzung aus mehreren Gründen komplexer. Da bei Waren die Produktion vom Verbrauch abgekoppelt ist, haben die Hersteller die Möglichkeit, fehlerhafte Produkte vor der Auslieferung an die Kunden auszusortieren. Fertigungsbetriebe können fehlerfreie Produkte ausliefern, auch wenn die Zuverlässigkeit im Werk weniger als 100 Prozent beträgt. Dagegen läßt sich bei den meisten Dienstleistungen die Zuverlässigkeit im Werk nicht von der Zuverlässigkeit beim Kunden trennen, denn die *Leistung wird ja beim Kunden erbracht*. Fehler im Service – z.B. ein Handwerker, der nicht zur vereinbarten Zeit erscheint, oder ein Restaurant, das eine Tischreservierung vergißt – werden in Anwesenheit des Kunden deutlich. Die Aufgabe, eine Dienstleistung beim ersten Mal richtig zu erbringen, verlangt eine direktere Vorgehensweise und mehr Disziplin als die Garantie fehlerfreier Waren.

Zweitens sind aufgrund der Immaterialität von Dienstleistungen die Kriterien für tadellose Leistungen weniger konkret und subjektiver als für fehlerfreie materielle Güter. Die Zuverlässigkeit von Mikrochips und Motorrädern kann objektiver bewertet werden – auf der Grundlage präziserer Kriterien, die sowohl Hersteller als auch Kunden akzeptieren – als die Richtigkeit einer ärztlichen Diagnose oder einer Anlageberatung. In diesen und vielen anderen Branchen bestimmt die korrekt erbrachte Leistung die Wahrnehmung der Kunden von Zuverlässigkeit. Auch wenn eine Leistung die vom Anbieter aufgestellten Ausführungskriterien erfüllt, ist sie nur dann einwandfrei, wenn sie auch den Kundenkriterien entspricht, so subjektiv und nebulös diese auch sein mögen. Patienten könnten beispielsweise die Genauigkeit der Diagnose eines Arztes an der Untersuchungszeit messen, obwohl diese für sich genommen aus fachlicher Sicht vielleicht irrelevant sein mag. Die Erwartungen und Anforderungen der Kunden sind die *wirklichen* Zuverlässigkeitsnormen, wenn es um die Bewertung einer Leistung, nicht eines Gegenstands geht.

Drittens ist der Begriff »Fehler« bei Dienstleistungen weiter zu definieren als in der Industrieproduktion. Dies bedeutet, daß eine ansonsten präzise Dienstleistung dennoch mit Fehlern behaftet ist, wenn sie die Kunden verwirrt oder enttäuscht. Diese Verwirrung und Frustration können dazu führen, daß ein Unternehmen mit Anfragen und Beschwerden überhäuft wird und somit die Effektivität des Marketing und die betriebliche Effizienz negativ beeinflußt werden. Verwirrende Dienstleistungen (z.B. ein computergestützter Home-Banking-Service, der für die Kunden nur schwer verständlich ist) oder verwirrende *Serviceelemente* bei Waren (z.B. unrichtige Installationsanweisungen bei Haushaltsgeräten) sind mit Fehlern behaftet. Die Produktivitätsverluste, die sie beim Anbieter hervorrufen, ähneln den fehlerhaften Waren – dem »Ausschuß« – in der verarbeitenden Industrie.

Die Komplexität der Servicezuverlässigkeit macht das Null-Fehler-Ziel natürlich zu einer einzigartigen Herausforderung für ein Unternehmen. Es muß makellose Dienstleistungen in *Echtzeit* erbringen und dabei die subjektiven Normen der Kunden (den wirklichen Maßstab bei der Bewertung der Zuverlässigkeit einer Dienstleistung) erkennen und verstehen. Außerdem muß es wissen, daß unklare, verwirrende Dienstleistungen unterschwellig, aber zu einem wesentlichen Teil für den »Serviceausschuß« verantwortlich sind.

Ein Unternehmen, das diesen Herausforderungen wirksam beggnen möchte, muß verschiedene Maßnahmen zur Vermeidung von Servicefehlern ergreifen. Hier lassen sich im wesentlichen drei Kategorien unterscheiden: (1) Serviceführung, (2) gründliche Prüfung und Kontrolle der Dienstleistung und (3) Aufbau und Förderung einer organisatorischen *Infrastruktur* für einwandfreien Service.

Wie Abbildung 2–3 zeigt, stellen diese drei Maßnahmengruppen wesentliche, miteinander verbundene Stützpfeiler der Servicezuverlässigkeit dar. Wir werden im folgenden untersuchen, wie sich diese Pfeiler im einzelnen zusammensetzen und welche Rolle sie jeweils bei der Verbesserung der Servicezuverlässigkeit spielen.

```
                    Service-
                    führung

              Service-
              zuverlässigkeit

    Gründliche                    Infrastruktur
    Service-                      für einwandfreien
    überprüfung                   Service
```

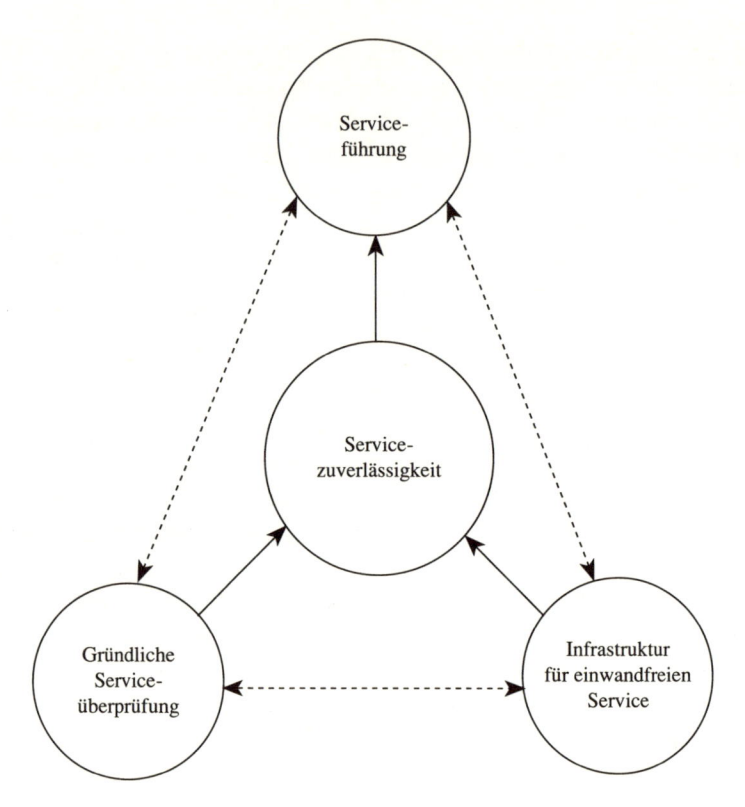

Abbildung 2–3 Die drei Stützpfeiler der Servicezuverlässigkeit

Serviceführung

Starke Führungspersönlichkeiten mit einem Hang zu Perfektion sind das Lebenselixier einer auf Zuverlässigkeit beruhenden Servicestrategie. Führungskräfte, die hohe Servicestandards setzen, fördern eine Kultur, in der die Dienstleistung beim ersten Mal richtig erbracht wird. Unternehmen werden für ihren zuverlässigen Service berühmt, wenn ihre Top-Manager:

- fest daran glauben, daß eine Zuverlässigkeit von 100 Prozent ein erreichbares und sinnvolles Ziel ist,
- diesen Glauben häufig und überzeugend überall im Unternehmen verkünden,
- fehlerfreien Service belohnen und
- sich nie mit dem Status quo zufriedengeben, sondern ständig nach Verbesserungsmöglichkeiten suchen.

Will Potter, Chef des in Maryland ansässigen Lkw-Transportunternehmens Preston Trucking Company, das vor kurzem als einer der zehn besten Arbeitgeber in den Vereinigten Staaten gewählt wurde, unterstreicht sein Engagement für Servicezuverlässigkeit, indem er jeden Angestellten eine Erklärung unterschreiben läßt, in der das Streben der Firma nach Perfektion zum Ausdruck kommt. Diese Erklärung, die in jedem Preston-Gebäude aushängt, liest sich auszugsweise so:

> Wenn ich eine Verpflichtung gegenüber einem Kunden oder einem Kollegen eingehe, verspreche ich, sie pünktlich zu erfüllen. Ich werde tun, was ich sage, wenn ich sage, daß ich es tun werde ... Mir ist klar, daß eine Reklamation oder ein Fehler ein Irrtum zuviel ist. Ich verspreche, daß ich meine Arbeit gleich beim ersten Mal richtig tun und ständig bemüht sein werde, meine Leistungen zu verbessern.[4]

Das dauernde Engagement für das Null-Fehler-Ziel, für das Will Potter steht, spiegelt sich auch im Verhalten der Leiter anderer Firmen wider, die für ihre Perfektion bekannt sind. James Houghton von Corning, Inc., betont, daß der Service ständig verbessert werden müsse: »Eine Qualitätslernkurve hat kein Ende; sie stößt vielmehr ständig in neue Gebiete vor. Sie konzentriert sich auf die Kundenanforderungen, die Bevollmächtigung der Mitarbeiter, die Verringerung der Abweichungen und das Null-Fehler-Ziel. Dadurch wird hohe Qualität bei preisgünstiger Produktion zur Realität. Ziele, die nicht mehr Selbstzweck sind, weisen die Richtung zu noch höher gesteckten Zielen.«[5]

Jack Roberts, zuständig für Qualität bei Federal Express, macht sich in der *New York Times* vom 21. Oktober 1990 ebenfalls für ständige Verbesserungen stark: »Wir liefern täglich 1,25 Millionen Pakete aus. Wenn wir eine Erfolgsquote von 99 Prozent verbuchen, so bedeutet dies, daß [immer noch] Tausende von Kunden jeden Tag mit unserem Service unzufrieden sind. Das können wir nicht akzeptieren. Unser Ziel ist es, die absolute Fehlerzahl zu senken.«

Die Konzentration des Management auf die *absolute Fehlerzahl* – nicht auf das weniger strenge Kriterium der Fehlerquote – ist ein Paradebeispiel für eine Kultur der ständigen Verbesserungen, die bei Servicebetrieben der Spitzenklasse zu finden ist. Starke Führungspersönlichkeiten, die sich für einen makellosen Service einsetzen, fördern folgende Haltung: »Wenn man etwas nicht rechtzeitig in Ordnung bringt, geht es in den Graben.« – Nicht die umgekehrte Variante: »Wenn kein Problem aufgetreten ist, muß man auch nichts tun.« Der Pfeiler der Serviceführung verstärkt daher die zweite Säule, auf der ein zuverlässiger Service ruht: die Prüfung und Kontrolle der Dienstleistung.

Gründliche Prüfung und Kontrolle der Dienstleistung

Eine der Hauptursachen für unzuverlässigen Service ist die übereilte Markteinführung einer Dienstleistung vor einer strengen Überprüfung. Servicefirmen versäumen es häufig, neue Dienstleistungen den gleichen strengen Tests zu unterwerfen, die für Industrieprodukte vorgesehen sind. Forschung und Überprüfung während der Gestaltung einer neuen Dienstleistung und die Beseitigung potentieller Schwachpunkte sind mehr die Ausnahme als die Regel.

Grund für diese unzureichende Überprüfung und die hastige Markteinführung neuer Dienstleistungen ist vor allem ihr immaterieller Charakter. Da Dienstleistungen nicht so konkret sind wie materielle Waren, ist man stark versucht, eine Überprüfung vor der Markteinführung zu umgehen. Viele Dienstleistungsbetriebe fühlen sich möglicherweise von der Aufgabe der Marktforschung und den Produkttests bei abstrakten Servicekonzepten überfordert. Dennoch müssen sie diese Herausforderung annehmen und wirksam meistern, wenn sie das Null-Fehler-Ziel anstreben.

Anbieter von Dienstleistungen können und sollten Kunden und Linienmitarbeiter um ihre ehrliche Meinung zu neuen Servicekonzepten bitten (Feedback), vor der Einführung das Servicedesign und den Prozeß der Erbringung sorgfältig überprüfen, um mögliche Pannen zu vermeiden, und – wenn möglich – die neue Dienstleistung zunächst einem begrenzten Kreis zugänglich machen, damit vor einer vollständigen Markteinführung der Service verfeinert werden kann. Lynn Shostack von Joyce International Inc. formuliert das so: »Für einen richtigen Probelauf gibt es einfach keinen Ersatz.«[6]

Probelauf. Die Citibank hat eines der erfolgreichsten Geldautomatenprogramme in den Vereinigten Staaten. Das ist kein Zufall. Seit Jahren testet sie neue Servicekonzepte in einer Modellbank, dem sogenannten »Labor«. Als die Citibank 1977 begann, überall in New York Geldautomaten aufzustellen, hatte das dafür vorgesehene Gerät bereits sechs interaktive Testserien und Verbesserungen im Labor durchlaufen. Durch Befragung und Beobachtung der Kunden im Labor konnte die Citibank einen Automaten entwickeln, der damals auf dem neuesten Stand der Technik war.

Seit der Aufstellung der ersten Geldautomaten hat die Citibank in ihrem Labor eine neue Generation von Geräten entwickelt, von denen jetzt mehr als 1200 Stück in New York installiert wurden. Diese neuen Automaten bieten eine Reihe von benutzerfreundlichen Merkmalen wie z.B. Farbgrafik und einen Kontaktbildschirm statt einer Tastatur. Man kann zwischen Englisch, Spanisch und Chinesisch wählen, und die Sprachpalette soll erweitert werden.

Die geduldige, gründliche Methode der Citibank bei der Einführung von Geldautomaten steht in krassem Gegensatz zum unglückseligen Abenteuer mit ZapMail, einem elektronischen Dokumentenübertragungsdienst, das Federal Express im September 1986 aufgab und mit einem Verlust von 190 Millionen Dollar nach Steuern abschrieb. ZapMails Versprechen lautete, landesweit qualitativ hochwertige Dokumentenkopien innerhalb von zwei Stunden über Telefax und Kurierdienst auszuliefern. In Wirklichkeit war der ZapMail-Dienst unzuverlässig, denn er erstellte helle Originale, die man nicht vervielfältigen konnte, und hatte mit defekten Telefax-Geräten und Leitungsstörungen zu kämpfen.

Bei der Einführung von ZapMail beging Federal Express den verhängnisvollen Fehler, die Fallstricke des Verfahren nicht zu erkennen, die eine gründliche Überprüfung vor dem Start – der »Probelauf« in Shostacks Worten – ans Licht gebracht hätte. Natürlich verstärkten die raschen Verbesserungen bei Telefax-Geräten in Verbindung mit deren sinkenden Kosten die Probleme des ZapMail-Dienstes, da die besten Interessenten für die elektronische Dokumentenübertragung feststellten, daß sie selbst den von Federal Express angebotenen Service bequemer und preiswerter abwickeln konnten. Daher hätte Federal Express sich auf lange Sicht mit ZapMail nur schwer behaupten können, selbst wenn alle technischen Probleme vor dem Start gelöst worden wären. Da das Unternehmen jedoch einen möglicherweise problembehafteten Service übereilt auf den Markt brachte – also bereits zu Beginn Schwächen aufwies –, hatte es nicht einmal vorübergehend eine Erfolgschance mit ZapMail.

Service-Blaupause. Eine wirkungsvolle Methode zum Erkennen und zur Korrektur von »Schwachpunkten« im Service (die Bestandteile der Dienstleistung, die am meisten problemanfällig sind) ist die Aufstellung einer *Service-Blaupause,* »einer Möglichkeit, das ganze System und das Gesamtkonzept graphisch darzustellen und zu beschreiben, um sicherzustellen, daß alle Fragen und Bereiche angesprochen werden, die zur erfolgreichen Gestaltung einer Dienstleistung erforderlich sind«.[7] Eine Service-Blaupause ist ein Planungs- und Diagnoseinstrument, das die Serviceereignisse und -prozesse in einem Ablaufdiagramm darstellt. Sie konkretisiert und strukturiert ein Konzept, das sonst abstrakt wäre. Daher ist ein solcher Service-Entwurf ein Mittel zur systematischen Beurteilung einer Dienstleistung, um mögliche Probleme zu entdecken, die normalerweise unerkannt blieben, und sich dagegen zu wappnen. Der Richmond Metropolitan Blood Service, eine gemeinnützige regionale Blutbank, stellte vor kurzem eine solche Blaupause für seinen mobilen Blutspendedienst auf, bei dem jedes Jahr 70 Prozent des gesammelten Blutes abgegeben werden. Der Plan zeigte 28 mögliche Schwachpunkte auf und diente als

Grundlage für Schulungsprogramme, mit deren Hilfe die Mitarbeiter lernten, wie sie solche Fehler vermeiden könnten, und was zu tun sei, falls sie doch auftreten.[8]

Lynn Shostack, die als erste die Idee der Service-Blaupause vorstellte, faßt die Vorteile dieser Vorgehensweise so zusammen: »Mit einer Service-Blaupause kann ein Unternehmen seine Annahmen auf dem Papier überprüfen und gründlich alle potentiellen Fehlerquellen beseitigen. Ein Servicemanager kann den Prototyp der Dienstleistung an Kunden erproben und auf der Basis der erhaltenen Rückinformationen den Plan modifizieren, bevor er weitere Tests durchführt. Die Alternative wäre, daß man Dienstleistungen dem Geschick des einzelnen überläßt und nicht das Ganze, sondern die einzelnen Bestandteile steuert. Dies schwächt ein Unternehmen und führt zu einer Dienstleistung, die nur langsam auf Marktchancen reagieren kann.«[9]

Kontrolle nach der Einführung. Strenge Prüfungen vor dem Start reichen nicht aus, um bei Dienstleistungen das Null-Fehler-Ziel zu erreichen. Gleichzeitig sind auch regelmäßige und systematische Kontrollen nach der Einführung erforderlich, wenn man Schwachstellen entdecken und beseitigen und aus ihnen lernen möchte – Schwachstellen, die bei früheren Tests vielleicht nicht zutage getreten sind. Im Gegensatz zu Waren sind Dienstleistungen – vor allem jene, an denen in großem Umfang Menschen mitwirken – *heterogen*: Ihre Eigenschaften und die Leistung können sich von Dienstleister zu Dienstleister, von Kunde zu Kunde und von Tag zu Tag unterscheiden. Daher zeigen selbst ein umfassender Test vor dem Start und ein Probelauf nicht unbedingt alle möglichen Fehlerquellen auf.

Die kontinuierliche Untersuchung der Servicequalität ist eine Möglichkeit, um rasch Servicemängel zu entdecken und zu beseitigen. Der Einsatz von »Scheinkunden« – Forscher, die sich als Kunden ausgeben, um den Service aus erster Hand zu erleben und beurteilen zu können – und die Durchführung regelmäßiger Kundenbefragungen sind besonders wirkungsvolle Methoden zur Identifizierung von Problembereichen.

Als Ergänzung dazu kann man die Servicezuverlässigkeit steigern, indem man die Angestellten, die diese Dienstleistung tatsächlich erbringen, zu Verbesserungsvorschlägen anregt. Kundenkontaktmitarbeiter sind ein wesentlicher Bestandteil des Serviceprozesses und somit bestens geeignet, die Dienstleistung zu beurteilen und Verbesserungsvorschläge zu unterbreiten. Leider haben viele Servicebetriebe keine Möglichkeit, diese reichhaltige Quelle wirksam zu nutzen. Sie bieten keine Kommunikationskanäle, keine Anreize und keine Belohnungen, um die Vorschläge der Mitarbeiter an der Kundenfront zu sammeln und auszuwerten. Unternehmen, die sich dem Null-Fehler-Ziel verschreiben, können es sich schwerlich leisten, die Fülle der Vorschläge außer acht zu lassen, die möglicherweise im eigenen Haus zu finden ist – oder auch in seinem *Vorgarten*.

Die Fidelity Bank aus Philadelphia hat ein formelles System namens FAST FORWARD eingerichtet, um sich die Ideen und Vorschläge der Mitarbeiter zunutze zu machen. In der Stellenbeschreibung aller Beschäftigten des Zentralen Kundendienstzentrums ist die Problemvermeidung als eine der wichtigsten Aufgaben aufgeführt. Diese Angestellten füllen FAST-FORWARD-Formulare aus, sobald ihnen Kunden von Problemen erzählen, die nach Ansicht der Mitarbeiter vermeidbar gewesen wären. Diese FAST-FORWARD-Formulare werden zu den Personalakten genommen und zur Leistungsbeurteilung herangezogen. Die Angestellten können sich eine Prämie von bis zu 300 Dollar monatlich verdienen, je nachdem, wie wertvoll ihre Vorschläge sind. Die Kundendienstmanagerin Jane Marie Nigro meint dazu: »Das FAST-FORWARD-Programm unterstreicht den Wunsch der Geschäftsleitung, sich die Ideen der Mitarbeiter anzuhören und darauf zu reagieren. Wenn man das Personal fragt, wie man den Dienst am Kunden verbessern könnte, führt dies zu unglaublichen Ergebnissen. Jeder hat wertvolle Vorschläge beizusteuern, und FAST FORWARD eignet sich bestens, um sie vorzubringen.«

Eine systematische, gründliche Analyse der Kundenbeschwerden und -anfragen stellt eine weitere Informationsquelle zur Überprüfung und Verfeinerung einer Dienstleistung mit dem Ziel eines zuverlässigeren Service und einer verbesserten Prozeßeffizienz dar. American Express leistet Hervorragendes bei der Durchführung solcher Analysen und der Reaktion auf ihre Ergebnisse. Im Rahmen der sogenannten »Analyse des vermeidbaren Input« bemüht sich dieses Kreditkartenunternehmen ständig, unnötige Kundenanfragen aufgrund von Unstimmigkeiten in der Rechnungsstellung, verwirrenden Marketingprogrammen und anderen Serviceschwächen zu vermeiden. Die Firma analysiert 147 verschiedene Arten von Kundenanrufen, um die Problemursachen auszumerzen und den unnötigen Input der Kunden zu minimieren.

Aus dieser »Analyse des vermeidbaren Input« zieht American Express doppelten Nutzen: Seine Dienstleistungen sind aus der Sicht der Kunden zuverlässiger, und die Produktivität ist höher, da weniger »Ausschuß« erzeugt wird. MaryAnn Rasmussen, weltweit zuständig für Qualität bei American Express, verdeutlicht diesen Nutzen anhand eines Beispiel aus der jüngsten Zeit: »Durch unser Überprüfungssystem [für Kundenanfragen] erfuhren wir, daß viele Anfragen mit Käufen zu tun hatten, die Karteninhaber im Ausland tätigten. Wir erkannten, daß wir die Zahl dieser Anfragen deutlich reduzieren konnten, indem wir die Karteninhaber über die kulturellen und rechtlichen Unterschiede informierten, die sie bei

Käufen im Ausland beachten sollten. Daher entwickelten wir eine Informationsbroschüre für diejenigen unter unseren Kunden, die besonders viel reisen. Diese Broschüre ist für die Karteninhaber von Vorteil, da sie ihnen zu klügeren Kaufentscheidungen verhilft, und sie ist für uns von Vorteil, weil wir dadurch weniger Anrufe erhalten, für die besonders aufwendige Nachforschungen erforderlich sind.«

Eine Infrastruktur für einwandfreien Service

Die beiden bisher erörterten Stützpfeiler der Servicezuverlässigkeit – Serviceführung und gründliche Serviceüberprüfung – sind wiederum mit einem dritten Pfeiler verbunden, mit dem sie ein Ganzes bilden: mit der Infrastruktur für einwandfreien Service. Wir verwenden den Begriff »Infrastruktur«, um die ganze Bandbreite der organisatorischen Faktoren abzudecken, die gegeben sein müssen, wenn man auf Anhieb richtigen Service bieten will. Nahezu alle dieser Faktoren betreffen Fragen des Personals und der Teamarbeit.

Personal. Die für Dienstleistungen verantwortlichen Mitarbeiter eines Unternehmens sind ein wesentlicher Bestandteil der Infrastruktur für einwandfreien Service. Bei den meisten Servicefirmen handelt es sich um arbeitsintensive Betriebe, bei denen der Kontakt zwischen Angestellten und Kunden eine bedeutende Rolle bei der Erbringung der Dienstleistung spielt. Nahezu jeder Beschäftigte eines Dienstleistungsunternehmens hat mit externen oder internen Kunden (d.h. anderen Mitarbeitern) zu tun und bedient sie. Darüber hinaus bestimmt die Qualität des Innenkunden gegenüber geleisteten Service weitgehend die Servicequalität für die Außenkunden. Daher wirkt sich die Leistung aller Angestellten letzten Endes auf die Bewertung der Dienstleistungen durch externe Kunden aus – ganz gleich, für welche Kundenart die jeweiligen Beschäftigten zuständig sind. Die Einstellungen und das Verhalten der Arbeitnehmer können den Ruf einer Firma in bezug auf den Service unterminieren oder verbessern.

David B. Luther, Qualitätsdirektor bei Corning, Inc., ist fest davon überzeugt, daß der Dienst am Kunden eine entscheidende Rolle bei der Stärkung der Wettbewerbsposition eines Industrieunternehmens spielt. Er betrachtet die folgenden Mitarbeitermeinungen und -einstellungen als Haupthindernisse für den Fortschritt auf dem Weg zum Null-Fehler-Ziel:[10]

- Ich *will* die Qualität nicht verbessern.
- Man *erwartet* von mir nicht, daß ich die Qualität verbessere.
- Ich *kann* die Qualität nicht verbessern.

Um dem Service makellosen Schliff zu verleihen, müssen die Arbeitnehmer dazu bereit und fähig sein, und das Management muß sie in diesem Bestreben ermutigen. Es ist nicht leicht sicherzustellen, daß alle Mitarbeiter die erforderlichen Eigenschaften besitzen. Führungskräfte können diese Aufgabe erfolgreich meistern, indem sie die Mitarbeiter mit den besten Qualifikationen mit Serviceaufgaben betrauen, Schulungskurse veranstalten, die Aufschluß über die Gründe und die Methoden zur Erreichung von zuverlässigem Service geben, Zuverlässigkeitsnormen aufstellen und die erbrachten Leistungen damit vergleichen, sichtbare und sinnvolle Belohnungen für einwandfreien Service bieten und in ihren Mitteilungen im Unternehmen (einschließlich der Absichtserklärungen) ständig die Bedeutung der Zuverlässigkeit betonen. In Verbindung mit genialer Führung durch Verfechter eines zuverlässigen Service sind diese Strategien schlagkräftig genug, um die von Dave Luther angesprochenen Hindernisse zu überwinden.

Teamarbeit. Wirksame Zusammenarbeit zwischen den Mitarbeitern und abteilungsübergreifende Kommunikation sind ebenfalls wesentliche Bestandteile der Infrastruktur für tadellosen Service. Wenn es mit dem Verständnis, der Zusammenarbeit und der Kommunikation zwischen den Abteilungen hapert, mindert das die Servicezuverlässigkeit erheblich. Viele Dienstleistungsunternehmen sind streng funktionsorientiert organisiert, vermutlich in der Absicht, die Operationen zu straffen und die Effizienz zu steigern. Leider errichtet dieser auf Funktionen ausgerichtete Ansatz eher Hindernisse zwischen den Abteilungen und schlägt keine Brücken. Daher lassen sich die »Serviceteile«, die diese verschiedenen Funktionen produzieren, häufig nicht zu einem zuverlässigen Gesamtbild zusammensetzen, das den Kunden das Gefühl vermittelt, daß dieses Unternehmen nach außen einheitlich auftritt.

Wie unsere Untersuchungen zeigen, frustriert dieser Mangel an abteilungsübergreifender Kommunikation und Koordination nicht nur die Kunden, die einen unzuverlässigen Service erhalten, sondern auch die Mitarbeiter, und er wirkt sich negativ auf ihre Leistung aus.

Wir haben vor kurzem eine Tiefenstudie für ein großes gewerbliches Serviceunternehmen abgeschlossen, das für seine Klienten und Arbeitnehmer auf Vertragsbasis eine Reihe von Dienstleistungen durchführt. Die Firma bietet komplexe Leistungen, die viele potentielle Fehlerquellen aufweisen, da die Beiträge einer ganzen Reihe von Abteilungen koordiniert werden müssen und häufig Kontakte mit einer breiten Palette von Mitarbeitern der Kundenfirmen stattfinden müssen. Obwohl dieses Unternehmen Branchenführer ist und vom Markt auch als solcher betrachtet wird, leidet es daher unter gravierenden internen Schwachpunkten, die seinem

Ruf schaden können. Bei der Diagnose der Ursachen, die diesen Schwachstellen zugrundeliegen, stießen wir in allen Teilen des Unternehmens immer wieder auf mangelnde abteilungsübergreifende Synergien als wahrscheinlichen Hauptgrund für diese Situation. Die folgenden Kommentare von Mitarbeitern aus drei verschiedenen Fokusgruppen verdeutlichen das:

- Jeder Mitarbeiter sollte wissen, warum er seine ihm zugewiesene Arbeit verrichtet und in welchem Zusammenhang sie zu den Aufgaben seiner Kollegen steht. Meiner Meinung nach könnten wir die interne Kommunikation verbessern.
- Es ist wirklich seltsam ... Wir arbeiten alle unter dem gleichen Dach, aber wir haben keine Ahnung davon, was unsere Kollegen tun.
- Mein größtes Problem ist es, von anderen Abteilungen rechtzeitig eine Antwort zu erhalten.

Unzureichende Kommunikation zwischen im Kundenverkehr beschäftigten Serviceangestellten und ihren Kollegen, die zu ihrer Unterstützung da sind, ist eine besonders augenfällige – und direkte – Ursache für unzuverlässigen Service. Wenn das Unternehmen Serviceversprechen gegenüber den Kunden abgibt (z.B. in der Werbung oder durch das Vertriebspersonal), ohne zuvor mit den eigentlichen Dienstleistern abgeklärt zu haben, ob dieser Service auch machbar ist, und wenn sich die Kundenbediener der Verpflichtungen, die den Kunden gegenüber eingegangen wurden, nicht bewußt sind, dann ist ein Teufelskreis nicht eingehaltener Serviceversprechen vorprogrammiert. In unseren Untersuchungen beobachteten wir häufig, daß die mangelnde Zusammenarbeit zwischen denjenigen im Unternehmen, die Versprechen abgaben, und den Dienstleistern häufig zu überzogenen und gebrochenen Versprechen führte.

Die Förderung der Teamarbeit zwischen den Serviceangestellten erfordert ein gewisses Maß an Strukturierung, Aufgabenverteilung und Vermittlung seitens des Management, insbesondere in Unternehmen, in denen die Funktionsgrenzen fest verankert sind und die Mitarbeiter befürchten, daß ihre Kompetenzen beschnitten werden. Wer jedoch eine traditionelle funktionale Struktur durch abteilungsübergreifende, kundenorientierte Teams ersetzt, kann daraus beträchtliche Vorteile ziehen, *sowohl* hinsichtlich der Erfüllung der Kundenwünsche *als auch* in bezug auf die Steigerung der Mitarbeiterproduktivität.

Das Lakeland Regional Medical Center, ein 897-Betten-Krankenhaus in Lakeland, Florida, ist ein Beispiel aus der wachsenden Schar der Dienstleistungsunternehmen, die das Teamkonzept kreativ umsetzen und dadurch beträchtliche Gewinne einfahren. Jeder Patient in einer Pilotstation mit 40 Betten wird einem »Pflegepaar« (»care pair«) zugewiesen, das zumeist aus einer ausgebildeten Krankenschwester und einer Hilfskraft besteht. Diese beiden kümmern sich um alle Bedürfnisse des Patienten von der Aufnahme bis zur Entlassung. Die Pflegepaare sind in verschiedenen Zusatzaufgaben ausgebildet – von der EKG-Überwachung über die Hausarbeit bis hin zur Kostenabrechnung. Außerdem hat Lakeland in den Zimmern der Patienten Computerterminals und Miniapotheken aufgestellt, um dem Pflegepaar raschen Zugriff auf die für einen schnellen, zuverlässigen Service erforderlichen Hilfsmittel zu gewährleisten. Die jährlichen Betriebskosten pro Bett sind in der Pilotstation über 9 Prozent niedriger als in den auf herkömmliche Weise organisierten Stationen. Daneben erfreut sich die Pilotstation auch zufriedenerer Patienten. Als dieses Buch in Druck ging, war Lakeland Regional gerade dabei, dieses erfolgreiche Pilotprogramm auf andere Abteilungen auszuweiten. Nach Aussage des Senior Vice President für patientenorientierte Entwicklung, David T. Jones, hoffte die Klinik, das Pflegepaar-Konzept bis Ende 1991 in allen chirurgischen Abteilungen einzuführen.

Abbildung 2–4 Entwicklung und Verrichtung von Dienstleistungen bei MetLife

---

MetLife hat den Erfahrungen mit einer Reihe von Projekten zur Einführung neuer Dienstleistungen und den dabei aufgetretenen Problemen Rechnung getragen. John Falzon von MetLife meint dazu: »MetLife hat ein Verfahren zur Problemvermeidung entwickelt, das ganz am Anfang ansetzt, wenn die Entscheidung getroffen wird, einen Vorschlag für ein neues Geschäftskonzept zu erarbeiten oder eine neue Leistung einzuführen.« Falzon faßt die einzelnen Verfahrensschritte so zusammen:

- Bildung abteilungsübergreifender Teams. Zum Team gehören Vertreter der Verwaltung, der Schaden-, der Marketing- und der DV-Abteilung. Gemeinsam überprüfen sie alle Aspekte des geplanten Vertrags.
- Untersuchung von Schlüsselfragen wie Plangestaltung, Vorgehen bei Anspruchszahlungen, Nutzungskontrolle, Beziehungen zu Ärzten, Preisgestaltung, Kundenschulung und DV-Systeme.
- Überprüfung eines von Marketing- und Versicherungsexperten erarbeiteten Entwurfs durch das Team. Alle Abteilungen arbeiten zusammen und leisten Beiträge, damit die Vorschläge auch garantiert die Kundenerwartungen erfüllen und alle Versprechen und Zusagen eingehalten werden können.
- Erarbeitung einer Anspruchsvolumenschätzung durch das Team. Diese Planzahlen bilden die Grundlage für die zukünftigen Personalanforderungen, einschließlich der Anspruchsregulierer und der Kundendienstmitarbeiter.
- Einrichtung einer gebührenfreien Telefonnummer für Fragen, die Mitarbeiter potentieller Kunden möglicherweise vor Beginn der Zahlung ihrer Ansprüche durch die MetLife haben.

Auch die Metropolitan Life Insurance Company hat funktionsübergreifende Teams bei ihren Gruppenversicherungskunden auf breiter Ebene und mit Erfolg eingesetzt. John Falzon, verantwortlich für Qualität und Planung bei MetLife, unterstreicht, daß kundenorientierte Teamarbeit für verläßliche Serviceleistungen eine entscheidende Rolle spiele: »Die MetLife kann ihre Produkte und Dienstleistungen im Bereich Gruppenversicherungen nicht standardisieren. Wir müssen auf die besonderen Bedürfnisse und Erwartungen unserer Kunden eingehen. Dies können wir nur, wenn wir im Team zusammenarbeiten und alle unseren Beitrag leisten. Indem wir uns aus dem Blickwinkel der Kunden betrachten und alle beteiligten Abteilungen von Anfang an einbeziehen, vermeiden wir Probleme.«

Abbildung 2-4 beschreibt den von MetLife entwickelten Teamansatz zur Entwicklung und Verrichtung fehlerfreier Dienstleistungen. Dieser Ansatz zeigt nicht nur die Bedeutung der Zusammenarbeit im Team, sondern auch, wie wichtig es ist, neue Dienstleistungen einer strengen Prüfung zu unterziehen, um so einen zuverlässigen Service garantieren zu können.

Management-Checkliste

Zur Verbesserung der Servicequalität schlagen wir dem Management vor, mit Hilfe der folgenden Fragen eine Selbstdiagnose durchzuführen:

1. *Glauben wir, daß 100prozentige Zuverlässigkeit – das Null-Fehler-Ziel – sich im Service lohnt?* Sind wir davon überzeugt, daß mehr Zuverlässigkeit gleichzeitig zu wirksamerem Marketing und effizienteren Betriebsabläufen führen wird? Falls nicht, aus welchen Gründen? Investieren wir zuviel in das Marketing und in Korrekturmaßnahmen für einen unzuverlässigen Service, wenn die richtige Erbringung einer Dienstleistung gleich beim ersten Mal eine bessere Ressourcennutzung gewährleisten würde?
2. *Erkennen wir deutlich die Herausforderungen, die mit dem Null-Fehler-Ziel im Service verbunden sind?* Sind wir uns bewußt, daß tadelloser Service in Echtzeit geleistet werden muß? Wissen wir, wie hoch unsere »Ausschußquote« im Service infolge schlecht gestalteter und unzureichend vermittelter Dienstleistungen ist?
3. *Zeigen wir allen unseren Mitarbeitern, daß wir uns für verläßlichen Service einsetzen?* Wie oft sprechen Führungskräfte mit den Arbeitnehmern über die Bedeutung des Null-Fehler-Ziels im Service? Wird in allen Mitteilungen des Unternehmens immer wieder die Servicezuverlässig-

keit herausgestellt? Steht das Null-Fehler-Ziel an auffallender Stelle in unserer Absichtserklärung?
4. *Unterziehen wir neue Dienstleistungen vor ihrer Markteinführung einer strengen Prüfung?* Erstellen wir eine Service-Blaupause? Kennen wir alle Einzelschritte jeder neu entwickelten Dienstleistung? Wirken unsere Kunden und Mitarbeiter aktiv an der Servicegestaltung mit? »Proben« wir den Service mit Kunden und Angestellten?
5. *Kontrollieren wir unsere Dienstleistungen nach der Markteinführung fortlaufend?* Bieten wir Anregungen und Belohnungen für Mitarbeiter, die uns Vorschläge zur Verbesserung einer angebotenen Dienstleistung machen? Nutzen wir dieses Feedback? Haben wir für den Service ein System zur systematischen Erfassung und Analyse der Reklamationen und Kundenbeschwerden?
6. *Tun wir genug, um alle unsere Mitarbeiter zu befähigen, zu motivieren und zu ermutigen, das Null-Fehler-Ziel anzustreben?* Ergreifen wir bei der Personaleinstellung bewußt Maßnahmen, um sicherzustellen, daß unsere zuküftigen Mitarbeiter kompetent sind und sich für exzellenten Service einsetzen? Führen wir Schulungsprogramme für Mitarbeiter durch, bei denen der Schwerpunkt auf tadellosem Service liegt? Loben wir fehlerfreie Serviceleistungen der Beschäftigten im Rahmen offizieller, sichtbarer Anerkennungsprogramme?
7. *Ermutigen, fördern und verlangen wir Teamwork und Kommunikation über Abteilungsgrenzen hinweg?* Gibt es bei uns kundenorientierte, abteilungsübergreifende Teams, die für verläßlichen Service zuständig sind? Können wir den Zusammenhalt zwischen den Funktionen fördern, indem wir die offiziellen Kommunikationssysteme verbessern? Bieten wir Programme zur Schulung der Mitarbeiter in anderen Aufgaben, damit sie die Arbeit ihrer Kollegen schätzen lernen?

3
Herausragender Service beim zweiten Mal

Unablässiges Streben nach makellosem Service ist wesentlich, wenn man herausragende Leistungen bieten will. Doch nicht einmal beispielhafte Unternehmen, die voll und ganz hinter der Null-Fehler-Philosophie stehen, können alle Pannen vermeiden. Die Professoren Christopher Hart, James Heskett und Earl Sasser bringen dieses Problem auf den Punkt: »Fehler sind immer kritische Punkte im Service. So sehr sie sich auch anstrengen mögen – auch die besten Dienstleistungsfirmen können Patzer nicht vermeiden. Mal fliegt eine Maschine mit Verspätung ab, mal brennt ein Steak an, mal landet eine Lieferung an der falschen Stelle. Tatsächlich sind bei Dienstleistungen, die auch oftmals in Anwesenheit des Kunden erbracht werden, Fehler unvermeidlich.«[1]

Heißt das, daß es sich nicht lohnt, im Service das Null-Fehler-Ziel anzustreben? Mit Sicherheit nicht. Wie wir in Kapitel 2 argumentierten, bietet eine ständige Verbesserung der Servicezuverlässigkeit – und die Vermeidung der Kosten, die andernfalls entstehen würden – beträchtliche Vorteile. Dennoch sind Pannen unvermeidlich, und daher spielt eine herausragende Nachbesserung bei Servicefehlern im qualitätsorientierten Dienstleistungsmarketing eine ebenso entscheidende Rolle wie das Streben nach tadellosem Service. In diesem Kapitel befassen wir uns mit den Argumenten, die für außergewöhnliche Bemühungen bei der Korrektur von Servicefehlern sprechen, und stellen Richtlinien dafür vor.

Argumente für herausragendes Pannenmanagement

Obwohl derzeit in Unternehmenskreisen viel die Rede ist von der Bedeutung des Dienstes am Kunden, sind die Firmen im großen und ganzen nicht besonders gut, wenn es um den Ausgleich von Servicepannen geht, die ihre Kunden erleben und erleiden müssen. Nur allzuoft fühlen sich die

Kunden nach einer Beschwerde schlechter und nicht besser aufgrund der Antwort – oder auch der mangelnden Reaktion – des Unternehmens. Allein schon die Tatsache, daß der Ärger mit Serviceproblemen in so vielen Fällen nicht zufriedenstellend aus der Welt geschafft werden kann (wie wir im nächsten Abschnitt zeigen werden), sollte Grund genug für die Unternehmen sein, ihre Bemühungen auf dem Gebiet der Servicenachbesserung zu verstärken. Außerdem bietet herausragende Fehlerkorrektur große Chancen zur Festigung der Kundenbeziehung und der Kundentreue.

Pannenmanagement: Ein Situationsbericht

Die Verschärfung des Wettbewerbs und anspruchsvollere Kunden haben viele Unternehmen – sowohl in der Industrie als auch im Dienstleistungssektor – veranlaßt, dem *Dienst am Kunden* mehr Aufmerksamkeit zu schenken als dem *Verkauf an den Kunden*. Hat diese verstärkte Konzentration auf den Service auch die Qualität und Effektivität der Servicenachbesserungen dieser Unternehmen verbessert? Diese Frage beantwortet der Vergleich zweier empirischer Studien, die im Abstand von 13 Jahren durchgeführt wurden.

Die erste Untersuchung aus dem Jahr 1975 stammt von den Professoren Alan Andreasen und Arthur Best.[2] Die zweite führten wir zusammen mit unserer Kollegin Valarie Zeithaml 1988 durch.[3] Abbildung 3–1 enthält eine Kurzbeschreibung dieser beiden Forschungsprojekte sowie eine Zusammenfassung der relevanten Ergebnisse.

Die beiden Studien verfolgten zwar unterschiedliche Ziele und verwendeten verschiedene Methoden der Stichprobenerhebung, doch beschäftigten sich beide mit der Frage, wie zufrieden die Kunden mit Problemlösungen waren. Außerdem betrachteten beide Untersuchungen eine Reihe unterschiedlicher Dienstleistungen. Die Informationen in Abbildung 3–1 ermöglichen daher einen interessanten Vergleich der Wirksamkeit im Ausgleich von Servicepannen damals und heute.

Auf den ersten Blick lassen die Prozentsätze in der letzten Spalte von Abbildung 3–1 auf eine bemerkenswerte Verbesserung der Situation während der 13 Jahre schließen, die zwischen den beiden Untersuchungen liegen. 1975 betrug der Anteil der zufriedenstellenden Problemlösungen lediglich ein Drittel bis die Hälfte; 1988 lag er dagegen bei 50 Prozent bis zwei Drittel. Diese optimistische Auslegung wird jedoch durch die Tatsache eingeschränkt, daß die Studie von 1988 die Leistung von fünf Unternehmen erforschte, die zu den größten und am meisten auf das Marketing

Abbildung 3–1 Wirksame Abhilfe bei Serviceproblemen 1975 und 1988

Autoren und Jahr der Studie	Art der Studie und Stichprobe	Art der Dienstleistung	Stichprobenumfang**	Prozentsatz der mit der Problemlösung zufriedenen Kunden in der Stichprobe
Andreasen und Best – 1975*	Untersuchung der Kundenzufriedenheit bei einer Zufallsstichprobe von Haushalten in amerikanischen Großstädten; Datenerhebung zur Kundenzufriedenheit bei einer breiten Palette allgemeiner Waren- und Dienstleistungsgruppen	Hausreparaturen Autoreparatur Kreditvergabe Filmentwicklung Reparatur von Haushaltsgeräten Ärztliche/zahnärztliche Behandlung Parken von Kraftfahrzeugen	78 261 69 84 107 84 47	53 % 50 % 50 % 45 % 36 % 35 % 30 %
Berry, Parasuraman und Zeithaml – 1988	Untersuchung zur Servicequalität bei Zufallsstichproben von Kunden fünf landesweit bekannter Unternehmen; Datenerhebung zur Beurteilung verschiedener Aspekte der Dienstleistungen der jeweiligen Unternehmen aus der Sicht der Kunden	Telefonwartg. (U.1) Versicherung (U. 2) Versicherung (U. 3) Bankwesen (U. 4) Bankwesen (U. 5)	148 137 73 122 119	67 % 66 % 59 % 50 % 56 %

* Die Bezeichnungen und Zahlen für die Dienstleistungskategorien in diesem Teil der Abbildung stammen aus Abbildung IV des Artikels „Consumers Complain – Does Business Respond?" von Alan R. Andreasen und Arthur Best, *Harvard Business Review*, Juli/August 1977, S.93-101.

** Zahl der Befragten, die in der jeweiligen Gruppe über ein Problem berichteten.

ausgerichteten Firmen ihrer Branche gehörten. Im allgemeinen war der Anteil der zufriedenstellenden Problemlösungen wahrscheinlich niedriger als bei den fünf in dieser Studie betrachteten Firmen. Außerdem stehen den 50 oder 67 Prozent zufriedenstellenden Lösungen 33 bis 50 Prozent *unzureichender* Nachbesserungen gegenüber. Die Tatsache, daß sogar führende Unternehmen mindestens ein Drittel ihrer Servicepannen nicht zufriedenstellend ausgleichen können, ist sehr aufschlußreich und spricht keineswegs für den gegenwärtigen Stand in der Behebung von Servicefehlern. Es sind zwar einige Fortschritte erzielt worden, doch zeigen die Ergebnisse eindeutig, daß es beim Pannenmanagement und bei der Lösung von Serviceproblemen noch viel zu tun gibt.

Neben den in Abbildung 3–1 dargestellten Ergebnissen weisen noch andere Anzeichen auf derzeit unzureichende Servicenachbesserungsbemühungen hin. In der Zusammenfassung ihrer Schlußfolgerungen aus der Studie von 1975 zur Kundenzufriedenheit geben Andreasen und Best der Haltung der Unternehmen in der Lösung von Kundenproblemen ziemlich schlechte Noten: »Verbraucher, die sich beschweren, werden von den Unternehmen häufig als ‚Feinde' betrachtet ... Die für Reklamationen zuständigen Angestellten beschäftigen sich zwar vielleicht mechanisch mit den jeweiligen Problemen, doch der Ärger der Kunden wird nicht abgebaut: Das ‚Feindbild' beginnt mit der Annahme, daß der Kunde im Unrecht ist.«[4]

Hat diese Tendenz, Kunden mit Reklamationen als Gegner zu betrachten, in den letzten 15 Jahren abgenommen? Nicht viel, meinte vor kurzem John Goodman, *President* von Technical Assistance Research Programs (TARP), einem führenden Kundendienstforschungsunternehmen, das Kundenbeschwerden und ihre Auswirkungen in einer Vielzahl von Branchen untersucht hat. In einem Interview mit der Zeitschrift *The Service Edge* im Sommer 1990 empfahl Goodman den Dienstleistungsunternehmen, ihre feindselige Haltung aufzugeben: »Unsere Untersuchungen haben ergeben, daß in den meisten Unternehmen die Kunden, die mit ihrer Reklamation bewußt die Firma schröpfen wollen, 1 oder 2 Prozent des Kundenstamms ausmachen. Ein Großteil der Firmen schützt sich jedoch vor diesen skrupellosen Kunden, indem sie ... die ehrlichen 98 Prozent wie Gauner behandeln, um die 2 Prozent zu erwischen, die *tatsächlich* Gauner sind.«

In unseren eigenen Untersuchungen zur Servicequalität haben viele enttäuschte Kunden aus ihrer persönlichen Erfahrung heraus sich über den von Feindseligkeit geprägten, mit Hindernissen übersäten und anscheinend hoffnungslosen Prozeß beklagt, der ihnen bevorsteht, wenn sie eine Entschädigung für mangelhafte Dienstleistungen verlangen. Die Kommentare einiger Teilnehmer an unseren Fokusgruppen-Interviews verdeutlichen das:

KUNDE EINER BANK: Wenn man ein Problem hat, wird man behandelt, als hätte man eine Krankheit.
KREDITKARTENINHABER: Man kommt an diese Leute nicht heran.
KUNDE EINES REPARATURBETRIEBS: Wenn man wütend ist und anruft, wen hat man dann an der Strippe? Die Büroangestellte, die einem nicht weiterhelfen kann.

Auch andere Untersuchungen haben bestätigt, daß eine ineffiziente Entschädigung unglückliche Kunden unter Umständen noch mehr verärgert. Dazu nochmals Professor Hart und seine Kollegen: »Unsere Untersuchungen zeigen, daß mehr als 50 Prozent der Mühen, auf Reklamationen einzugehen, in Wahrheit eher den Ärger der Kunden noch *verstärken*.«[5]

Alles in allem hat der Dienstleistungssektor insgesamt bei der Fehlerbehebung nur mittelmäßige Ergebnisse erzielt. Natürlich gibt es einige vorbildliche Unternehmen, die für ihren flexiblen Umgang mit Reklamationen bekannt sind, wie z.B. American Express, Federal Express und L.L. Bean. Aber diesen seltenen Ausnahmen steht eine Heerschar von Firmen gegenüber, die planlos oder mit einem mangelhaften System an die Wiedergutmachung von Servicefehlern herangehen.

Die Vorteile guten Pannenmanagements

Die Möglichkeit zur Behebung eines Servicefehlers ist zugleich eine große Chance, die Meinung des Kunden über ein Unternehmen stark zu beeinflussen. Die Kunden schenken den Leistungen einer Firma weitaus mehr Beachtung, wenn etwas schiefläuft, als wenn alles einwandfrei funktioniert. Servicepatzer – ein Hotel, das für einen Gast mit einer bestätigten Reservierung kein Zimmer bereithält; ein Kellner, der einen Gast mit Suppe bekleckert; der Auszug einer Kreditkartenfirma, auf dem Käufe in Rechnung gestellt werden, die der Kunde niemals getätigt hat – rufen bei den Kunden stärkere Emotionen und eine intensivere Bewertung hervor als einwandfreie Dienstleistungen.

Auf der Grundlage von Erkenntnissen aus der Sozialpsychologie meinen mehrere Wissenschaftler, daß Kunden auf routinemäßige Dienstleistungen, die wie geplant ablaufen, nur »unbewußt« reagieren, also nur mit einem Minimum an bewußter Aufmerksamkeit und kognitiver Aktivität.[6] Dagegen treten Kunden, die einer ungewöhnlichen Servicesituation gegenüberstehen, abrupt aus diesem Zustand der unbewußten Wahrnehmung heraus und überprüfen kritisch, wie das Dienstleistungsunternehmen mit der Situation umgeht. Sie sind ein empfängliches Publikum für die Botschaft über die Servicewerte und die Prioritäten, die das Unternehmen in seinen Bemühungen zur Fehlerbehebung vermittelt. Pannen sind daher oft die besten Gelegenheiten, den Kunden sein Engagement zu zeigen und ihre Treue zu festigen.

Abbildung 3–2 zeigt, welch entscheidende Rolle die Nachbesserung fehlerhafter Dienstleistungen in der Servicebeurteilung der Kunden spielt. Sie basiert auf Untersuchungen der First National Bank of Chicago und

Abbildung 3-2 Die zehn wichtigsten Servicemerkmale
aus der Sicht der Kunden

1. Einhaltung des Rückrufversprechens.
2. **Erklärung, wie es zu dem Problem kam.***
3. Informationen über die Nummer/n, die ich anrufen kann.
4. **Unverzügliche Benachrichtigung, wenn eine Lösung gefunden wurde.**
5. Möglichkeit, mit einem Mitarbeiter mit den nötigen Vollmachten zu sprechen.
6. **Zeitangabe, wie lange die Lösung des Problems dauern wird.**
7. **Sinnvolle Alternativen, wenn das Problem nicht gelöst werden kann.**
8. Wunsch, wie ein Mensch, nicht wie eine Nummer behandelt zu werden.
9. **Ratschläge, wie sich solche Probleme in Zukunft vermeiden lassen.**
10. **Mitteilungen über Lösungsfortschritte, wenn ein Problem nicht sofort aus dem Weg geräumt werden kann.**

* Fettgedruckte Merkmale beziehen sich direkt auf den Ausgleich von Servicepannen.

Quelle: Nach Linda Cooper und Beth Summer, *Getting Started in Quality,* Consumer Affairs/Quality Department, The First National Bank of Chicago, 1990, S. 27.

listet die ersten zehn von insgesamt 25 Eigenschaften auf, die Kunden zur Beurteilung von Bankdienstleistungen heranziehen. Sechs davon (die fett gedruckten) stehen in direktem Zusammenhang mit Problemlösungen; die übrigen vier beziehen sich indirekt darauf. Diese zehn Kriterien wurden zwar für das Bankwesen erarbeitet, doch gelten sie auch für den Dienstleistungssektor im allgemeinen. Offenbar wird die Kundenmeinung zu den Dienstleistungen einer Firma maßgeblich von deren Vorgehensweise bei der Lösung von Serviceproblemen beeinflußt.

Unsere empirischen Forschungen mit Kunden von fünf großen Dienstleistungsunternehmen bestätigen diesen wesentlichen Einfluß der Fehlerbehebungsmaßnahmen. Die in Abbildung 3-3 zusammengefaßten Ergebnisse zeigen durchwegs, daß zufriedenstellende Problemlösungen die Bereitschaft der Kunden zur Weiterempfehlung des Unternehmens stark erhöhen und ihre Meinung über die Servicequalität der Firma deutlich verbessern.

Untersuchungen anderer Wissenschaftler belegen den finanziellen Nutzen, der sich aus einer wirksamen Pannenausgleichung ziehen läßt. Nach Informationen von TARP liegt der Durchschnittsertrag bei Investitionen in Problemlösungssysteme zwischen 100 Prozent (bei Anbietern langlebiger Güter wie z.B. Waschmaschinen und Kühlschränke) und 170 Prozent (bei Banken).

Abbildung 3—3 Auswirkungen guter bzw. unzulänglicher Maßnahmen zur Fehlerbehebung

Unternehmen	Art der Dienstleistung	Prozentsatz der Kunden, die das Unternehmen weiterempfehlen wollten, wenn das Serviceproblem		Gesamtbeurteilung der Servicequalität eines Unternehmens durch die Kunden, wenn das Serviceproblem**	
		nicht zufriedenstellend gelöst wurde*	zufriedenstellend gelöst wurde	nicht zufriedenstellend gelöst wurde	zufriedenstellend gelöst wurde
1	Telefonwartung	13 %	86 %	−1,99	−0,74
2	Versicherung	24 %	82 %	−2,24	−1,36
3	Versicherung	31 %	85 %	−2,26	−1,06
4	Bankwesen	21 %	78 %	−2,25	−1,33
5	Bankwesen	54 %	78 %	−1,84	−0,90

* 13 % in der ersten Spalte heißt, daß von den Kunden des Unternehmens 1, die meinten, daß ihr Serviceproblem nicht zufriedenstellend gelöst worden sei, 13 % bereit waren, das Unternehmen einem Freund zu empfehlen. Die anderen Zahlen sind analog zu verstehen.
** Die Wertungen zur Servicequalität messen, wie die Kunden das Unternehmen im Vergleich zu ihren Erwartungen einschätzen. Wenn die Erfahrung nicht die Erwartungen erfüllt, wird die Wertung mit einem Minuszeichen versehen. Je höher die negative Wertung, desto schlechter die Servicequalität im Unternehmen.

Die zufriedenstellende Lösung von Serviceproblemen führt nicht unbedingt in allen Fällen zum gleichen vorteilhaften Ergebnis. Wie wir im nächsten Abschnitt zeigen werden, beeinflußt auch die Reputation eines Unternehmens (ob es als zuverlässig gilt und ob der Service in der Regel beim ersten Mal stimmt) die Effektivität der Wiedergutmachungsversuche.

Die Verbindung zwischen Zuverlässigkeit und Fehlerbehebung

Eine Servicepanne kann das Vertrauen der Kunden in das Unternehmen erschüttern. Gänzlich verlieren die Kunden es aber nur unter zwei Bedingungen:

1. Die Panne ist ein weiteres Bespiel für bereits mehrfach aufgetretene Schwächen.
2. Die zur Fehlerbehebung ergriffenen Maßnahmen stellen den Kunden nicht zufrieden; statt das Problem zu lösen, verschlimmern sie es.

Die erste Bedingung deutet auf ein gravierendes Zuverlässigkeitsproblem im Service hin. Wie wir in Kapitel 2 erläuterten, steht Zuverlässigkeit auf der Prioritätenliste der Kunden ganz oben und ist der Dreh- und Angelpunkt für ausgezeichnetes Dienstleistungsmarketing. Wenn ein Unternehmen immer wieder und wieder mit Servicepannen zu kämpfen hat, dann verliert für die Kunden nahezu alles andere an Bedeutung. Herausragende Maßnahmen zur Fehlerbehebung sind keine wirksame Medizin gegen chronische Unzuverlässigkeit. Ein Autohändler, der häufig Reparaturen beim ersten Mal nicht richtig ausführt, oder eine Fluglinie, die oftmals in letzter Minute ihre Flüge annulliert, können nicht darauf hoffen, daß sie allein durch wirkungsvolle Maßnahmen zur Fehlerbeseitigung das Vertrauen der Kunden zurückgewinnen.

Wenn auf ein Serviceproblem unzureichende Ausgleichsmaßnahmen folgen – die zweite obengenannte Bedingung –, dann enttäuscht das Unternehmen seine Kunden gleich zweimal. Dadurch ergibt sich ein Phänomen, das Professor Mary Jo Bitner und ihre Kollegen »doppelte Abweichung« (»double deviation«) von den Kundenerwartungen nennen.[7] Diese doppelte Abweichung verringert das Vertrauen der Kunden in das Unternehmen drastisch; wenn die Firma darüber hinaus noch in dem Ruf der Unzuverlässigkeit steht, so wird sich dies *verheerend* auf das Vertrauen der Kunden auswirken und sie der Konkurrenz in die Arme treiben.

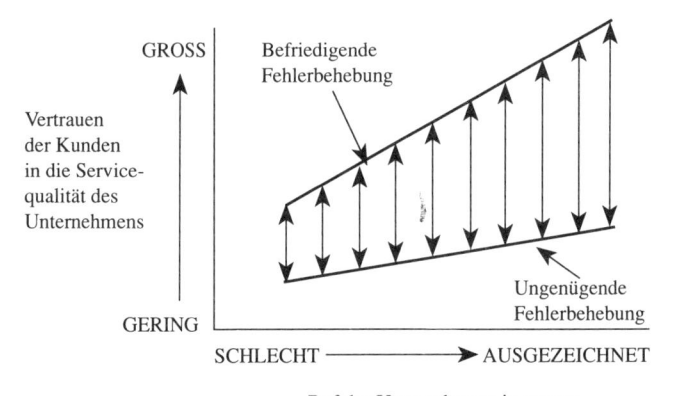

Abbildung 3–4 Unterschiedliche Auswirkungen ungenügender und befriedigender Korrekturmaßnahmen bei verschiedenen Zuverlässigkeitsniveaus

Abbildung 3–4 zeigt die wahrscheinlichen Folgen von mangelhaften bzw. befriedigenden Maßnahmen zur Fehlerbehebung für das Vertrauen der Kunden in ein Unternehmen. Der Einfluß der Nachbesserung auf das Kundenvertrauen wird auch von der bisherigen Servicezuverlässigkeit bestimmt. Erzählt man sich über ein Unternehmen bereits, daß es unzuverlässig arbeite, so macht unzulängliches Pannenmanagement das letzte Quentchen Vertrauen zunichte. Wenn die Firma unter diesen Umständen zufriedenstellende Maßnahmen ergreift, ist dies zwar wirkungsvoller als ein schwacher Versuch, doch wird es das Vertrauen der Kunden wahrscheinlich nicht wesentlich stärken. Wie bereits gesagt – eine wirksame Vorgehensweise bei der Fehlerbehebung ist kein Heilmittel für chronische Unzuverlässigkeit. Der Grenznutzen, der sich aus zufriedenstellender im Vergleich zu unzulänglicher Fehlerkorrektur ergibt (in Abbildung 3–4 symbolisiert durch senkrechte, doppelköpfige Pfeile), nimmt in dem Maße zu, in dem sich der Ruf der Firma in bezug auf Servicezuverlässigkeit verbessert. Befriedigende Nachbesserungsmaßnahmen sind dann am wirkungsvollsten, wenn das Unternehmen allgemein als verläßlich gilt. Mit anderen Worten, außergewöhnlich hohe Servicezuverlässigkeit und herausragende Anstrengungen zur Problembeseitigung bei gelegentlichen, aber unvermeidbaren Pannen sind die Kennzeichen vorbildlicher Dienstleistungsunternehmen.

Richtlinien für ausgezeichnete Fehlerbeseitigung

Ausgezeichnete Pannenbehebung ist in mancherlei Hinsicht schwerer zu erreichen als exzellente Zuverlässigkeit – und die Unternehmen sind häufiger versucht, die Bedeutung dieses Ziels herunterzuspielen. Situationen, in denen Maßnahmen zur Fehlerbeseitigung gefordert sind, stören immer den normalen Betriebsablauf; oft muß man sich dabei mit verärgerten Kunden herumschlagen. Es überrascht nicht, daß viele Unternehmen nur widerwillig auf Serviceprobleme reagieren – wenn überhaupt. Die Versuchung, Problemsituationen als unproduktive, nicht gewinnbringende und unliebsame Störungen zu betrachten, kann recht stark sein. Dies führt dazu, daß der Behebung von Servicefehlern ein geringer Stellenwert beigemessen wird.

Seltsamerweise erliegen gerade Unternehmen, die für ihren zuverlässigen Service berühmt sind, besonders häufig dieser Versuchung. Wenn eine Firma in den meisten Fällen ihre Dienstleistungen auf Anhieb richtig erbringt, so wird sie leicht selbstzufrieden. Sie ist dann schlecht auf gelegentlich auftretende Pannen vorbereitet und läßt sich nur widerstrebend herab, ihnen wirksam zu beggenen. Doch eine einzige Fehlreaktion bei einem Serviceproblem kann den Bonus stark beeinträchtigen, den die Firma sich durch eine Reihe verläßlicher Serviceleistungen bei den Kunden erworben hat.

Unternehmen können es sich nicht leisten, Serviceprobleme halbherzig und planlos anzugehen. Um sich im Pannenmanagement hervorzutun

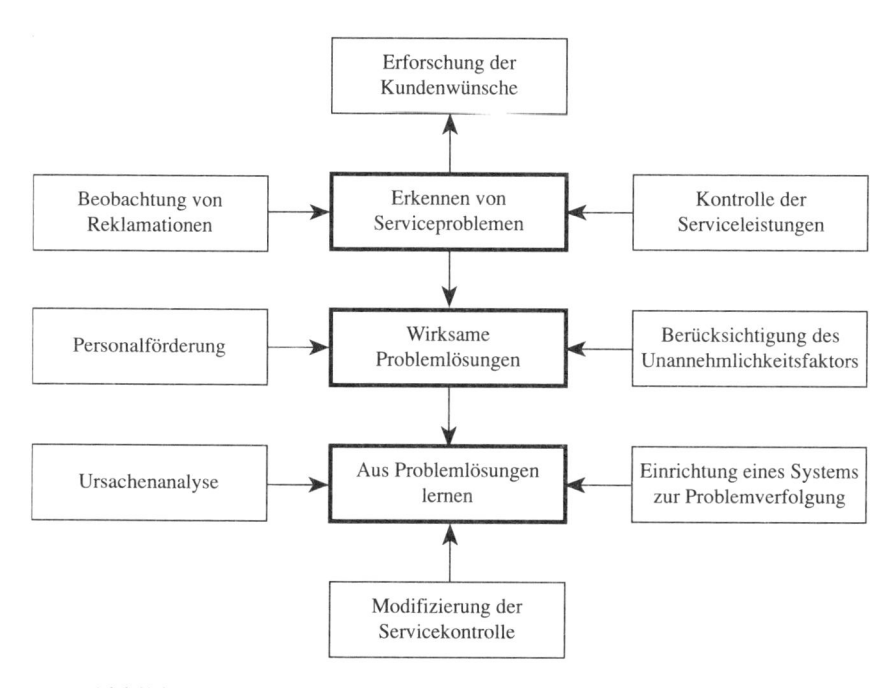

```
                    ┌─────────────────┐
                    │  Erforschung der│
                    │  Kundenwünsche  │
                    └─────────────────┘
                             ▲
┌──────────────┐     ┌─────────────────┐     ┌──────────────┐
│ Beobachtung  │ ──▶ │  Erkennen von   │ ◀── │ Kontrolle der│
│ von Rekla-   │     │ Serviceproblemen│     │Serviceleistg.│
│ mationen     │     └─────────────────┘     └──────────────┘
└──────────────┘              │
                              ▼
┌──────────────┐     ┌─────────────────┐     ┌──────────────────┐
│Personal-     │ ──▶ │    Wirksame     │ ◀── │Berücksichtigung d│
│förderung     │     │ Problemlösungen │     │Unannehmlichkeits-│
└──────────────┘     └─────────────────┘     │faktors           │
                              │              └──────────────────┘
                              ▼
┌──────────────┐     ┌─────────────────┐     ┌──────────────────┐
│Ursachen-     │ ──▶ │Aus Problemlösg. │ ◀── │Einrichtung eines │
│analyse       │     │     lernen      │     │Systems z.Problem-│
└──────────────┘     └─────────────────┘     │verfolgung        │
                              ▲              └──────────────────┘
                    ┌─────────────────┐
                    │ Modifizierung d.│
                    │ Servicekontrolle│
                    └─────────────────┘
```

Abbildung 3–5 Grundlegende Schritte im Pannenmanagement

und daraus den größtmöglichen Nutzen zu ziehen, muß eine Firma ein systematisches, fortlaufendes Verfahren für den Umgang mit Reklamationen parat haben. Die einzelnen Schritte dieses Verfahrens unterscheiden sich von Unternehmen zu Unternehmen, doch sollten die aus Abbildung 3–5 ersichtlichen allgemeinen Bestandteile vorhanden sein. Das Verfahren untergliedert sich in drei grundlegende Phasen (siehe die fett umrahmten Kästchen in Abbildung 3–5), auf die wir im folgenden näher eingehen wollen.

Erkennen von Serviceproblemen

Der Versuch, alle von den Kunden erlebten Enttäuschungen – ganz gleich, wie geringfügig sie erscheinen mögen – ans Tageslicht zu bringen, ist der erste Schritt auf dem Weg zu Spitzenleistungen in der Fehlerbehebung. Wer Probleme erfolgreich angehen will, muß zunächst umfassende Informationen über die Kundenbeschwerden sammeln. Um die Zahl der unentdeckten Serviceprobleme auf ein Mindestmaß zu verringern, müssen die Unternehmen ein wirksames System zur Beobachtung von Reklamationen, zur Erforschung der Kundenwünsche und zur Kontrolle der Serviceleistungen besitzen.

Beobachtung von Reklamationen. Die Untersuchung freiwillig abgegebener Kundenkommentare ist ein möglicher Ansatz bei der Ermittlung von Servicemängeln. Wie die Verbreitung von gebührenfreien Telefonnummern, Karten für Stellungnahmen oder Vorschlagsbriefkästen zeigt, praktizieren viele Unternehmen derzeit diese Methode. Selbst wenn solche Kommunikationsmöglichkeiten fehlen, können die Kunden unaufgefordert Rückinformationen liefern – und manche tun dies auch unweigerlich. Jede Firma kann von einem System profitieren, das laufend die Reklamationen der Kunden sammelt und analysiert.

Ein System zur kontinuierlichen Überwachung von Kundenbeschwerden wird aber nur dann eine Wirkung zeigen, wenn es unverzüglich zu internen Schritten zur Lösung der vorgetragenen Probleme führt. Es muß auch rasch nach außen gerichtete Maßnahmen auslösen: Das Unternehmen muß sich bei den Kunden entschuldigen, ihnen mitteilen, daß man sich ihrer Unzufriedenheit bewußt ist, und sie über Korrekturmaßnahmen unterrichten. So effektiv und reaktionsschnell solche Systeme aber auch sein mögen, sie reichen nicht aus, wenn ein Unternehmen bei der Fehlerbehebung eine Spitzenposition einnehmen will. Zahlreiche Untersuchungen belegen, daß viele Kunden, die vor einem Problem stehen, einfach nicht reklamieren, weil sie sich nicht vorstellen können, wie sie ihre Klagen wirkungsvoll und ohne Unannehmlichkeiten vorbringen können, oder weil sie meinen, daß eine Beschwerde auch nichts ändern würde.

Kommunikationskanäle wie gebührenfreie Telefonnummern werden verärgerten Kunden nicht die Darstellung ihrer Probleme erleichtern, wenn sie glauben, daß sich das Unternehmen im Grunde nicht dafür interessiert – ein Glaube, der noch verstärkt wird durch ständig belegte Leitungen oder wenig hilfsbereite und wenig einfühlsame Reaktionen, wenn der Kunde endlich einen Vertreter des Unternehmens erreicht. Außerdem werden sich wahrscheinlich nur Kunden mit gravierenden Problemen aus freien Stücken an das Unternehmen wenden. Untersuchungen von TARP haben sogar gezeigt, daß 31 Prozent der Kunden, die aufgrund von fehlerhaften Produkten oder Dienstleistungen einen potentiellen Verlust von im Durchschnitt 142 Dollar zu tragen haben, sich dennoch nicht beschweren.

Ein Unternehmen kann kein ausgezeichnetes Nachbesserungssystem bieten, wenn es sich bei der Suche nach Schwachstellen ausschließlich auf freiwillig vorgebrachte Reklamationen stützt. Eine Möglichkeit, die nicht gemeldeten Probleme aufzuspüren, ist die Erforschung der Kundenwünsche.

Erforschung der Kundenwünsche. Die Frage nach negativen Erfahrungen im Rahmen förmlicher oder informeller Untersuchungen ist eine notwendige Ergänzung zur Beobachtung der freiwilligen Reklamationen. Wenn ein Unternehmen die Initiative ergreift und die Kunden zur Stellungnahme auffordert, so beweist es damit viel mehr Engagement und Interesse, als wenn es auf freiwillig vorgebrachte Beschwerden wartet. Unzufriedene Kunden, die normalerweise zu skeptisch sind, um eine gebührenfreie Telefonnummer zu wählen oder eine Karte auszufüllen, werden ihre Klagen eher vorbringen, wenn sie den Eindruck haben, daß sich das Unternehmen auch wirklich dafür interessiert.

Untersuchungen zur Ermittlung von Serviceproblemen können quantitativer und qualitativer Art sein. Kundenbefragungen sind hier genauso geeignet wie Kundenbeobachtung. Embassy Suites Hotel führt jeden Tag mit 350 Gästen Interviews mit offenen Fragen durch und legt als Ergänzung dazu 6000 Gästen pro Jahr strukturierte Fragebögen vor. Der Cadillac-Geschäftsbereich von General Motors, der vor kurzem den Malcolm Baldrige National Quality Award gewann, ermittelt Probleme regelmäßig in Zusammenarbeit mit Kundenfokusgruppen bei 25 Händlern, die »Horchposten« genannt werden. Cadillac analysiert auch alle Reparaturaufträge und Beschwerden, die bei diesen Händlern eingehen.

Die Marriott Corporation bietet ihren Gästen nicht nur einen leicht erreichbaren »heißen Draht«, der rund um die Uhr besetzt ist, sondern schult ihre Mitarbeiter auch in der selbständigen Ermittlung – und Lösung – von Serviceproblemen, indem sie ihnen sowohl Beobachtungs- als auch Nachforschungsaufgaben überträgt. Ein Geschäftsmann, der in einem Marriott-Hotel abgestiegen war und sich mit mehreren Geschäftspartnern zu einer Besprechung in der Halle zusammensetzen wollte, fragte sich laut, ob dieser Ort nicht zu wenig intim sei. Ein aufmerksamer Hotelangestellter, der diese Bemerkung zufällig mitanhörte, setzte sich sofort mit der Rezeption in Verbindung und machte eine leere Suite ausfindig, in der der Gast ungestört mit seinen Geschäftspartnern konferieren konnte. Diese Anekdote zeigt, daß man Servicemitarbeiter zu wachsamen Beobachtern ausbilden sollte, die auftretende Probleme erkennen können und eine solche Haltung ermutigen sollte. Roger Dow von Marriott beschreibt das gut: »Mitarbeiter mit Gästekontakt sind die einzigen, die nahe genug am Kunden sind, um ein Problem zu erkennen und einzuschätzen und es für den Gast lösen – und ihn so halten zu können. Bei der Ausbildung unserer Mitarbeiter wiederholen wir das immer wieder und wieder.« Aufmerksame Mitarbeiter können Schwachstellen im Service aufdecken – und Möglichkeiten, die Kunden angenehm zu überraschen –, die dem Unternehmen andernfalls entgehen würden.

Eine weitere Möglichkeit, wie man durch Beobachtung Fehlerquellen entdecken kann, ist der Einsatz von Scheinkunden – sie geben sich als Kunden aus und erleben und beurteilen so die Dienstleistung. Nahezu jede Dienstleistung – von der Flugreise bis zur Autoreparatur, von Unterhaltungsveranstaltungen bis zur Gerätemiete, von der Gästebetreuung bis zum Gesundheitswesen – eignet sich für diese Form der Beobachtung.

Kontrolle der Serviceleistungen. Die Betrachtung einer Dienstleistung aus der Sicht der Mitarbeiter oder der Scheinkunden kann der Servicekontrolle dienen. Die auf diese transaktionsspezifische Art und Weise ermittelten Probleme sehen und erleben jedoch immer auch die Kunden. Es ist zwar wichtig, diese Probleme zu erkennen und zu lösen, doch muß das Unternehmen auch mit Hilfe eines wirksamen, aktiven Verfahrens versuchen, solche Fehler zu antizipieren, bevor sie für die Kunden spürbar werden. Durch die Identifizierung möglicher Problembereiche kann ein Unternehmen einen Vorsprung in der Fehlerbehebung gewinnen – Problemvermeidung macht Nachbesserungen nur noch in seltenen Fällen erforderlich, und zum wirksamen Umgang mit gelegentlich dennoch auftretenden Pannen steht mehr Vorbereitungszeit zur Verfügung (z.B. Einstellung zusätzlicher Kundendienstmitarbeiter).

Um Serviceprobleme vorhersehen zu können, muß ein Unternehmen intern und hinter den Kulissen den Serviceprozeß im allgemeinen kontrollieren. Eine Möglichkeit ist hier die kritische Überprüfung einer Service-Blaupause – eine Art Ablaufdiagramm, das die wesentlichen Schritte der Dienstleistung aufzeigt –, um so Schwachpunkte zu erkennen, an denen möglicherweise Probleme auftreten.* Jane Kingman-Brundage, eine auf die Gestaltung von Servicesystemen spezialisierte Beraterin, verwendet solche Service-Blaupausen in abgewandelter Form und nennt sie *Servicekarten*. Auf diesen Karten stellt sie die Beziehungen zwischen Kunden, Kundenbedienungspersonal und Mitarbeitern mit unterstützenden Funktionen dar. Sie meint dazu: »Servicekarten [zeigen] die mit der Erbringung der Dienstleistung verbunden Aufgaben in chronologischer Reihenfolge [sowie] die entscheidenden Stellen, an denen der Verbraucher von einer Arbeitsgruppe zur nächsten ›weitergereicht‹ wird.« An diesen Übergangsstellen können leicht Pannen auftreten. Daher sind Servicekarten besonders hilfreich bei der Ermittlung von Schwachpunkten.

Ein weiterer Ansatz, der in Verbindung mit Service-Blaupausen und -karten genutzt werden kann, ist die systematische Verfolgung und Analyse der Fehler der Vergangenheit. Auf dieses Thema werden wir an späterer Stelle in diesem Kapitel detaillierter eingehen. Sobald mögliche Schwachstellen erkannt wurden, muß man sorgfältig und kontinuierlich beobach-

---

* Weitere Informationen zu Service-Blaupausen finden Sie in Kapitel 2.

ten, ob sich Schwierigkeiten abzeichen. Außerdem muß man wirksame Aktionspläne erarbeiten, die beim Auftreten von Problemen gegebenenfalls aus der Schublade geholt werden können.

Natürlich kann man nicht alle Serviceprobleme entdecken, bevor sie der Kunde erlebt. Durch eine systematische Beobachtung der Serviceleistungen werden jedoch viele Schwierigkeiten sichtbar, solange sie noch im Entstehen begriffen sind. Man denke nur an Patienten, die bei ihrer Ankunft in der Arztpraxis erfahren, daß sich ihr Termin um eine Stunde verschiebt, an Kunden von Reparaturfirmen, die stundenlang über die für die Reparatur vereinbarte Zeit hinaus warten müssen, oder an Fluggäste, die bei der Ankunft am Flughafen hören, daß ihr Flug bereits vor Stunden annulliert wurde. In diesen und ähnlichen Fällen haben die frustrierten Kunden oft keine Möglichkeit, ihrem Ärger Luft zu machen. Diejenigen, die genug Willenskraft für eine Beschwerde aufbringen, stehen oft vor geplagten und kurz angebundenen Serviceangestellten, die nur schlecht mit dem Zwischenfall umgehen können. Doch hätten die Unternehmen in solchen Situationen mit der Enttäuschung der Kunden rechnen und Gegenmaßnahmen ergreifen müssen. Sie hätten z.B. die Kunden anrufen können, um sie von dem Problem in Kenntnis zu setzen und sich im voraus zu entschuldigen.

Wenn ein Unternehmen keine aktiven Maßnahmen zur Pannenhilfe entwickelt und umsetzt, dann ist dies in den Augen der Kunden häufig ein schlimmeres Versäumnis als das Grundproblem, das die Kunden wahrscheinlich als echten Notfall erkennen und entschuldigen, weil sie es für unvermeidbar halten. Eine vorausschauende Überwachung der Serviceleistungen wird solche Fehler auf ein Mindestmaß reduzieren und einen beträchtlichen Konkurrenzvorsprung darstellen in Märkten, in denen aktive Problembeseitigung selten ist.

Wirksame Problemlösungen

In Kapitel 2 stellten wir fünf Dimensionen vor, die den Kunden als Hauptkriterien bei der Beurteilung einer Dienstleistung dienen: Zuverlässigkeit, Materielles, Entgegenkommen, Souveränität und Einfühlung. Die Zuverlässigkeit betrifft in erster Linie das *Ergebnis* der Dienstleistung; die anderen dagegen haben mehr mit dem *Prozeß* zu tun. Ein Servicefehler ist im Grunde ein unbefriedigendes *Ergebnis*, das auf mangelnde Zuverlässigkeit hindeutet – ein falscher Bankauszug, eine mangelhafte Autoreparatur, ein auf einer Flugreise verlorengegangenes Gepäckstück. Zuverlässigkeit steht zwar für die Kunden bei der Erfüllung der Serviceaufaben zunächst an erster Stelle, doch gewinnen die prozeßorientierten Dimensionen bei der Fehlerkorrektur an Bedeutung. John Farley, Manager für totale Qualität für Industrieprodukte bei Corning, Inc., (ein Bereich, der regelmäßig die Kundenwahrnehmungen zur Servicequalität für diese fünf Kriterien mißt) beschreibt das so:

> Zahlreiche Umfragen haben gezeigt, daß Zuverlässigkeit, also richtiger Service beim ersten Mal, bei weitem die wichtigste Dimension ist. In der Geschäftswelt wird dies rasch genauso überlebenswichtig wie ein konkurrenzfähiges Produkt oder ein wettbewerbsfähiger Preis. Der Kunde wird sich jedoch daran erinnern, wie man reagiert, wenn einem das erste Mal ein Fehler unterlaufen ist. Dann treten die anderen Aspekte des Service in den Vordergrund – Einfühlung, Souveränität, Entgegenkommen und Materielles.

Personalförderung. Herausragendes Pannenmanagement erfordert außergewöhnliche Leistungen in den vier Prozeßdimensionen der Dienstleistung. Drei davon – Entgegenkommen, Souveränität und Einfühlung – ergeben sich *direkt* aus den Leistungen der Arbeitnehmer. Selbst Dienstleistungen, bei denen die Mitarbeiter des Unternehmens in der Regel wenig mit den Kunden zu tun haben (z.B. Geldautomaten, Kabelfernsehen, Ferngespräche oder Versandhäuser) erfordern im Problemfall ein hohes Maß an Kundenkontakt. Ganz gleich, um welche Art von Dienstleistung es sich also handelt – es sind die mit der Lösung von Problemen beauftragten Mitarbeiter, die im großen und ganzen bestimmen, ob die Maßnahmen zur Fehlerbeseitigung das Vertrauen der Kunden wiederherstellen oder in eine doppelte Abweichung abrutschen.

Zur Förderung eines Mitarbeiterverhaltens, das mit größtmöglicher Wahrscheinlichkeit eine problematische Situation in eine positive Erfahrung für Kunden und Unternehmen verwandelt, schlagen wir folgende Schritte vor:

1. *Die Mitarbeiter auf die Problembeseitigung vorbereiten.* Die Reaktion der Arbeitnehmer auf Servicepannen darf nicht dem Zufall überlassen bleiben. Einige Mitarbeiter mögen zwar von Natur aus entgegenkommend, beruhigend und einfühlsam sein, doch bei den meisten ist dies nicht der Fall. Sogar Beschäftigte, die Routineaufgaben vorbildlich erfüllen, können in Problemsituationen den Kopf verlieren. Unfähigkeit oder mangelnde Bereitschaft der Serviceangestellten, in Ausnahmesituationen wirksame Maßnahmen zu ergreifen, sind häufig anzutreffen. Eine umfangreiche Untersuchung von Professor Bitner und ihren Kollegen ergab, daß es sich bei 43 Prozent der nicht zufriedenstellenden Servicebegegnungen um Problemsituationen handelte, in denen sich die Mitarbeiter falsch verhielten.

Unerläßlich sind richtige Schulungsmaßnahmen, die dazu führen, daß Serviceangestellte sowohl ihre Routineaufgaben als auch die Beseitigung von Fehlern wirksam meistern können. Hart, Heskett und Sasser meinen dazu: »Statt sich nur an bestimmte Regeln zu halten, wie gewohnt zu verfahren und in jeder Situation, wie immer sie sein mag, gleich zu reagieren, müssen die Mitarbeiter an der Kundenfront nun auch das genaue Gegenteil beherrschen: Regeln durchbrechen, Initiative entwickeln und improvisieren. Personal auszubilden, das beides kann, erfordert ein rigoroses und bewußtes Vorgehen. Es entscheidet darüber, wie ein Unternehmen Pannen und Unannehmlichkeiten bewältigt.«[8]

Abbildung 3–6 beschreibt die wichtigsten Problemlösungsfertigkeiten, die bei der Schulung von Serviceangestellten gefördert werden sollten. Es lohnt sich, in die richtige Ausbildung der Mitarbeiter zu investieren, bevor sie in Positionen eingesetzt werden, in denen sie Pannen ausgleichen müssen. Bei Federal Express, der ersten Dienstleistungsfirma, die den Malcolm Baldrige National Quality Award gewann, durchlaufen Kundendienstmitarbeiter eine fünfwöchige Schulung, bevor sie einem der 15 im ganzen Land verteilten Servicezentren zugewiesen werden. Sie nehmen auch jeden Monat an einem vierstündigen Fortbildungskurs teil. Sie ist so gut für ihre Aufgaben gerüstet, daß sie einen Großteil der Schwierigkeiten lösen können, ohne die Kunden an eine höhere Ebene verweisen zu müssen (davon gibt es zwei im Reklamationssystem von Federal Express: Schadenregulierer *(trace agents)* und eine mit Topmanagern besetzte Dienstleistungsgruppe). John West, Manager für Qualitätsverbesserung wird in der Zeitschrift *The Service Edge* so zitiert: »Unser System [zur Problembeseitigung] ist mittlerweile so effizient, daß uns nichts entgeht. Ich kümmere mich vielleicht pro Woche um drei Kundenprobleme, weil alle anderen näher an der Linie gelöst wurden. Mein Telefon würde nicht stillstehen, wenn unsere Mitarbeiter an der Kundenfront nicht anständig ausgebildet und nicht bevollmächtigt wären, sich auf die Bedürfnisse der Kunden einzustellen.«

2. *Den Mitarbeitern mehr Befugnisse geben.* Genauso wichtig wie die Ausbildung der Mitarbeiter ist es, ihnen die nötige Handlungsfreiheit zur Reaktion auf Kundenwünsche zu gewähren. Schulung ohne Bevollmächtigung trägt nicht zu gutem Pannenmanagement bei. Daher werden – wie John West beschrieb – die Kundendienstmitarbeiter von Federal Express nicht nur ausgebildet, *sondern erhalten auch die Kompetenzen* zur Beseitigung von Problemen. Obwohl eine Transaktion bei Federal Express im Durchschnitt nur 16 Dollar kostet, dürfen die Servicemitarbeiter bis zu 100 Dollar für Wiedergutmachungsmaßnahmen ausgeben.

Abbildung 3—6 Fertigkeiten zur Problemlösung, die durch Schulungsmaßnahmen entwickelt und verstärkt werden sollten

Kommunikationsfähigkeiten. In Situationen, in denen Pannen ausgebügelt werden müssen, hat es der Mitarbeiter immer mit frustrierten Kunden zu tun. Für eine wirksame Lösung des Problems ist es wesentlich, daß er diesen Kunden die Möglichkeit gibt, ihrem Ärger Luft zu machen, und ihn dann aus der Welt schafft. John Goodman, *President* von TARP, und seine Kollegen meinen hierzu: »Ein verärgerter Kunde ist Vernunftgründen nicht zugänglich und nicht bereit, eine sinnvolle Lösung auszuhandeln. Daher besteht der erste Schritt zur Lösung des Problems eines wütenden Kunden darin, daß man sich mit seinem Ärger auseinandersetzt.«[9] In der Schulung von Kundendienstmitarbeitern sollte herausgestellt werden, wie wichtig es ist, daß sie die Kunden ermutigen, ihre Beschwerden vorzutragen, ihnen geduldig und aufmerksam zuhören, die Unannehmlichkeiten anerkennen und sich dafür entschuldigen und ihnen das Gefühl geben, daß sie Freunde, nicht Feinde sind. Allgemeine Kurse, deren Ziel eine Verbesserung der zwischenmenschlichen Fähigkeiten ist, sowie servicespezifische Rollenspiele und Videos, die zeigen, was »richtig« und was »falsch« ist, lassen sich zur Verbesserung der Kommunikationsfähigkeiten der Servicemitarbeiter einsetzen.

Kreativität. Ein wirksames und zweckdienliches Vorgehen in Ausnahmesituationen verlangt vom Servicemitarbeiter, daß er sich zu helfen weiß. Man hört manchmal, daß Kreativität angeboren sei und nicht erlernt werden könne. Schulungen, in denen Spiele, Übungen und andere Mittel zur Schärfung der Problemlösungs- und Improvisationsfähigkeiten der Mitarbeiter eingesetzt werden, werden diesen Mitarbeitern zumindest vor Augen führen, wie wichtig Einfallsreichtum ist, und werden ihre angeborene, aber verborgene Kreativität wecken. Die regelmäßige Teilnahme an solchen Kursen ist besonders hilfreich für Mitarbeiter, die es gewöhnt sind, wie Roboter die gleiche Dienstleistung immer wieder zu verrichten. Sonesta Hotels und die American Association of Homes for the Aging sind zwei der Unternehmen, die in ihren Schulungsprogrammen kundenorientierte, servicespezifische Spiele einsetzen.

Kompetenz. Wer Nachbesserungen akzeptiert, gibt dem Unternehmen eine zweite Chance, das Kundenvertrauen wiederzugewinnen. Die Kompetenz der Servicemitarbeiter und ihre Fähigkeit, sie zu zeigen, spielen eine wesentliche Rolle bei der Beruhigung der Kunden und der Wiedergewinnung ihres Vertrauens. Einige der wichtigsten Aspekte bei der Fehlerbehebung, die in Abbildung 3—2 aufgeführt sind, beziehen sich auf die Kompetenz der Mitarbeiter – die Erklärung, wie es zu dem Problem kam, die Angabe eines Zeitpunkts für die Lösung, sinnvolle Alternativen, wenn keine Lösung gefunden werden kann, oder Empfehlungen, wie sich das Problem in Zukunft vermeiden läßt. Unsere Gespräche mit Fokusgruppen zur Servicequalität haben eine Fülle von Beispielen zu Tage gefördert, in denen die Kompetenz der Kundendienstmitarbeiter bei der Fehlerbehebung die Zufriedenheit oder Unzufriedenheit der Kunden maßgeblich beeinflußte. Die folgenden Kommentare aus unseren Fokusgruppen verdeutlichen dies:

- Der Techniker reparierte nicht nur meine kaputte Waschmaschine, sondern erklärte mir auch, was zu dem Fehler geführt hatte und wie ich in Zukunft ähnliche Probleme selbst beheben könnte.
  – Begeisterter Kunde eines Wartungsbetriebs
- Wenn man aus den Handbüchern zitiert, die sie für ihre eigenen Leute schreiben, dann wissen die manchmal gar nicht, was das bedeutet.
  – Verärgerter Kunde eines Wartungsbetriebs für Büroausrüstungen

Wenn ein Unternehmen seinen Mitarbeitern die nötige Kompetenz – und das nötige Selbstvertrauen – zur Lösung von Problemen geben will, erfordert dies eine gründliche fachliche Ausbildung für die Dienstleistung und angemessene Schulung in anderen Bereichen, um den Mitarbeitern zu zeigen, wie ihre Aufgabe im Gesamtzusammenhang des Unternehmens zu verstehen ist. Regelmäßige Fortbildungskurse sind nötig, um das Wissen und die Fähigkeiten zu aktualisieren und sie so an Änderungen im Wesen der Dienstleistung oder in den Mitteln zur Serviceleistung anzupassen.

Verständnis der Nutzenerwartungen der Kunden. Wie mehrere Studien belegen, erwarten nicht alle Kunden, die ähnliche Probleme erleben, dieselben Ergebnisse bei Problemlösungen.[10] Wie ein Kunde Abhilfemaßnahmen beurteilt, hängt davon ab, inwieweit sie seine Hoffnungen erfüllen. Servicemitarbeiter, die Kundenerwartungen einschätzen und ihre Lösungsvorschläge auf diese Erwartungen zuschneiden können, finden wirksamere und effizientere Optionen als diejeingen, die Standardantworten parat haben. Bei jedem Serviceproblem sollte das Unternehmen sich natürlich entschuldigen und sein Bedauern wegen der entstandenen Unannehmlichkeiten aussprechen – und einige Kunden kann man damit auch schon besänftigen –, doch diese Vorgehensweise stellt wohl kaum alle verärgerten Kunden zufrieden. Wenn man andererseits jedem unzufriedenen Kunden »das ganze Unternehmen zu Füßen legt«, verschwendet man seine Ressourcen unnötig, da nicht jeder ein solches Vorgehen erwartet.

Inwieweit der Servicemitarbeiter erkennen kann, womit er einen verärgerten Kunden zufrieden stimmen könnte, hängt weitgehend von seinen Kommunikationsfähigkeiten ab – insbesondere von seiner Fähigkeit, zuzuhören und die richtigen Fragen zu stellen sowie die nichtverbalen Andeutungen in der Körpersprache des Kunden zu erkennen und zu deuten. Daher sollte ein Teil der Schulung der Kommunikationsfähigkeit für Kundenkontaktmitarbeiter sich spezifisch mit der Bedeutung der Erwartungen der Kunden in bezug auf die Problemlösung beschäftigen und den Mitarbeitern Richtlinien an die Hand geben, wie man diese Erwartungen erkennen kann.

Die Belegschaft von Satisfaction Guaranteed Eateries, Inc., einer höchst erfolgreichen Restaurantkette aus Seattle, die, wie der Name schon sagt, es sich zum Ziel setzt, die Gäste garantiert zufriedenzustellen, hat weitreichende Befugnisse, wenn es um die Erfüllung von Kundenwünschen geht. Timothy Firnstahl, Gründer und Chef der Kette, meint: »Ich führte den Kerngedanken ein, daß Mitarbeiter *alles* nur Erdenkliche unternehmen dürften und müßten, um die Gäste zufrieden zu stimmen. Im Falle eines Irrtums oder einer Verzögerung sollte jeder Mitarbeiter bis hinunter zum Hilfskellner berechtigt sein, kostenlos einen Wein oder ein Dessert anzubieten oder – wenn nötig – sogar die ganze Rechnung zu erlassen.«[11]

3. *Die Mitarbeiter unterstützen.* Unternehmen, die eine Spitzenposition in der Problembeseitigung einnehmen, ergänzen die Ausbildung und Bevollmächtigung der Belegschaft mit technischer Ausrüstung und Informationen, die den Kundenbetreuern die wirksame Fehlerkorrektur erleichtern. Den Serviceangestellten bei Federal Express steht unter anderem ein hochmodernes Telefonsystem zur Verfügung. Dieses System leitet Anrufe sofort an den nächsten verfügbaren Mitarbeiter in einem der 15 Servicezentren weiter, so daß sich in den meisten Fällen spätestens nach zweimaligem Läuten jemand meldet und erstaunlich wenige Anrufer auflegen (weniger als 0,005 Prozent von 290.000 Anrufen täglich). Das Telefonsystem speichert auch die Anrufe, bei denen die Kunden zunächst auflegen, damit die Kundendienstmitarbeiter sie später zurückrufen, sich entschuldigen und ihre Hilfe anbieten können.

Auch American Express hat große Summen in die Technologie zur Unterstüzung seiner gut ausgebildeten, mit weitreichenden Befugnissen ausgestatteten Kundendienstmitarbeiter investiert. Diese Angestellten lösen 85 Prozent der Probleme, mit denen sich Kunden an sie wenden, *auf Anhieb*. Sie geben Rechnungsänderungen oder andere Korrekturen direkt in ein Online-Datensystem ein, so daß die Änderungen auf dem nächsten Auszug des Kunden erscheinen. American Express bietet einen in der Kreditkartenbranche unübertroffenen Service bei der Ausgleichung von Kundenproblemen.

Spitzenleistungen können Kundendienstmitarbeiter zudem nur mit der nötigen psychologischen Unterstützung vollbringen. Tag für Tag routinemäßige Dienstleistungen für Kunden mit unterschiedlichen Anforderungen und Verhaltensmustern zu verrichten ist an und für sich schon eine harte, anstrengende Arbeit. Die *Bearbeitung von Reklamationen* ist noch schwerere Knochenarbeit, da man es hier meist mit verstimmten Kunden zu tun hat, die alles andere als freundlich sind. Die Unternehmen sollten konzertierte Maßnahmen ergreifen, um Möglichkeiten zu suchen, wie sie ihren für Reklamationen zuständigen Kundenbedienern unter die Arme greifen und deren Streß abbauen könnten. Kurse, in denen man lernt, mit Streß umzugehen, Gruppensitzungen mit Kollegen, in denen die mit der Arbeit verbundenen Belastungen diskutiert werden, sowie Sporteinrichtungen sind einige der Optionen, die sich hier bieten. Es hilft auch, die Arbeitsumgebung des Kundendienstpersonals angenehm und entspannend zu gestalten. Die Telefonisten im Kundendienstzentrum der Digital Equipment Corporation in Colorado Springs sitzen vor Glasfenstern mit Blick auf Pike's Peak. (Die Büros der Manager in diesem Zentrum haben keine Fenster.)

4. *Leistungsbelohnungsprogramme einführen.* Ausbildung und Bevollmächtigung von Mitarbeitern sowie die Bereitstellung von Unterstützungssystemen wird die für Reklamationen zuständigen Arbeitnehmer zwar auf erstklassige Leistungen bei der Lösung von Problemen vorbereiten, sie aber nicht unbedingt dazu beflügeln. Angemessene Belohnungen sind von entscheidender Bedeutung, wenn das Potential der Mitarbeiter zur vorbildlichen Behandlung von Kundenproblemen voll ausgeschöpft werden soll. Anerkennung für außergewöhnliche Anstrengungen zur Fehlerbehebung zeigen auch, daß sich das Management wirklich für dieses Ziel einsetzt, und zerstreut die Skepsis der Mitarbeiter, die erst vor kurzem mehr Kompetenzen erhalten haben.

Als Satisfaction Guaranteed Eateries erstmals seinen Mitarbeiter freie Hand bei der Besänftigung unzufriedener Kunden ließ, machten sie von dieser neuen Entscheidungsmacht mit einer gesunden Portion Zurückhaltung Gebrauch. Es fiel ihnen schwer zu glauben, daß die Geschäftsleitung sie nicht tadeln würde, wenn sie kostenfrei Essen oder Getränke servierten. Dieses Mißtrauen ließ sich nur durch intensive und positive Bestärkung der Mitarbeiter überwinden – unter anderem durch großzügige Geldprämien für die Angestellten in den Lokalen, die bei der Lösung von Problemen und der Verringerung der Zahl der Reklamationen außergewöhnlich gute Ergebnisse erzielten.

Ein Motivationssystem, das das gesamte Kundenkontaktpersonal zu guten Problemlösungen und die guten Mitarbeiter zu einer weiteren Leistungssteigerung anregt, könnte folgende Eigenschaften aufweisen:

- Angebot gestaffelter Belohnungen mit unterschiedlicher Belobigung und Anerkennung, um den verschiedenen Qualitätsniveaus beim Umgang mit Reklamationen Rechnung zu tragen.
- Einführung einer relativ großen Anzahl von Leistungsbelohnungsprogrammen auf den unteren Ebenen, um sie allen zugänglich zu machen, die ehrliche, kompromißlose Anstrengungen zur Lösung von Serviceproblemen unternehmen.
- Weniger Belohnungen und strengere Auflagen für die höheren Hierarchieebenen.
- Bekanntmachung der spezifischen Leistungen der Empfänger von Belohnungen der höheren Ebene an vielen, augenfälligen Stellen als leuchtende Beispiele für erstklassige Problemlösungen und als Ansporn für ihre Kollegen.

Berücksichtigung des Unannehmlichkeitsfaktors. Eine Servicepanne ist im günstigsten Fall eine lästige Angelegenheit für den Kunden. Schlimmstenfalls kann sie eine schwerere Belastung darstellen. Wie gravierend das Problem aber auch sein mag, dem Kunden entstehen auf jeden Fall finanzielle Kosten (z.B. Aufwendungen, weil er wiederkommen muß, um Schadenersatz zu verlangen) oder nichtfinanzielle Kosten (z.B. Frustration, Zeitverluste) oder beides, *selbst wenn das Problem letztendlich gelöst wird*. Mit anderen Worten, sobald ein Kunde ein Serviceproblem erlebt, ist er gezwungen, etwas aufzugeben, was er nicht hätte opfern müssen, wenn die Dienstleistung beim ersten Mal richtig erbracht worden wäre. Firnstahl nennt dieses Opfer den »Unannehmlichkeitsfaktor« (*hassle factor*).[12]

Herausragende Korrekturmaßnahmen müssen diesen Unannehmlichkeitsfaktor berücksichtigen. Es reicht nicht, wenn das Unternehmen lediglich die Dienstleistung wiederholt. Wenn es die Anregungen aus diesem Kapitel umsetzt – wenn es z.B. den Kunden den Beschwerdeweg erleichtert, aktiv nach Fehlerquellen sucht und sie beseitigt oder die Angestellten ermächtigt, vor Ort rasch Wiedergutmachungen zu leisten –, dann hat es schon viel getan, um die Auswirkungen des Unannehmlichkeitsfaktors zu mildern. Als Entschädigung für den Kunden reicht das allein aber nicht aus. Wirklich außergewöhnliche Verfahren zur Problemlösung vermitteln dem Kunden das Gefühl, daß er durch die Nachbesserung mehr gewonnen als verloren hat.

Als First Bank System aus Minneapolis bei der Direktüberweisung der Gehälter für einen Firmenkunden ein Fehler unterlief, schickte diese Bank jedem Angestellten der Kundenfirma einen Scheck über 15 Dollar und ein Entschuldigungsschreiben und nannte darin Namen und Telefonnummer eines Vertreters der Bank, der bei Fragen und Problemen zu Verfügung stünde.

Drei Monate nach der Markteinführung des Lexus-Modells in den Vereinigten Staaten, das sich als Verkaufsschlager für Toyota erwies, beschwerten sich zwei Käufer bei dem japanischen Unternehmen (von insgesamt 8000, die bis zu diesem Zeitpunkt dieses Modell erworben hatten). Eine Beschwerde betraf ein nicht funktionierendes Bremslicht, die andere einen defekten automatischen Geschwindigkeitsregler. Toyota startete augenblicklich einen Rückruf für *alle* 8000 Fahrzeuge zum Austausch der möglicherweise defekten Teile. Beeindruckend war, daß man den Kunden die Unannehmlichkeit ersparte, ihre Wagen beim Händler vorfahren zu müssen. Statt dessen holte man die Autos ab, ließ sie reparieren und brachte sie wieder zurück. Ein Händler aus Detroit, der das Modell an zehn Kunden aus der 150 Meilen entfernten Stadt Grand Rapids verkauft hatte, flog eine Technikermannschaft nach Grand Rapids ein, mietete eine

Werkstatt, holte die Autos ab, reparierte sie und brachte sie dann frisch gewaschen zu den Eigentümern zurück. Einige Leser sagen jetzt vielleicht, daß Toyota überzogen reagierte und weit über das Ziel hinausschoß. Wir meinen, daß Toyota die Gelegenheit nutzte, um das Vertrauen der Kunden zu stärken, die Kundenerwartungen zu übertreffen (Kapitel 4), eine Beziehung zu den Kunden aufzubauen (Kapitel 8) und sie zu mündlichen Empfehlungen anzuregen, die als Werbung für ein neues Modell dienten (Kapitel 1). Kurz gesagt, wir sind der Ansicht, daß Toyota exzellentes Dienstleistungsmarketing betrieb.

Aus Problemlösungen lernen

Die Lösung von Problemen bietet aber nicht nur die Gelegenheit, fehlerhafte Serviceleistungen zu korrigieren und die Kundenbeziehung zu stärken. Der Umgang mit Reklamationen stellt auch eine wertvolle – aber häufig vergessene oder unzureichend genutzte – Quelle für diagnostische und präskriptive Informationen dar, die zur Verbesserung des Dienstes am Kunden genutzt werden können. John Farley von Corning, Inc., beschreibt die Möglichkeit zur Fehlerbehebung als »ein Geschenk, eine Chance zu lernen, wie man besser werden kann«. Ein Unternehmen kann aus jeder Problemlösung lernen und sollte auch so viele Erkenntnisse wie möglich aus dem Ausgleich von Pannen ziehen. Zum effektiven Lernen gehört die Suche nach den Ursachen des Servicemangels und ihre Beseitigung, die Modifizierung der Servicekontrolle und die Einführung eines Informationssystems zur Problemverfolgung.

Ursachenanalyse. Vom Kunden erlebte Servicemängel sind in der Regel Symptome für schwerwiegendere Probleme im Servicesystem. Natürlich ist es für eine wirksame Fehlerbeseitigung wichtig, alle zur Besänftigung der Kunden erforderlichen Maßnahmen zu ergreifen und die Kunden zu entschädigen. Aber nur selten verhindert dies eine Wiederholung der Servicemängel. Ein Unternehmen kann nur dann vollständigen Nutzen aus der Lösung von Serviceproblemen ziehen, wenn es versucht, die Grundursachen für den Fehler aufzuspüren und auszumerzen.

Joseph Riesenman von der NYNEX Service Company unterstreicht die Bedeutung der Ursachenanalyse: »Sie müssen aus Ihren Patzern lernen. Versuchen Sie also nicht, die Sache rasch in Ordnung zu bringen, wenn langfristige Lösungen gefragt sind. Die schnelle Lösung oder ein Notbehelf schaffen wahrscheinlich nur vorübergehend Abhilfe, sind für das Unternehmen auf lange Sicht teurer und wirken sich negativ auf seine Wettbewerbsfähigkeit am Markt aus.« Michael English von GTE Telephone Operations stößt ins gleiche Horn: »Man muß sicherstellen, daß die Ursachenanalyse regelmäßig durchgeführt wird, um zu verhindern, daß wiederholt auftretende Probleme oder Fehler sich negativ auf die Kunden auswirken.«

Timothy Firnstahl glaubt fest daran, daß die Fehler der Angestellten in seinen Restaurants ausschließlich auf Fehler im System zurückzuführen sind. Und er besteht darauf, daß Maßnahmen zur Korrektur von Fehlern seiner Mitarbeiter auch die gründliche Suche nach den zugrundeliegenden Betriebsfehlern sowie deren Beseitigung beinhalten. Firnstahls beharrliche Ursachenanalyse hat sich mehrfach in beträchtlichem Umfang ausgezahlt:

> Unsere Küchen erledigten Fehlbestellungen in einem Ausmaß, daß monatlich Nahrungsmittel im Wert von mehreren tausend Dollar verschwendet wurden. Die Köche beteuerten ihre Unschuld und verwiesen darauf, daß die Bedienungen ungenaue Bestellungen in den Computer für die Küchenausgabe eintippten. Früher hätten wir wohl auf weitere Nachforschungen verzichtet, unseren Kellnern mangelnde Aufmerksamkeit vorgeworfen und sie ermahnt, künftig sorgfältiger zu verfahren. Da wir uns aber mittlerweile dem Prinzip Betriebsfehler statt menschliche Fehler verschrieben hatten, schauten wir hinter die sichtbaren Auffälligkeiten und entdeckten so Mängel in unserer Ausbildung. Unseren Kellnern war einfach nie beigebracht worden, wie sie ihre Bestellungen am Bildschirm überprüfen konnten, und der Ablauf hielt auch keine Belohnung für dieses Vorgehen bereit. Die Fehlerquote sank rapide, als wir daran gingen, unser Personal entsprechend zu schulen, monatliche Prämien für die geringste Fehlerzahl verteilten und Listen mit den Namen der schlimmsten Sünder aushängten (die nicht bestraft, sondern auf diese Weise nur bekanntgegeben wurden).[13]

Modifizierung der Servicekontrolle. Die Prozeßkontrolle als Strategie zur aktiven Identifizierung von Serviceproblemen haben wir bereits angesprochen. Erkenntnisse, die man durch eine systematische Untersuchung und Analyse der Fehler der Vergangenheit gewinnt, können Möglichkeiten aufzeigen, wie das Kontrollverfahren durch Änderungen effektiver gestaltet werden kann. Wenn sich z.B. die Patienten in einer Klinik immer wieder über abweisende Krankenschwestern beklagen, könnte man Verbesserungsmöglichkeiten beim Kontakt zwischen Schwestern und Patienten erkennen, wenn man diese Begegnungen genauer unter die Lupe nimmt, als man es gemeinhin tun würde. Wie dieses Beispiel zeigt, besteht eine Wechselwirkung zwischen der sinnvollen Anpassung der Prozeßkontrolle und der Ursachenanalyse: Erstere kann bei der Suche nach den Ursachen helfen, die wiederholt auftretenden Fehlern zugrundeliegen. Die Ursachenanalyse bei einzelnen Serviceproblemen kann wiederum zuvor unerkannte Schwachpunkte im Serviceprozeß aufdecken, deren zukünftige Überwachung sich lohnen würde.

Einrichtung eines Systems zur Problemverfolgung. Ein System, mit dem kontinuierlich Informationen über die einzelnen Maßnahmen zur Fehlerbeseitigung gesammelt werden (z.B. Informationen über den Kunden, bei dem das Problem auftrat, über die Art des Problems und die Wiedergutmachung), leistet einen wertvollen Beitrag, wenn ein Unternehmen vollen Nutzen aus seinen Nachbesserungsanstrengungen ziehen will. Ohne ein solches System zur Problemverfolgung gestaltet sich die methodische Suche nach den Fehlerquellen und die Identifizierung von Möglichkeiten zur Verbesserung der Servicezuverlässigkeit schwierig. Ein derartiges System dient als stabile Grundlage für Unternehmen, die aus ihren Pannenerfahrungen lernen wollen.

Ein solches Informationssystem muß ständig auf den neuesten Stand gebracht werden, damit sowohl potentielle Schwierigkeiten als auch neue Erkenntnisse über Verbesserungsmöglichkeiten rasch erkannt werden können. Damit die Aktualität des Systems gewährleistet ist, sollte es den Kundenbetreuern möglich sein, Informationen direkt einzugeben. Unmittelbarer Zugriff auf das System erleichtert auch den Abruf relevanter Informationen (z.B. einen Überblick über die Probleme, die der reklamierende Kunde in der Vergangenheit erlebte), und dies kann den Mitarbeitern bei der Suche nach einer Lösung helfen. Zur vollen Nutzung der im System enthaltenen Informationen sollten schließlich der Geschäftsleitung regelmäßig Berichte vorgelegt werden, in denen Art und Häufigkeit von Serviceproblemen zusammenfassend dargestellt sind. Das Top-Management sollte dann diese Probleme diskutieren und entsprechende Abhilfemaßnahmen ergreifen.

Unternehmen, die für ihr erstklassiges Pannenmanagement bekannt sind, wie z.B. Federal Express und American Express, besitzen hochentwickelte Informationssysteme mit Direktzugriff. Firmen, die ein System zur Problemverfolgung einführen oder ein bestehendes System verbessern wollen, können inzwischen mehrere auf dieses Gebiet spezialisierte Unternehmen um Rat und technische Unterstützung bitten. Es gibt auch Softwaresysteme zur Erfassung, Verfolgung und Analyse der Kundenbeschwerden.[14]

Management-Checkliste

Managern, die aus Pannen profitieren wollen, schlagen wir folgende Checkliste vor:

1. *Haben wir ein wirksames System zur Erfassung von freiwillig vorgetragenen Kundenbeschwerden?* Ermutigen wir die Kunden, ihrem Ärger Luft zu verschaffen? Machen wir es den Kunden leicht zu reklamieren (z.B. über ein kostenloses Beschwerdetelefon mit genügend Leitungen)?
2. *Erforschen wir die Serviceprobleme der Kunden im Rahmen formeller Studien?* Kommen in unseren Umfragen Serviceprobleme zur Sprache? Setzen wir qualitative Forschungsmethoden (z.B. Kundenfokusgruppen) ein, um Serviceproblemen auf den Grund zu gehen? Werden unsere Mitarbeiter zu aufmerksamen Zuhörern und Beobachtern ausgebildet, die Serviceprobleme erkennen können?
3. *Überwachen wir systematisch potentielle Schwachstellen im Service?* Ist es unserem Unternehmen wichtig, Probleme zu erkennen, bevor die Kunden sie erleben? Über welche Mechanismen zur internen Servicekontrolle verfügen wir? Falls es solche Mechanismen nicht gibt, was ist der Grund dafür?
4. *Sind unsere Mitarbeiter auf bestgeeignete Maßnahmen zur Beseitigung von Serviceproblemen vorbereitet und werden sie dazu ermutigt?* Schulen wir unsere Beschäftigten offiziell in der Servicenachbesserung? Betonen unsere Schulungsprogramme nicht nur die relevanten fachlichen Fertigkeiten, sondern auch kommunikative Fähigkeiten, Kreativität und den Umgang mit Streß? Sind unsere Angestellten ermächtigt, Kundenprobleme möglichst unbürokratisch zu lösen? Erhalten die Beschäftigten für herausragende Problemlösungen Anerkennung und Belohnungen?
5. *Ziehen wir bei der Lösung von Serviceproblemen den »Unannehmlichkeitsfaktor« in Betracht?* Haben wir Maßnahmen ergriffen, um den Kunden den Weg zu ebnen? Um rasche Reaktionen sicherzustellen? Legen wir besonderen Wert darauf, Kunden, die eine unangenehme Erfahrung mit unserem Service gemacht haben, eine Zusatzleistung zu bieten?
6. *Versuchen wir, die Grundursachen für Serviceprobleme aufzuspüren?* Sind wir der Meinung, daß die meisten Probleme, mit denen unsere Kunden zu kämpfen haben, lediglich Symptome für gravierendere Systemfehler sind? Ist bei uns ein Mitarbeiter oder ein Team formell mit der Erforschung der Ursachen betraut, die immer wiederkehrenden Problemen zugrundeliegen?
7. *Passen wir unsere Servicekontrolle den Erfahrungen an, die wir bei der Problembehebung sammeln?* Achten wir wachsam auf bisher unerkannte Schwachpunkte? Ändern wir unsere Servicekontrollmechanismen je nach Bedarf, um Erkenntnisse aus der Ursachenanalyse einzubauen?
8. *Besitzen wir ein wirksames System zur Problemverfolgung?* Falls ja, werden die darin enthaltenen Informationen regelmäßig analysiert, um

festzustellen, wie man die Servicequalität weiter verbessern könnte? Wird das System ständig auf den neuesten Stand gebracht? Haben unsere Kundendienstmitarbeiter Zugriff auf das System?

4
Kundenerwartungen steuern und übertreffen

Die Kundenerwartungen spielen bei der Beurteilung des Service eines Unternehmens eine zentrale Rolle. Die Kunden bewerten Servicequalität, indem sie ihre Wünsche oder Erwartungen mit dem vergleichen, was sie ihrer Meinung nach erhalten.[1] Unternehmen, die für Qualitätsservice berühmt sein möchten, müssen ständig ein Leistungsniveau erbringen, das nach Ansicht der Kunden ihre Erwartungen erfüllt oder übertrifft. Die Kunden sind der einzige Maßstab für die Servicequalität. Das Management mag den Service des Unternehmens für gut halten, aber wenn die Kunden anderer Meinung sind, ist das problematisch für die Firma.

In der Fachliteratur sprechen viele Wissenschaftler von diesem maßgeblichen Einfluß der Lücke zwischen Erwartungen und Wahrnehmungen der Kunden auf ihre Beurteilung der Servicequalität.[2] Der Begriff »*Erwartungen*« als Vergleichsmaßstab wird jedoch in zweierlei Bedeutung verwendet – wie sich nach Meinung der Kunden ein Service *gestalten wird* (Vorhersagen) und wie die Kunden *möchten*, daß er geleistet wird (Wünsche).[3] Ferner gibt es keinen begrifflichen Bezugsrahmen, auf den sich die Integration unterschiedlicher Erwartungen und das Verständnis ihres Einflusses auf die Beurteilung der Serviceleistungen durch die Kunden stützen könnten.

In der jüngsten Phase unseres laufenden Forschungsprogramms zur Servicequalität in Zusammenarbeit mit unserer Kollegin Valarie Zeithaml konzentrieren wir uns auf die Untersuchung der Serviceerwartungen der Kunden. Wir haben Gespräche mit 16 Kundenfokusgruppen in sechs Dienstleistungsbranchen geführt, um die Merkmale und Quellen der Serviceerwartungen der Kunden zu erforschen und Möglichkeiten zu finden, wie Unternehmen diesen Erwartungen gerecht werden und sie übertreffen können.[4] Unsere Studie deckte die Bereiche Kraftfahrzeugversicherung, gewerbliche Sach- und Schadenversicherung (*casualty insurance*), Lkw- und Traktor-Vermietung/-Leasing, Autoreparatur und Hotels ab. Ein Großteil dieses Kapitels basiert auf den Ergebnissen dieser multisektoralen Studie. Zunächst wollen wir uns der grundlegenden Struktur der Kundenerwartungen zuwenden.

Struktur der Kundenerwartungen

Zwei Erwartungsniveaus

Unsere Forschungsergebnisse deuten darauf hin, daß es bei den Serviceerwartungen der Kunden zwei Niveaus gibt: ein *gewünschtes* Niveau und ein *angemessenes*. Das gewünschte Niveau entspricht dem Service, den der Kunde sich erhofft. Es ist eine Mischung aus dem, was der Kunde für »möglich« und für »erforderlich« hält. Das angemessene zeigt, was der Kunde für annehmbar hält. Es hängt teilweise von der Meinung des Kunden zur »wahrscheinlichen« Qualität der Dienstleistung ab, d.h. von seiner *Prognose* über das Serviceniveau.

Wie Abbildung 4–1 zeigt, liegt zwischen dem gewünschten und dem angemessenen Serviceniveau ein *Toleranzbereich*. Hier handelt es sich um die Bandbreite, innerhalb derer der Kunde die Serviceleistung für zufriedenstellend hält. Liegt die Leistung unterhalb des Toleranzbereichs, ist der Kunde enttäuscht und wird dem Unternehmen leichter abtrünnig. Eine Leistung über dem Toleranzbereich wird den Kunden angenehm überraschen und seine Bindung an das Unternehmen festigen.

Gewünschter Service

Toleranz-
bereich

Angemessener
Service

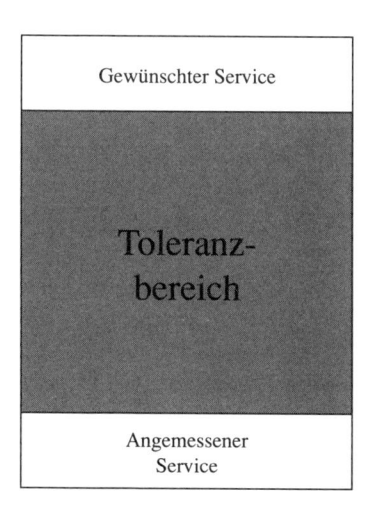

Abbildung 4–1 Zwei Erwartungsniveaus

Ein Bankkunde möchte z.B. einen Scheck innerhalb von drei Minuten einlösen (gewünschtes Serviceniveau). Aufgrund seiner bisherigen Erfahrungen, der Anzahl der wartenden Kunden, der Tageszeit und anderer Faktoren ist der Kunde bereit, insgesamt zehn Minuten für die Transaktion zu veranschlagen (angemessenes Serviceniveau). Wenn die Transaktion also zwischen drei und zehn Minuten dauert (Toleranzbereich), ist der Kunde mit der Servicegeschwindigkeit dieser Bank zufrieden. Falls jedoch die Gesamtzeit, die dieser Geschäftsvorgang in Anspruch nimmt, außerhalb dieser Bandbreite liegt, dann beeinflußt dies seine Beurteilung der Servicegeschwindigkeit in viel stärkerem Maße (bei weniger als drei Minuten positiv; bei mehr als zehn Minuten negativ).

Der Toleranzbereich kann sich von Kunde zu Kunde und möglicherweise auch beim gleichen Kunden von Geschäftsvorgang zu Geschäftsvorgang unterscheiden. Er ist auch unterschiedlich gelagert bei den fünf Schlüsseldimensionen, die Kunden zur Beurteilung einer Dienstleistung heranziehen – Zuverlässigkeit, Materielles, Entgegenkommen, Souveränität und Einfühlung. (Diese Dimensionen und ihre relative Bedeutung für die Kunden wurden in Kapitel 2 definiert.) Je mehr Bedeutung der Kunde einem Kriterium beimißt, desto kleiner ist im allgemeinen der Toleranzbereich und desto weniger ist er bereit, beim Serviceniveau Abstriche zu machen.

Unsere früheren Untersuchungen haben wiederholt gezeigt, daß für Kunden Zuverlässigkeit – die Einhaltung des Serviceversprechens – an erster Stelle steht. Wie wir in Kapitel 3 erläuterten, betrifft die Zuverlässigkeit zudem in erster Linie das Ergebnis der Dienstleistung, d.h., *ob* die versprochene Leistung verrichtet wurde. Die anderen vier Kriterien beziehen sich mehr auf den Prozeß, d.h., *wie* der Service verrichtet wird. Unsere Forschungen zur Kundenerwartung bestätigten, daß die Kunden Zuverlässigkeit als »Kernstück« der Dienstleistung betrachten und hier am wenigsten bereit sind, nicht eingehaltene Serviceversprechen hinzunehmen. Daher ist der Toleranzbereich für die Ergebniskomponente Zuverlässigkeit wahrscheinlich kleiner, und die Grenzen, die diesen Bereich abstecken (d.h. das gewünschte und das angemessene Serviceniveau), liegen höher. In Abbildung 4–2 ist unsere Hypothese zu den unterschiedlichen Toleranzbereichen bei Ergebnis- und Prozeßdimensionen dargestellt.

Änderungen im Erwartungsniveau

Unsere Gespräche mit Fokusgruppen bewiesen mehrfach, daß die Erwartungsniveaus der Kunden variabel sind und in Abhängigkeit von einer

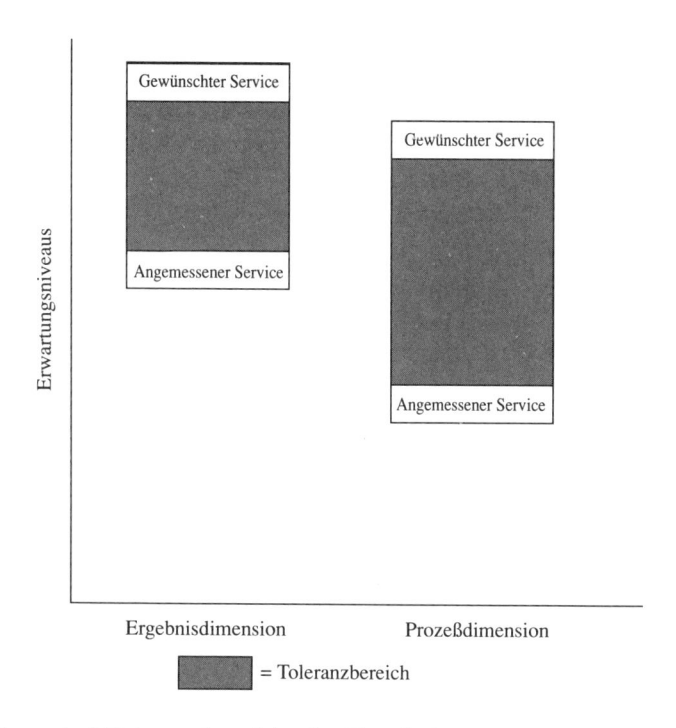

Abbildung 4−2 Toleranzbereiche für Ergebnis- und Prozeßdimensionen im Service

Vielzahl von Faktoren schwanken. Das gewünschte Serviceniveau jedoch ändert sich tendenziell langsamer und in geringerem Umfang als das angemessene Serviceniveau. Das gewünschte Niveau steigt auch eher an, während beim angemessenen Niveau in gleichem Maße Schwankungen nach oben wie nach unten auftreten können. Daher gleichen die Veränderungen des Toleranzbereichs den Bewegungen eines Akkordeons, d.h. sie sind mehr auf Schwankungen des angemessenen, nicht des gewünschten Niveaus zurückzuführen.

Unter anderem können folgende Faktoren die Erwartungsniveaus der Kunden beeinflussen und Änderungen ihrer Toleranzbereiche hervorrufen: *nachhaltige Serviceverstärker, persönliche Bedürfnisse, vorübergehende Serviceverstärker, wahrgenommene Servicealternativen, Eigenwahrnehmung der Servicerolle des Kunden, explizite Serviceversprechen, implizite Serviceversprechen, mündliche Empfehlungen* und *Erfahrungen der Vergangenheit*. Diese Faktoren sind in Abbildung 4−3 definiert; als Erläuterung dienen jeweils Kommentare von Mitgliedern unserer Fokusgruppen.

Aufgrund der Eigenschaften dieser Faktoren und der zweistufigen

Abbildung 4–3 Bestimmungsfaktoren für Erwartungsniveaus und Toleranzbereich

Faktoren und Definitionen	Typischer Kommentar aus der Fokusgruppe
Nachhaltige Serviceverstärker: Faktoren, die den Kunden langfristig für Service sensibilisieren (z.B. Erwartungen eines Dritten, z.B. eines Kunden des Kunden)	• *Kunde einer Wartungsfirma für Büroausrüstungen*: »Die Erwartungen stammen von meinen Kunden, z.B. von den Ärzten, die Bluttests durchführen. Sie erwarten viel, und daher erwarte auch ich viel.« • *Kunde einer Lkw-Leasinggesellschaft*: »Meine Erwartungen sind heute höher aufgrund der Veränderungen im geschäftlichen Umfeld. Wir arbeiten nach dem JIT-Prinzip. Die Leute sind ungeduldig.«
Persönliche Bedürfnisse: Die Anforderungen des einzelnen, die sich aus kundenspezifischen physischen, psychischen oder sozialen Merkmalen oder aus seiner Mittelausstattung ergeben.	• *Gewerblicher Versicherungskunde*: »Ich erwarte, daß mir der Makler einen Großteil der Arbeit abnimmt, da ich nicht genügend Mitarbeiter dafür habe ... Ich erwarte, daß der Makler viel über mein Geschäft weiß und dieses Wissen an den Versicherer weiterleitet.« • *Ein anderer gewerblicher Versicherungskunde* (der weniger erwartete): »Ich habe andere Erwartungen ... Ich verfüge über Mitarbeiter, die Zertifikate etc. ausstellen können, und ich brauche nur ein Minimum an Unterstützung durch den Makler.«
Vorübergehende Serviceverstärker: Faktoren, die den Kunden vorübergehend für Service sensibilisieren (z.B. persönliche Notfälle, Probleme mit der ursprünglichen Dienstleistung)	• *Kunde einer Kfz-Versicherung*: »Meine Erwartungen werden von meinem Problem beeinflußt, z.B. ob es sich um ein zerbrochenes Fenster oder einen Unfall in betrunkenem Zustand handelt, nach dem sich der Verletzte einer Gehirnoperation unterziehen muß.« • *Kunde einer Autowerkstatt*: »Das erste Mal bin ich durchaus verständnisvoll, aber beim zweiten Anlauf würde ich mehr erwarten und wäre ungeduldiger.«
Wahrgenommene Servicealternativen: Die Meinung des Kunden, inwieweit ihm andere Optionen für diese Dienstleistung offenstehen.	• *Hotelgast*: »Wenn man nicht viel Auswahl hat, nimmt man das Beste, was man bekommen kann. Ich erwarte dann nicht unbedingt weniger, aber meine Toleranzschwelle liegt höher.« • *Gewerblicher Versicherungskunde*: »Manchmal stehen einem einfach nicht so viele Alternativen offen, daher muß man sich unterm Strich mit weniger zufriedengeben.«

Faktoren und Definitionen	Typischer Kommentar aus der Fokusgruppe
Wahrgenommene Beeinflussungsmöglichkeit durch den Kunden selbst: Die Einschätzung des Kunden, inwieweit er selbst das erhaltene Serviceniveau beeinflussen kann.	• *Kunde einer Kfz-Versicherung*: »Man kann den Versicherungsvertreter nicht für alles verantwortlich machen. Man muß selbst auch Verantwortungsbewußtsein zeigen und dem Vertreter genau sagen, was man will.« • *Kunde einer LKW-Leasinggesellschaft*: »Wie man Sie behandelt, hängt von vielen Faktoren ab, auch von Ihrem eigenen Verhalten dem Unternehmen gegenüber.«
Explizite Serviceversprechen: Aussagen des Unternehmens zum Service, die dem Kunden mitgeteilt werden (z.B. in der Werbung, in persönlichen Verkaufsgesprächen, in Verträgen).	• *Hotelgast*: »Mit ihrer wunderschönen Anzeige machen sie einem wirklich die Zähne lang. Wenn man das Hotel betritt, erwartet man, daß sie gleich den roten Teppich ausrollen. Meistens ist das nicht der Fall.« • *Gewerblicher Versicherungskunde*: »Wir suchen uns aus offensichtlichen Gründen eine andere Versicherung. Der gesunde Menschenverstand verlangt es. Ihre Reklame ist besser als ihr Service.«
Implizite Serviceversprechen: Mit dem Service verbundene Andeutungen, die keine expliziten Versprechen darstellen, aber zu Schlußfolgerungen führen, wie der Service aussehen sollte oder wird (z.B. Preis, Materielles).	• *Kunde einer Bürogerätereparaturfirma*: »Wenn man einen Haufen Geld für diese Geräte hinlegt, dann erwartet man einen besseren Service.« • *Hotelgast*: »In einem Hotel, das gut aussieht, erwartet man, daß auch der Service besser ist.«
Mündliche Empfehlungen: Aussagen Dritter (nicht des Unternehmens selbst) über den Service. Diese Aussagen können sowohl aus persönlichen Quellen (z.B. von Freunden) als auch von Experten (z.B. Berichte von Verbraucherorganisationen) stammen.	• *Hotelgast*: »Persönliche Empfehlungen, also Mundpropaganda, ist immer die beste Werbung.« • *Gewerblicher Versicherungskunde*: »Was mir andere über das höhere Serviceniveau bei ihren Firmen erzählen, beeinflußt meine Erwartungen ... Ich versuche herauszufinden, warum mein Dienstleister nicht den gleichen Standard bietet.«
Erfahrungen der Vergangenheit: Die bisherigen Erfahrungen des Kunden mit der Dienstleistung, die in der gegenwärtigen Situation relevant ist.	• *Kunde einer LKW-Leasinggesellschaft*: »Statt auf den Preis achte ich jetzt auf guten Service. Ich entscheide mich nicht mehr automatisch für das günstigste Angebot.« • *Hotelgast*: »Je mehr Erfahrungen ich sammle, desto mehr Vergleichsmöglichkeiten habe ich.«

```
           ┌─────────────────────┐
           │ Garantiert realistische │
           │     Versprechen      │
           └─────────────────────┘
                     ▲
┌──────────────┐  ┌──────────────┐  ┌──────────────┐
│Zuverlässigkeits-│→│ Steuerung der │←│ Kommunikation │
│   prämien    │  │  Erwartungen  │  │ mit den Kunden│
└──────────────┘  └──────────────┘  └──────────────┘
                     ▼
┌──────────────┐  ┌──────────────┐  ┌──────────────┐
│Überlegene Erfüllung│→│Übererfüllung der│←│  Aus Pannen  │
│von Serviceleistungen│ │  Erwartungen  │ │  profitieren │
└──────────────┘  └──────────────┘  └──────────────┘
                     ▼
           ┌─────────────────────┐
           │       Starke         │
           │   Kundenbindung      │
           └─────────────────────┘
```

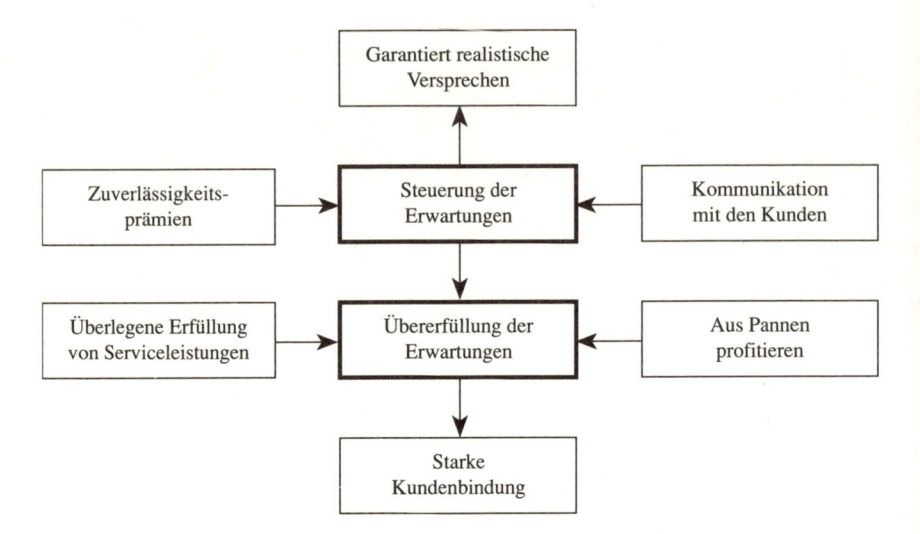

Abbildung 4—4 Starke Kundenbindung durch Steuerung und Übererfüllung der Kundenerwartung

Grundstruktur der Serviceerwartungen ergeben sich verschiedene Strategien für die wirksame Steuerung und Übererfüllung der Kundenerwartungen (vgl. die Zusammenfassung in Abbildung 4—4). Wie Abbildung 4—4 zeigt, spielt das Management der Kundenerwartungen eine entscheidende Rolle bei der Übererfüllung der Kundenwünsche, durch die ein Unternehmen extrem treue Stammkunden gewinnen kann.

Die Kundenerwartungen steuern

Unternehmen können Kundenerwartungen wirksam managen, wenn sie ihre Serviceversprechen steuern, die versprochene Dienstleistung zuverlässig verrichten und eine wirkungsvolle Kommunikation mit den Kunden herstellen.

Garantiert realistische Versprechen

Von den verschiedenen in Abbildung 4—3 definierten Größen, die Kundenerwartungen beeinflussen können, unterliegen die expliziten und die impliziten Serviceversprechen vollständig der Kontrolle des Unternehmens. Wer auf diese Versprechen einwirkt, hat ein einfaches und sicheres Mittel zur Steuerung der Kundenerwartungen in der Hand. Dennoch meiden viele Dienstleistungsunternehmen diesen Ansatz, wie ihre Neigung zu überzogenen Versprechungen zeigt, mit denen sie Kunden anlocken wollen. Bei unseren Untersuchungen stießen wir auf zahlreiche Fälle, in denen Firmen die Erwartungen ihrer Kunden so in die Höhe geschraubt hatten, daß sie unerfüllbar wurden. Der Kommentar eines enttäuschten Kunden einer Kfz-Versicherung ist ein typisches Beispiel: »In ihrer Werbung behaupten sie, daß sie die Versicherung der ‚guten Fahrer' seien, und trotzdem stiegen meine Prämien immer weiter und weiter, obwohl ich keine Unfälle hatte. Als ich nachfragte, hieß es, das liege an der durchschnittlichen Zahl der Unfälle in meiner Gruppe.«

Eine konzertierte Anstrengung, die sicherstellt, daß die Versprechungen den tatsächlichen Service und nicht ein glorifiziertes Idealbild widerspiegeln, lohnt sich für jedes Unternehmen. Übertriebene Versprechungen untergraben die Toleranz und das Vertrauen der Kunden. Ihre Serviceerwartungen beziehen sich eigentlich auf ganz grundlegende Dinge. Versicherungskunden möchten, daß ihre Gesellschaften im Schadensfall zahlen und ihnen bei einer komplizierten Dienstleistung mit einem gewissen Maß an Fachwissen zur Seite stehen. Hotelgäste wünschen sich ein sauberes und sicheres Zimmer und freundliches Personal. Kunden von Reparaturbetrieben wollen, daß kompetente Techniker ihre Arbeit auf Anhieb richtig erledigen. Überzogene Versprechungen sind unnötig und schaden nur.

Bei unseren Studien stellten wir zwar fest, daß viele Servicekunden enttäuscht waren, doch nur selten war dies auf ihre eigenen überhöhten Erwartungen zurückzuführen. Das Mißtrauen und die Intoleranz der Kunden waren vielmehr häufig die Folge übertriebener, nicht eingehaltener Servicereklame und mangelnden Interesses am Kunden.

Ein Hotelgast beklagte sich über die weitverbreiteten, komplexen Werbeprogramme, die wenig mit der grundlegenden Dienstleistung zu tun haben: »Mir wäre es lieber, sie hätten überhaupt keine solchen Programme statt einem, von dem die Kunden angeblich profitieren sollen, das sie aber in Wirklichkeit ärgert.« Ein Kunde, der einen Lastwagen geleast hatte, vertrat eine ähnliche Meinung: »Diese Unternehmen sollten ein gewisses Maß an Kontinuität einhalten und sich auf ihre wesentliche Dienstleistung konzentrieren. Sie sollten nicht ihre Zeit mit diesem Modekram verschwenden.«

Unternehmen wären gut beraten, wenn sie sich mehr auf ihre grundlegenden Dienstleistungen konzentrieren und in ihren expliziten Versprechungen (z.B. in der Werbung und in persönlichen Verkaufsgesprächen) sowie implizit (z.B. im Erscheinungsbild der Einrichtungen und Ausrüstungen oder beim Preis) ein einheitliches, ehrliches Bild dieser Dienstleistungen präsentieren würden. Manager, die sicherstellen wollen, daß die versprochene Dienstleistung auch dem geleisteten Service entspricht, sollten:

- die Mitarbeiter an der Kundenfront und die Kunden selbst anregen, vor einer Kampagne aus ihrer Sicht Feedback über den Wahrheitsgehalt der geplanten Werbebotschaften zu liefern,
- der Steuerung der Symbole (Kapitel 6) mehr Beachtung schenken, um richtige Anhaltspunkte in bezug auf den Service zu geben,
- der Versuchung widerstehen, überzogene Versprechungen der Konkurrenten nachzuahmen,
- regelmäßig Untersuchungen durchführen, um den Einfluß ihrer Preise auf die Erwartungsniveaus der Kunden und ihre Einschätzung des Preis-Leistungs-Verhältnisses beurteilen zu können.

Zuverlässigkeitsprämien

Wer die versprochenen Dienstleistungsaufgaben beim ersten Mal richtig erfüllt – also zuverlässig ist –, trägt direkt zu einem exzellenten Service bei, da Zuverlässigkeit bei den Kunden ganz oben rangiert. Zuverlässigkeit bietet aber auch einen wichtigen indirekten Vorteil: Sie hält die Kundenerwartungen in Grenzen, da weniger Nachbesserungen erforderlich sind. Serviceprobleme sind vorübergehende Serviceverstärker (vgl. Abbildung 4–3), die während der Abhilfemaßnahmen zu erhöhten Kundenerwartungen führen. Ein gewerblicher Versicherungskunde bringt es auf den Punkt: »Wenn die Versicherung einen Fehler macht, steigen die Erwartungen, weil man bewußter auf den Service achtet und weniger tolerant ist.« Bei Serviceproblemen wird der Toleranzbereich der Kunden in der Regel kleiner, und das angemessene und gewünschte Serviceniveau steigt normalerweise sowohl in bezug auf die Ergebnis- als auch auf die Prozeßkomponenten der Problemlösungsmaßnahmen (vgl. Abbildung 4–5).

Wie wir in Kapitel 2 zeigten, ist die Förderung eines Wertesystems, das die richtige Erbringung von Dienstleistungen beim ersten Mal hoch einschätzt, nur möglich durch starke Serviceführung, die Überprüfung der Dienstleistung vor und nach der Markteinführung und eine organisatorische »Infrastruktur« für makellosen Service (z.B. Schulungen, Teamwork, Belohnungssysteme). Diese drei »Stützpfeiler der Servicezuverlässigkeit« spielen auch bei der wirksamen Steuerung der Kundenerwartungen eine maßgebliche Rolle.

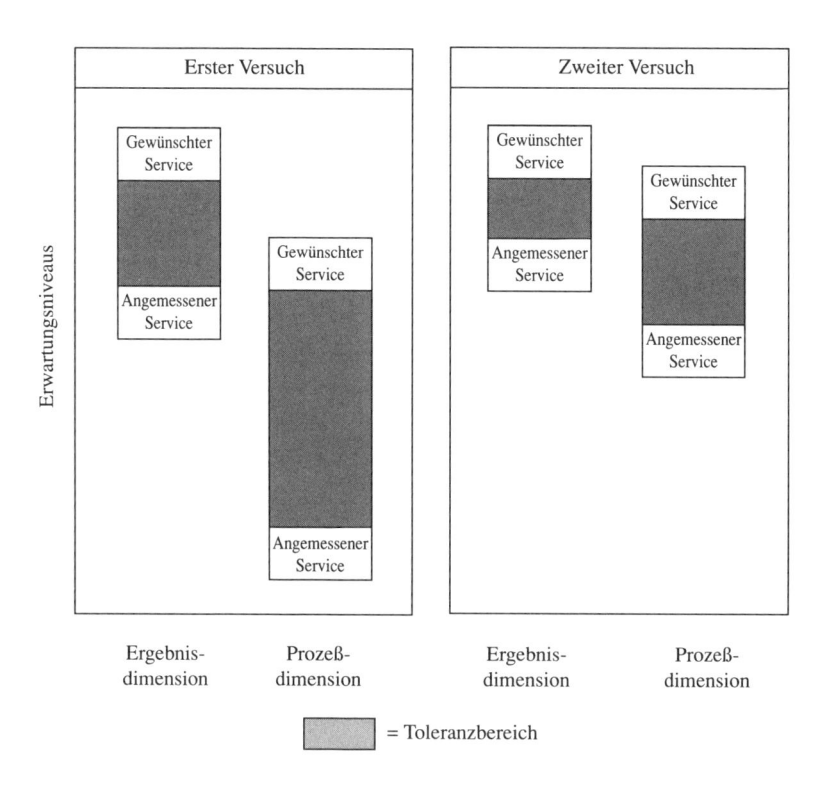

Abbildung 4–5 Toleranzbereiche für Serviceleistungen im ersten und im zweiten Anlauf

Kommunikation mit den Kunden

Regelmäßige Kommunikation mit den Kunden – um ihre Erwartungen und Sorgen kennenzulernen, um das Dienstleistungsangebot zu erläutern, oder einfach, um ihnen für ihr Vertrauen zu danken – fördert ihre Toleranz und ist daher ein schlagkräftiges Instrument zur Erwartungssteuerung. Unsere Untersuchungen lassen den Schluß zu, daß wirkliche Kommunikation, in der ein fürsorgliches Interesse am Kunden zum Ausdruck kommt, den Toleranzbereich vergrößert. Ein gewerblicher Versicherungskunde formulierte das so: »Versicherungen machen Geschäfte mit Menschen. Wenn die Versicherung effektiv mit ihren Kunden spricht und eine Kommunikation in zwei Richtungen stattfindet, lösen sich viele Probleme von selbst.«

Unternehmen, die durch regelmäßigen Dialog die Bindung zu ihren Kunden stärken, schaffen sich ein Polster, von dem sie bei Servicepannen zehren können. Mari Terbruegen, verantwortlich für Qualitätsservice bei der Prudential Insurance Company, meint dazu: »Die *Kommunikation* ist das Wichtigste bei der Steuerung der Kundenerwartungen ... Solange die Kunden von Anfang an wissen, was sie zu erwarten haben, solange wir mit ihnen in Kontakt bleiben, ist kaum jemand enttäuscht. Es gibt keinen Grund, weshalb man den Kunden erst dann sagen sollte, daß sie einem etwas bedeuten, wenn ein spezifisches Problem auftritt oder sie eine bestimmte Frage stellen. Wenn man regelmäßig über Dinge spricht, die den Kunden am Herzen liegen, kann man viele Probleme vermeiden und die Kunden zufriedener stimmen.«

Kommunikation mit den Kunden zur rechten Zeit ist ein wirksames Mittel zur Steuerung ihrer Erwartungen. Wenn eine Praxis die Patienten anruft, um ihnen mitzuteilen, daß sich ihre Termine um zwei Stunden verschieben, werden sich ihre Erwartungen auf ein realistischeres Niveau reduzieren, und sie werden mehr Toleranz aufbringen als Patienten, die erst nach ihrer Ankunft in der Praxis von der Verzögerung erfahren. Die Kunden einer Bank, die einen Fehler in einem bereits versandten Auszug entdecken, werden nachsichtiger sein, wenn sie sofort ein Entschuldigungsschreiben und eine Erklärung erhalten.

Aktive, vom Unternehmen initiierte Kommunikation und prompte, engagierte Reaktionen auf vom Kunden vorgebrachte Anliegen vermitteln ein Gefühl der Partnerschaft, das sich Servicekunden oft wünschen, aber selten erleben. Wirksame Kommunikation mit den Kunden gibt ihnen das Gefühl, daß man sie schätzt, und mildert oder vermeidet Enttäuschungen, wenn Serviceprobleme auftreten. Wirksame Kommunikation erhöht den Wert der Leistung, für die die Kunden bezahlen, vermittelt so den Eindruck einer fairen Behandlung und erhöht das Vertrauen und die Toleranz der Kunden. Eine guter Draht zu den Kunden ist der Grundstein des beziehungsorientierten Marketing, auf das wir in Kapitel 8 eingehen werden.

Wenn ein Unternehmen mit den Kunden wirksam kommunizieren und ihre Toleranzbereiche erweitern will, müssen unter anderem folgende Bedingungen erfüllt sein:

- Die Mitarbeiter des Unternehmens müssen problemlos für die Kunden erreichbar sein.
- Die Kunden müssen ermutigt werden, mit der Firma in Kontakt zu treten.
- Das Unternehmen muß Kontakt zu den Kunden aufnehmen und sich regelmäßig bei ihnen melden.
- Die Mitarbeiter müssen so ausgebildet und bevollmächtigt sein, daß sie persönlichen, entgegenkommenden und engagierten Service leisten.
- Mitarbeiter müssen für die Pflege der Kundenbeziehungen belohnt werden.

Die Kundenerwartungen übertreffen

Die Steuerung der Kundenerwartungen ist der erste Schritt; die Übererfüllung dieser Erwartungen der zweite. In jeder unserer Fokusgruppen fragten wir die Kunden, wie Unternehmen ihre Erwartungen übertreffen könnten. Die folgenden Anregungen zeigen deutlich, wie wichtig in diesem Zusammenhang die richtige Steuerung der Erwartungen ist, d.h. die Abgabe realistischer Versprechen, Zuverlässigkeit und regelmäßige Kommunikation mit den Kunden.

KUNDE EINER AUTOWERKSTATT: Sprechen Sie mehr mit Ihren Kunden. Seien Sie offen und ehrlich zu den Kunden.

KUNDE EINER KFZ-VERSICHERUNG: Sie müssen keine spektakulären Aktionen durchführen. Sie sollten einfach sicherstellen, daß alles so läuft wie geplant. Das allein wäre schon bemerkenswert und würde mich stark beeindrucken!

KUNDE EINER LKW-LEASINGGESELLSCHAFT: Manchmal haken sie ein Problem zu schnell ab. Sie reparieren den Lastwagen, und nach zwei Tagen muß man ihn wieder wegen des gleichen Problems zurückbringen. Sie könnten ein bißchen sorgfältiger arbeiten und das Problem dauerhaft lösen.

HOTELGAST: Sie sollten den Kunden für ihre Treue danken. Wenn die Angestellten einen als Stammgast erkennen und einem das zeigen, fühlt man sich wirklich gut.

KUNDE EINER WARTUNGSFIRMA FÜR BÜROAUSRÜSTUNGEN: Sie sollten manchmal einfach so vorbeischauen, auch wenn kein Problem vorliegt.

GEWERBLICHER VERSICHERUNGSKUNDE: Im Grunde läuft alles auf die Kommunikation hinaus ... auf den Aufbau eines Kommunikationsnetzes, das in beide Richtungen funktioniert.

Oft gelingt es einem Unternehmen nicht, die Kundenerwartungen zu übertreffen, weil es versäumt hat, sie zu steuern. Die Steuerung der Erwartungen bildet die Basis, von der aus Unternehmen die Chance wahrnehmen können, die Serviceleistungen und Problemlösungen in bezug auf die Übererfüllung der Kundenerwartungen bieten.

Serviceaufgaben vortrefflich erfüllen

Während eine Dienstleistung erbracht wird und der Kunde direkt die Servicefertigkeiten und die »Kultur« des Anbieters erlebt, bietet sich den

Unternehmen die beste Gelegenheit, das »Kernstück« der Dienstleistung – die Zuverlässigkeit – so zu verbessern, daß sie sich von anderen Firmen unterscheiden. Die niedrigeren Erwartungen und die größeren Toleranzbereiche der Kunden in bezug auf die Prozeßdimensionen (vgl. Abbildung 4–2) zeigen, daß diese Kriterien mehr Möglichkeiten zur Übererfüllung der Kundenerwartungen bieten. Ein Hotel wird die Erwartungen seiner Gäste wohl kaum übertreffen, wenn es ihnen lediglich die Zimmer bereitstellt, deren Reservierung es bestätigt hat. Das ist die Aufgabe eines Hotels; niemanden würde diese Leistung überraschen. Mit einem außergewöhnlichen Maß an Freundlichkeit, Höflichkeit und Engagement können die Hotelangestellten jedoch die Kunden überraschen und deren Erwartungen übertreffen.

Als wir die Kunden befragten, wie Unternehmen ihre Erwartungen übererfüllen könnten, bezogen sich nahezu alle Antworten auf den Serviceprozeß. Der Kunde einer Wartungsfirma für Büroausrüstungen schlug vor: »Der Kundendienstmitarbeiter sollte sich wie ein richtiger Mensch, nicht wie eine Maschine verhalten.« Ein Hotelgast meinte: »Das einzige, was mich nach einem anstrengenden Tag wieder aufrichtet, ist ein Lächeln und ein freundlicher Empfang.« Ein Kunde einer Autowerkstatt empfahl: »Sie sollten dafür sorgen, daß die Kundendienstabteilung nicht wie eine Lagerhalle aussieht, und sie bequemer einrichten.«

Auch bei den Berichten der Kunden über Servicebegegnungen, die ihre Erwartungen übertrafen, standen die Prozeßdimensionen im Vordergrund. So meinte z.B. ein begeisterter Kunde einer Kfz-Versicherung: »Auf einem Interstate Highway ist mir etwas aufs Auto gefallen. Ich wählte ihre gebührenfreie Nummer, und sie nahmen mir sofort alles ab. Sie verwiesen mich an einen Schadenregulierer, und er war ausnehmend freundlich und sagte mir, ich solle ihn wissen lassen, wenn seine Entschädigungssumme nicht ausreiche.«

Jeder Kundenkontakt ist eine Chance, dem Kunden ein angenehmeres Erlebnis zuteil werden zu lassen, als er seiner Erfahrung nach erwartet. Aufmerksame, gut ausgebildete Mitarbeiter, die zu Spitzenleistungen im Service ermutigt und motiviert werden, wissen diese Gelegenheiten zu nutzen. Apathische Arbeitnehmer, die ihre Arbeit wie Roboter verrichten, werden solche Gelegenheiten ungenutzt verstreichen lassen. Serviceführung (ein Thema, das wir in Kapitel 2 ansprachen) und die Vorbereitung der Mitarbeiter auf ein gutes Zusammenspiel mit den Kunden (vgl. Kapitel 3) sind entscheidend für die Motivation der Serviceangestellten zu erstklassigen Leistungen. Wir werden in späteren Kapiteln noch genauer auf diese Themen eingehen und zusätzliche Richtlinien für Spitzenleistungen in bezug auf die Prozeßdimensionen erarbeiten, insbesondere in Kapitel 8

(Marketing bei bestehenden Kunden) und in Kapitel 9 (Marketing bei Mitarbeitern).

Aus Pannen profitieren

Situationen, in denen Serviceprobleme gelöst werden müssen, sind ausgezeichnete Gelegenheiten, um die Erwartungen der Kunden zu übertreffen. Thomas R. Elsman von DuPont beschreibt dies gut: »Wenn Notfälle eintreten und Beschwerden vorgebracht werden, dann sollten Sie kurz entschlossen und mit Einfühlungsvermögen reagieren, denn herausragender Service in diesem Bereich wird als etwas Besonderes betrachtet und kann einen negativen Eindruck ins Gegenteil verkehren.« Wie bereits in Kapitel 3 erwähnt, sind dennoch viele Unternehmen schlecht für die exzellente Lösung von Serviceproblemen gerüstet.

Die Prozeßdimensionen sind hier besonders wichtig. Die Kundenerwartungen sind zwar bei der Problembeseitigung sowohl in bezug auf die Ergebniskomponente als auch hinsichtlich der Prozeßdimensionen höher gesteckt, doch bieten letztere größere Chancen zur Übererfüllung der Kundenerwartungen (Abbildung 4–5). Zudem achten – auch dies wurde in Kapitel 3 erwähnt – die Kunden bei Nachbesserungen mehr auf die Art und Weise der Leistung als bei Routinedienstleistungen. Die folgenden Antworten aus unserer Fokusgruppe auf die Frage, wie Unternehmen Erwartungen übertreffen können, verdeutlichen die zentrale Rolle der Prozeßdimensionen bei der Fehlerkorrektur:

HOTELGAST: Sie geben einem das Gefühl, daß sie sich wirklich anstrengen, wenn sie einen Fehler aus der Welt schaffen wollen. Sie sagen, sie werden sich nach besten Kräften bemühen, einem zu helfen ... und das ist schon genug.

KUNDE EINER WARTUNGSFIRMA FÜR BÜROAUSRÜSTUNGEN: Seien Sie menschlicher, hilfsbereiter und verständnisvoller. Erkennen Sie, daß der Kunde, der sich mit einem Problem an Sie wendet, Hilfe braucht.

In Kapitel 3 führten wir das Beispiel von Toyota an, das wegen zwei Kundenbeschwerden (eine wegen eines nicht funktionierenden Bremslichts und eine wegen eines defekten automatischen Geschwindigkeitsreglers) einen Rückruf für 8000 Lexus-Modelle startete. Das Außergewöhnliche an dieser Aktion war die Tatsache, daß die Lexus-Händler die Wagen abholten, reparierten und frisch gewaschen zu ihren Eigentümern zurückbrachten. Dieses Beispiel zeigt, welche Möglichkeiten die Beseitigung von

Problemen für Unternehmen bietet, die Kundenerwartungen übertreffen, die Beziehung zu ihren Kunden stärken (vgl. Kapitel 8) und mündliche Empfehlungen fördern wollen (vgl. Kapitel 1).

Entgegenkommen, eine beruhigende Art und Einfühlungsvermögen sind am meisten gefragt, wenn Probleme aus dem Weg geräumt werden müssen – und gerade dann findet man diese Eigenschaften am seltensten. Pannenkorrekturen sind daher günstige Gelegenheiten, um die Kunden angenehm zu überraschen und ihre Erwartungen durch außergewöhnlichen Service zu übertreffen.

Aufbau einer starken Kundenbindung

Die Erkenntnisse über die Struktur und die Determinanten der Kundenerwartungen, die sich aus unseren jüngsten Untersuchungen ergeben, bilden einen umfassenden begrifflichen Bezugsrahmen für die Beurteilung der Servicequalität eines Unternehmens und für Qualitätsverbesserungen, mit denen es die Loyalität der Kunden gewinnen und verstärken kann. Auf der Grundlage früherer Forschungen haben wir eine Methode zur Messung der Servicequalitätseinschätzung der Kunden als Lücke zwischen ihrer Wahrnehmung und ihren Erwartungen entwickelt.[5] Da unsere neuesten Arbeiten erweisen, daß es zwei Serviceerwartungsniveaus gibt – ein gewünschtes und ein angemessenes –, sollte man im Idealfall *zwei* potentielle Servicequalitätslücken messen: Wir nennen die eine MSA (*measure of service adequacy*) und die andere MSS (*measure of service superiority*) und definieren sie wie folgt:

MSA = Wahrgenommener Service minus angemessener Service
MSS = Wahrgenommener Service minus gewünschter Service

Die MSA- und MSS-Wertungen eines Unternehmens bestimmen seine Wettbewerbsposition in bezug auf die Servicequalität. Abbildung 4–6 zeigt, daß ein Unternehmen im Service einen Wettbewerbsnachteil, einen Wettbewerbsvorteil oder eine starke Kundenbindung haben kann.

Das angemessene Serviceniveau steht für die *Mindestleistung,* die Kunden nach Berücksichtigung etlicher persönlicher und externer Faktoren (vgl. Abbildung 4–3) einschließlich der Verfügbarkeit alternativer Optionen erwarten. Unternehmen, deren Leistungen dieses Niveau nicht erreichen, hinken der Konkurrenz hinterher, und zwar um so mehr, je größer die Lücke klafft. Die Kunden dieser Firma nehmen ihre Dienste höchstwahrscheinlich nur »widerwillig« in Anspruch und sind bereit, zur Konkurrenz überzulaufen, sobald sie eine passende Servicealternative sehen.

Abbildung 4−6 Vergleich der Wettbewerbspositionen auf der Grundlage der MSA- und MSS-Wertungen

Kundenwahrnehmung/ Erwartungsniveau	MSA- und MSS-Messungen	Wettbewerbs- positionen
Wahrgenommener Service --->	MSA = positiv MSS = positiv	Starke Kundenbindung
Gewünschter Sercive --->		
Wahrgenommener Service --->	MSA = positiv MSS = negativ	Wettbewerbs- vorteil
Angemessener Service --->		
Wahrgenommener Service --->	MSA = negativ MSS = negativ	Wettbewerbs- nachteil

Wenn ein Unternehmen die Servicequalität als Wettbewerbsvorteil nutzen will, muß es *mehr* leisten als das angemessene Serviceniveau. Eine positive MSA-Wertung kann jedoch lediglich auf einen vorübergehenden Vorteil hindeuten. Das von den Kunden als angemessen betrachtete Serviceniveau, das laut unseren Untersuchungen weniger stabil ist als das gewünschte, wird rasch in die Höhe schnellen, sobald Mitbewerber eine besseres Serviceniveau versprechen oder anbieten. Wenn die MSA-Wertung eines Unternehmen nur knapp im positiven Bereich liegt, macht ein von der Konkurrenz induzierte Erhöhung des angemessenen Serviceniveaus den Wettbewerbsvorteil zunichte (d.h. die MSA-Wertung wird negativ, und das Unternehmen gerät im Wettbewerb ins Hintertreffen). Daher können sich Firmen, die derzeit einen Wettbewerbsvorsprung haben, nicht auf ihren Lorbeeren ausruhen. Wenn sie ihren Wettbewerbsvorteil konsolidieren und von einem plötzlichen Anstieg des angemessenen Serviceniveaus weniger gefährdet sein wollen, sollten sie eine Erhöhung ihrer positiven MSA-Wertungen und eine Reduzierung des Fehlbetrages bei ihren MSS-Wertungen anstreben.

Um eine wirkliche Kundenbindung zu erreichen (d.h. *unerschütterliche Kundentreue*), muß ein Unternehmen nicht nur das angemessene, sondern auch das gewünschte Serviceniveau übersteigen. Außergewöhnlicher Service kann die Loyalität der Kunden bis zu einem Punkt steigern, an dem sie praktisch »blind« für Konkurrenzangebote werden. Die Erfahrung eines Hotelgasts verdeutlicht das: »Ich hatte meine Aktentasche auf einem Taxi vergessen. Das Hotel tat alles, um sie wiederzufinden. Wenn ich jetzt nach Chicago komme, übernachte ich immer in diesem Hotel.«

Die Unternehmen müssen regelmäßig Untersuchungen durchführen, um die Kundenerwartungen zu beobachten, die spezifischen Bestimmungsfaktoren zu verstehen und die Serviceleistung mit diesen Erwartungen zu vergleichen.[6] Die daraus gewonnenen Informationen leisten wertvolle Dienste bei der Gestaltung wirksamer Strategien, mit denen sich Kundenerwartungen steuern und übertreffen lassen. Auf diese Weise wird die Servicequalität zu einer schlagkräftigen Waffe im Wettbewerb. Ein ständiges Streben nach vortrefflichem Service – d.h. Leistungen, die fortwährend über dem angemessenen Serviceniveau liegen, und jede Gelegenheit nutzen, um mehr als das gewünschte Serviceniveau zu bieten – ist wesentlich für den Aufbau einer starken Kundenbindung.

Management-Checkliste

Wie gewinnt man Stammkunden durch Steuerung und Übererfüllung der Kundenerwartungen? Die folgende Checkliste hilft bei der Selbstdiagnose:

1. *Sind wir bestrebt, unseren Kunden ein realistisches Bild von unserem Service zu vermitteln?* Überprüfen wir immer die Richtigkeit unserer Werbeaussagen, bevor sie die Kunden erreichen? Sprechen die für die Kundenversprechen verantwortlichen Marketing-Mitarbeiter regelmäßig mit dem Kundenkontaktpersonal? Berücksichtigen wir, wie sich Anhaltspunkte wie z.B. der Preis auf die Kundenerwartungen auswirken?
2. *Rangiert das Ziel, die Serviceaufgaben beim ersten Mal richtig zu erledigen, ganz oben auf unserer Prioritätenliste?* Unterstreichen wir unseren Angestellten gegenüber, daß zuverlässiger Service zur wirksamen Steuerung der Kundenerwartungen beiträgt? Werden unsere Mitarbei-

ter für tadellose Serviceleistungen ausgebildet und belohnt? Findet eine regelmäßige Bewertung unserer Servicegestaltung statt, um potentielle Schwachstellen zu entdecken und zu beseitigen?

3. *Findet eine wirksame Kommunikation mit unseren Kunden statt?* Melden wir uns in regelmäßigen Abständen bei den Kunden, um ihre Bedürfnisse abzuchecken und ihnen für ihre Treue zu danken? Ist es Teil der Ausbildung und der Aufgabenstellung unserer Mitarbeiter, den Kunden zu zeigen, wie wir sie schätzen und wie sehr uns ihr Wohl am Herzen liegt?

4. *Überraschen wir die Kunden bei der Serviceleistung?* Wissen unsere Mitarbeiter, daß die Verrichtung der Dienstleistung die beste Gelegenheit darstellt, die Kundenerwartungen zu *übertreffen*? Ergreifen wir spezielle Maßnahmen, um die Beschäftigten zu überragenden Serviceleistungen anzuregen?

5. *Betrachten unsere Mitarbeiter Serviceprobleme als Chance, die Kunden zu beeindrucken, oder als Ärgernis?* Bereiten wir unsere Mitarbeiter auf erstklassige Leistungen im Problembeseitigungs*prozeß* vor, und ermutigen wir sie dazu? Werden außergewöhnliche Abhilfemaßnahmen belohnt?

6. *Findet ein ständiger Vergleich zwischen unseren Leistungen und den Kundenerwartungen statt?* Streben wir laufend nach Verbesserungen? Liegen unsere Leistungen kontinuierlich über dem angemessenen Serviceniveau? Nutzen wir jede Gelegenheit, um das gewünschte Serviceniveau zu übertreffen?

Teil III
Aufbau einer Organisation für Dienstleistungsmarketing

5
Marketing als Linienfunktion

Erstklassiger Service ist die Grundlage für herausragendes Dienstleistungsmarketing. Wenn der Service überragend ist, fällt das Marketing leichter. Preissteigerungen lassen sich leichter durchsetzen, da die Kunden den Service als wertvoll betrachten. Die Werbung steht weniger im Gegensatz zur tatsächlichen Serviceleistung – und wird von mündlichen Empfehlungen ergänzt. Das Verkaufspersonal vertraut auf die Dienstleistungen und kann sie daher mit mehr Elan verkaufen.

Aggressives Marketing einer qualitativ minderwertigen Dienstleistung gefährdet die Zukunftsaussichten eines Unternehmens. Die meisten Kunden sind versucht, die Dienstleistung auszuprobieren – oder sie nochmals auszuprobieren –, nur um aus erster Hand feststellen zu müssen, daß sie damit einen Fehler begangen haben. Wie sollte ein Unternehmen also vorgehen? Die Tatsache, daß exzellenter Service das A und O für leistungsstarkes Dienstleistungsmarketing ist, zieht sich wie ein roter Faden durch dieses Buch. Qualitätsservice ist das wesentlichste Element, das Herzstück des Dienstleistungsmarketing.

Da es sich bei Dienstleistungen eben um Leistungen und nicht um Gegenstände handelt, da der Kunde bei der Verrichtung dieser Leistungen in vielen Fällen persönlich anwesend sein muß und da diese Leistungen oft von Menschen erbracht werden, ergeben sich die größten Managementchancen aus der direkten Wechselwirkung zwischen dem Dienstleister und dem Kunden. Interaktionen an der Kundenschnittstelle sind z.B. die Reaktionen von Kundendiensttechnikern auf Anrufe von Kunden, deren Geräte defekt sind, die ambulante Behandlung von Patienten, die Beratung des Verkaufspersonals im Warenhaus beim Kleiderkauf. Hier erfüllt das Unternehmen entweder seine Werbeversprechen oder hält sie nicht ein; hier rechtfertigt es seine Preise oder zerstört die Glaubwürdigkeit seiner Preispolitik; hier entscheidet sich, ob eine Firma zusätzliche Serviceleistungen verkaufen kann oder einfach nur Bestellungen entgegennimmt; hier festigt sie die Beziehungen zu den Kunden oder schreckt Käufer ab.

Die Tatsache, daß Dienstleistungsmarketing von der Servicequalität abhängt und in erster Linie an der Kundenfront stattfindet, bestimmt, welche Maßnahmen die Leiter der Stabsabteilungen für Marketing in Dienstleistungsbetrieben ergreifen sollten, wie die personelle Besetzung dieser Positionen aussehen sollte und welche Unterstützung der Vorstandsvorsitzende diesen Mitarbeitern gewähren sollte. Mit diesen Fragen beschäftigt sich dieses Kapitel.

Grundlegende Aufgaben für den Marketingleiter

In Dienstleistungsfirmen versuchen die ineffektivsten Marketingmanager selbst kluges Marketing zu betreiben; die besten Führungskräfte dagegen spornen alle Mitarbeiter im Unternehmen zu klugem Marketing an. *Die effektivsten Leiter von Marketing-Stabsabteilungen in Servicefirmen machen das Marketing zu einer Linienfunktion.* Ihre Philosophie hilft dem Unternehmen, eine Marketinginstitution zu werden; sie übernehmen nicht die Marketingaufgaben für die Organisation.

Tom Fitzgerald von ARA Services, einem internationalen, diversifizierten Dienstleistungskonzern mit über 4 Milliarden Dollar Umsatz, formuliert dieses Ziel so:

> Die wichtigste Aufgabe von Marketingmanagern in einem Dienstleistungsunternehmen besteht in der Erkenntnis, daß die traditionellen Marketingaufgaben eigentlich von anderen Mitarbeitern im Unternehmen erfüllt werden sollten – in erster Linie von den sogenannten »betrieblichen« Abteilungen.
>
> Die Marketingabteilung dient in Servicegesellschaften daher mehr der Unterstützung der anderen Abteilungen, um *sicherzustellen, daß diese sich bei ihrer Tätigkeit auf den Markt konzentrieren.*

Fitzgerald gibt Marketingleitern im Dienstleistungssektor folgende Ratschläge:

1. Stellen Sie fest, inwieweit Ihr Unternehmen von der »Marketingmentalität« geprägt ist. Sie müssen unter Umständen die Unternehmenskultur völlig umkrempeln oder nur etwas verfeinern.
2. Führen Sie die Marketingausrichtung in die betrieblichen Abteilungen ein durch Entwicklung eines gemeinsamen »Geschäftsplans«, der auf das Marketing eingeht und an die Stelle eines eigenen »Marketingplans« tritt – dies fördert den Zusammenhalt im Unternehmen und vermeidet Abschotten der Abteilungen.

3. Versuchen Sie nicht, eine große, separate Marketingabteilung aufzubauen. Ein Dienstleistungsunternehmen benötigt nur einige wenige Marketingexperten, die sich mit der betrieblichen Kultur auskennen und darauf achten, daß sich das Unternehmen auf den Kunden konzentriert.

Im Dienstleistungssektor bieten kleine Marketingabteilungen mehr Vorteile als große. Die *grundlegende* Aufgabe der Führungskräfte im Marketingstab besteht darin, unternehmensweit zum Aufbau einer Marketingmentalität beizutragen. Stabsmanager, die einen anderen Ansatz für das Dienstleistungsmarketing wählen, verurteilen das Marketing des Unternehmens – und sich selbst – zum Untergang.

Die Marketingmentalität ähnelt einem Garten, in dem die immer im Unternehmen vorhandenen kundenorientierten Strategien, Einstellungen, Gewohnheiten, Fertigkeiten, Kenntnisse, Systeme und Werkzeuge blühen. Wenn man diese Pflanzen richtig hegt und pflegt, wachsen und gedeihen sie; wenn nicht, gehen sie ein.

Es ist Aufgabe des Marketingchefs, diesen Garten zum Blühen zu bringen. Dafür braucht er keine Heerschar an Helfern oder ausgefallene Werkzeuge – im Gegenteil, so etwas würde nur stören. Der Marketingdirektor muß eine zukunftsweisende Vorstellung davon haben, wie dieser Garten aussehen könnte, und muß sich mit ganzer Kraft dafür einsetzen, daß die Pflanzen gesund bleiben und zu jeder Jahreszeit wachsen.

Beim Aufbau und der Erhaltung einer Marketingorganisation kommen dem Marketingchef drei Schlüsselaufgaben zu. Es handelt sich hier um langfristige Aufgaben, die sich bei Weiterentwicklung der Marketingmentalität im Umfang, nicht aber im Wesen ändern. (Abbildung 5–1 enthält einige Gedanken zu den wesentlichen Aufgaben des Vorstandsvorsitzenden bei der Unterstützung des Marketingdirektors).

Die erste Aufgabe: Architekt des Wandels

Kundenorientierung ist das Grundprinzip im Marketing. Bei Veränderungen auf den Märkten muß sich auch das Unternehmen wandeln. Im Marketing ist nichts von Dauer – weder kulturelle Werte noch demographische oder konjunkturelle Daten, weder technologische Gegebenheiten noch das Wettbewerbsumfeld oder das politische Klima.

Eine der Schlüsselaufgaben des Marketingleiters in einem Dienstleistungsunternehmen besteht darin, die strategische Ausrichtung der Firma

Abbildung 5−1 Wie kann der Chef den Marketingleiter unterstützen?

Spitzenmanager im Marketing wurden gebeten, die wichtigste Maßnahme herauszugreifen, mit der ein Unternehmenschef dem Marketingdirektor zum Erfolg verhelfen kann. Sie beantworteten diese Frage so:

Beteiligung! Der Marketingleiter muß an allen wichtigen geschäftlichen Diskussionen im Unternehmen als gleichberechtigter Partner beteiligt sein. Gute Geschäftsentscheidungen dürfen nicht nur auf »Topmanagementstudien« (d.h. auf dem, was ich und meine Schwiegermutter glauben) und auf rein finanziellen Analysen beruhen. Der Marketingleiter lenkt den Blick auf die Marktforschung, die Kundenansichten, auf Verkaufsfragen, auf die Konkurrenzanalyse und die Verrichtung der Dienstleistungen. Der Chef muß dafür sorgen, daß der Marketingleiter seine Ansichten äußern und die Ergebnisse beeinflussen kann. Dann ist die Aufgabe des Marketingchefs, sich gut vorzubereiten und nützliches Expertenwissen zu präsentieren.
                Leslie R. Butler
                First Pennsylvania Bank

Ich glaube, die wichtigste Maßnahme, mit der ein Chef zum Erfolg des Marketingprogramms beitragen kann, ist sicherzustellen, daß Marketingstandpunkte und -fragen angemessen auf der Tagesordnung der Strategiebesprechungen vertreten sind. Dadurch entwickelt er ein gemeinsames Verständnis für die Programme im Unternehmen, das letztendlich zu einer klaren, effizienten Umsetzung führt.
                Dick Hammill
                The Home Depot, Inc.

Der Chef in einem Servicebetrieb muß der Hauptakteur bei der Definition des Positionierungsziels der Firma sein, damit es das widerspiegelt, was die Geschäftsleitung für den strategischen Kundenvorteil des Unternehmens hält. Dies erlaubt dann dem Marketingleiter ein »Markeneigentum« zu entwickeln, das sich in ausreichendem Maße von den Produkten und Dienstleistungen der Konkurrenz unterscheidet. Dies wiederum ist die Grundlage für die Entwicklung der Markenpräferenz bei den Kunden.
                Charles J. Ferrero
                Midlantic National Bank

Dienstleister sind unverbesserliche Punktezähler. Sie suchen ständig nach deutlichen Anzeichen dafür, was ihr Chef wirklich will. Ihre Handlungen sowie ihre analytischen, interpersonellen und kreativen Fähigkeiten werden durch das Führungsbeispiel und durch Anerkennung und Belohnung kanalisiert. Die richtigen organisatorischen Kettenreaktionen laufen in einem Dienstleistungsunternehmen ab, wenn der Chef legendären Service herausstellt, wo immer er ihn findet – und dazu unzählige geplante und spontane Gelegenheiten nutzt. Denkwürdige Ereignisse beeinflussen das zukünftige Verhalten. Dies bedeutet, daß lobende Worte vor Ort, die Unterstützung von

> Leistungsvorschlägen der Teams, der Einsatz für Prämien und Gewinnbeteiligung für Mitarbeiter, die die Serviceerwartungen der Kunden übertreffen, sowie die Anwesenheit bei gemeinsamen Feiern viel im Unternehmen bewirken können.
>
> George A. Rieder
George A. Rieder Associates, Inc.
>
> Der Vorstandsvorsitzende trägt am meisten zum Erfolg des Marketingleiters in einer Dienstleistungsfirma bei, wenn er ständig im ganzen Unternehmen hervorhebt, wie wichtig das Marketing und der Dienst am Kunden sind.
>
> Der Chef der PHH Corporation, Bob Kunisch, nutzt jede Gelegenheit, um den Mitarbeitern das Qualitätsserviceversprechen von PHH und seine Vorstellung von einer völlig auf den Kunden ausgerichteten Unternehmenskultur bei PHH nahezubringen. Er betont, daß Marketing die Aufgabe *jedes einzelnen* PHH-Mitarbeiters sei und daß jeder bei der Erfüllung unserer Qualitätsversprechen eine wichtige Rolle zu spielen habe.
>
> Neben seinem unternehmensinternen Engagement für die Qualitätsbotschaft verbringt Bob etwa ein Viertel seiner Zeit mit Besuchen bei Kunden und Interessenten. Dieser persönliche Einsatz zeigt unseren Klienten, daß es Bob auch in der Praxis wirklich und wahrhaftig ernst ist mit dem PHH-Qualitätsserviceversprechen.
>
> Gene Arbaugh
PHH Corporation

als Reaktion auf Veränderungen im Marktumfeld neu zu definieren. Auf den Markt abgestimmter strategischer Wandel ist entscheidend für die Neuorientierung im Unternehmen. Gute Beispiele sind hier die Girl Scouts in den USA, die ihren Schwerpunkt von der Einstimmung der Mädchen auf ihr Hausfrauendasein auf ihre Vorbereitung auf eine berufliche Karriere verlagerten, oder die Firma JC Penny, die sich von einer wenig innovativen Gemischtwarenkette zu einer Modewarenhauskette des mittleren Genre mauserte.

Marketingchefs müssen zur Erneuerung ihres Unternehmen beitragen, bevor es zu spät ist. Dazu müssen sie sich an der Architektur für den Wandel beteiligen. Sie benötigen dazu zwei Pläne: eine Definition der strategischen Ausrichtung, die in den kommenden Jahren relevant und gewinnbringend sein wird, und einen Entwurf für die internen Strategien, die für den tatsächlichen Wandel im Unternehmen erforderlich sind. Für eine wirksame Gestaltung des Wandels braucht man *sowohl* eine externe Strategie (Wie soll das Unternehmen aussehen?) *als auch* eine interne (Wie bereitet man den Weg für den Wandel?). Marketingleiter müssen bei der Erarbeitung dieser beiden Strategien mit den Linienmanagern zusammenarbeiten.

Die zweite Aufgabe: Förderer des Marketing

Marketingleiter in Dienstleistungsbetrieben müssen sich die Tatsache zunutze machen, daß die Serviceangestellten den engsten Kontakt zum Kunden haben; sie eignen sich am besten für die Erfüllung der Marketingaufgaben. Eine wichtige Herausforderung für den Marketingchef besteht darin, den Marketingprozeß vor Ort, an der Schnittstelle zwischen Dienstleister und Kunden zu fördern.

Verkaufsförderer in der Güterindustrie versuchen, den Handel zum Absatz ihres Produkts zu bewegen (*pushing strategy*) und die Verbrauchernachfrage anzukurbeln (*pulling strategy*). Diese Strategien gibt es auch im Dienstleistungssektor, doch mit einigen wesentlichen Unterschieden. Marketingdirektoren in Servicefirmen müssen die im Kundenverkehr Beschäftigten dazu bewegen, effektives Marketing betreiben zu wollen – und ihnen beibringen, wie man dabei vorgeht.

Marketingmitarbeiter in Industrieunternehmen kennen zwei Arten von Kunden (den Handel und die Endverbraucher) – ihre Kollegen im tertiären Sektor ebenfalls (Dienstleister und Endkunden). Im Grunde kann man die Serviceangestellten im Unternehmen selbst mit dem Groß- und Einzelhandel bei der Vermarktung von Waren vergleichen. Mitarbeiter in der Kundenbedienung sind das kritische *Bindeglied* zwischen der Marketingabteilung und den Endkunden, der Kanal, durch den das Marketingpotential entweder realisiert wird oder nicht. Einer von uns schrieb in einer früheren Veröffentlichung zu diesem Thema: »Marketingchefs im Dienstleistungssektor müssen nicht nur die Kunden zum Kauf bewegen, sondern auch die Beschäftigen zur Leistung überreden – und ihnen dabei helfen.«[1]

Marketingdirektoren haben mindestens drei Möglichkeiten, um das Marketing unternehmensweit zu fördern. *Erstens können sie ständig an der Schulung der Manager und der nachrangigen Mitarbeiter in bezug auf Art, Zielsetzung und Umsetzungsmöglichkeiten des Marketing arbeiten.* Man kann nicht von den Arbeitnehmern erwarten, daß sie eine Marketingmentalität an den Tag legen, wenn sie nicht wissen, was Marketing heißt. Die effektivsten Marketingleiter im Dienstleistungssektor verwenden einen beträchtlichen Teil ihrer Zeit und ihrer Ressourcen auf die Schulung des einzelnen, auf die Finanzierung und Unterstützung von Marketingseminaren und -schulungskursen sowie auf die Weiterleitung der richtigen Marketinglektüre an die richtigen Mitarbeiter.

Les Butler von der First Pennsylvania Bank in Philadelphia meint zur pädagogischen Aufgabe des Marketingleiters:

Der Marketingchef hat auch pädagogische Aufgaben zu erfüllen. Es reicht nicht, wenn er sagt, das Unternehmen solle sich am Markt orientieren. Es reicht nicht, wenn er vorschlägt, Fragen mit Hilfe von gut strukturierter Forschung zu beantworten. Der Marketingdirektor muß seinen Kunden (der Linienorganisation) Marketing beibringen. Vielen Linienmanagern fehlt der Marketinghintergrund; sie sind vielbeschäftige Leute, und sie neigen dazu, sich auf ihren Instinkt oder ihr »Gespür« zu verlassen (wofür sie noch belohnt werden). Der Marketingleiter sollte seine Pflicht zur Schulung, zur Förderung und zur Vermittlung des Marketingwissens überprüfen und diese Botschaft verstärken.

Zweitens müssen Marketingdirektoren danach streben, den Mitarbeitern die Umsetzung des Marketing zu erleichtern. Die besten Marketingchefs konzentrieren sich darauf, den Mitarbeitern Werkzeuge für effektives Marketing an die Hand zu geben. Diese Führungskräfte engagieren sich z.B. für:

- Informationsdossiers über die Kunden, mit deren Hilfe das Kundenkontaktpersonal die Bedürfnisse seiner Zielgruppe besser kennenlernen kann;
- Betriebssysteme, die Routinetransaktionen beschleunigen und Mitarbeiter entlasten, damit diese den Kunden zusätzliche Leistungen anbieten können;
- interne Schulungs- und Kommunikationsdienste, damit die Angestellten den Kunden gegenüber kompetenter und selbstsicherer auftreten können.

Die besten Marketingdirektoren wissen, daß wirksames Dienstleistungsmarketing direkt von der *Bereitschaft* und der *Fähigkeit* der Mitarbeiter abhängt, im Umgang mit dem Kunden und bei der Verrichtung ihrer Aufgaben Marketing zu betreiben. Dies mag selbstverständlich erscheinen. Wie unsere Erfahrung zeigt, werden aber gerade Selbstverständlichkeiten oft übersehen. Anna Kahn, eine Beraterin für Dienstleistungsmarketing aus Stockholm, kommt zu einem ähnlichen Schluß:

Die Marketingchefs in schwedischen Servicefirmen unterschätzen immer noch die Bedeutung der Mitarbeiterschulung vor Einführung einer Dienstleistung auf dem externen Markt. Die Mitarbeiter geben den Schulungsmaßnahmen vor der Markteinführung einer neuen Leistung sehr häufig schlechte Noten. Nicht nur Ausbildung ist erforderlich, sondern auch ein Prozeß, der die Akzeptanz der Dienstleistung bei den Arbeitnehmern so stark fördert, daß sie selbst als erste diesen Service in Anspruch nehmen wollen.

Drittens muß der Marketingleiter unermüdlich und sichtbar für Qualitätsservice im Unternehmen eintreten. Mit Ausnahme des Unternehmenschefs hat niemand im Betrieb durch Servicequalität mehr zu gewinnen als der Marketingleiter. Wir haben bereits unterstrichen, daß erstklassiger Service alle anderen Aspekte des Dienstleistungsmarketing verstärkt und daß schlechter Service ihre Schlagkraft mindert.

Der Marketingchef muß:

- für exzellenten Service im Unternehmen eintreten,
- dem Unternehmen den Weg weisen, wie es den Service verbessern kann, und
- die Auswirkung *aller* Marketingentscheidungen auf die Servicequalität beurteilen und dabei sicherstellen, daß diese Entscheidungen Qualitätssteigerungen fördern und sie nicht untergraben.

Da Qualitätsservice im Zentrum des Dienstleistungsmarketing steht, muß der Marketingleiter bei den strategischen Bemühungen des Unternehmens zur Qualitätsverbesserung eine maßgebliche Rolle spielen. Indem er dem Unternehmen hilft, seine Qualität zu erhöhen, erleichtert er das Marketing. Wenn eine Firma über einen Lenkungsausschuß für Servicequalität verfügt, sollte der Marketingchef eines der Ausschußmitglieder sein. Wenn sie eine eigene »Qualitätsabteilung« besitzt, dann muß diese eng mit der Marketingabteilung zusammenarbeiten.

Wer Dienstleistungsmarketing und Servicequalität als zwei voneinander unabhängige Funktionen oder Disziplinen betrachtet, verkennt, daß sie in Wirklichkeit untrennbar miteinander verbunden sind. Ohne Qualitätsservice sind alle anderen Maßnahmen, die wir unter dem Begriff »Dienstleistungsmarketing« zusammenfassen, nicht effektiv und verlieren damit ihren Sinn.

Die dritte Aufgabe: Imagemanager

Eine dritte wichtige Aufgabe für den Marketingchef im Dienstleistungsunternehmen ist institutionelle Imagepflege. Wenn er dem Unternehmen hilft, sich an sein Umfeld anzupassen und effektives Marketing an der Kundenfront ermöglicht, trägt er direkt zu einem positiven Image des Unternehmens bei. Bei den immateriellen Dienstleistungen sind Marketingmitarbeiter dennoch gefordert, alle Register zu ziehen, um dem Unternehmen eine unverwechselbare und überzeugende Identität zu verleihen.

Konkurrierende Fluggesellschaften setzen oft auf den gleichen Strecken und etwa zur gleichen Tages- oder Nachtzeit die gleichen Flugzeugtypen ein und stimmen regelmäßig auch ihre Tarife oder Sonderaktionen aufeinander ab. Bei Fluglinien – wie auch in zahlreichen anderen Dienstleistungsbranchen – bestehen relativ große Ähnlichkeiten zwischen den materiellen Aspekten, die der Unterstützung einer immateriellen Dienstleistung dienen. Die Differenzierung von der Konkurrenz ist ein Problem. Die Aufgabe, Ähnlichkeiten zu unverwechselbaren Charakteristiken umzumünzen, ist nicht leicht zu bewältigen, wenn es sich bei dem Produkt um eine Leistung handelt.

John Hamby, *President* der Glastonbury Bank and Trust Company aus Glastonbury, Connecticut, beschreibt die Imagegestaltung im Dienstleistungsmarketing so:

> In unserer Branche ist es eine ständige Herausforderung, uns sowohl tatsächlich als auch in den Augen der Kunden und Interessenten von der Konkurrenz abzusetzen. Am besten funktioniert das, wenn wir mit besseren Lösungen auf die Bedürfnisse der Kunden eingehen. Selbst wenn man jedoch ein besseres Produkt anbietet, steht man im Dienstleistungssektor immer noch vor dem Problem, den Kunden klarzumachen, daß es diesen Unterschied gibt, und sich ihrer Wertschätzung zu versichern.

Wer Dienstleistungen vermarkten will, muß alle denkbaren Wettbewerbsvorteile eines Unternehmens voll ausschöpfen, indem er diese Unterschiede klar und deutlich und konsequent herausstellt und dazu auffallende Mittel wählt. Erforderlich ist hier ein strategischer und aktiver Ansatz zur eindeutigen Definition der besonderen Fähigkeiten eines Unternehmens – seine »Daseinsberechtigung« – durch Kommunikationsmedien. Erforderlich sind hier Marketingchefs, die versuchen, für das gesamte Unternehmen, nicht nur für die einzelnen Dienstleistungen ein Markenimage zu finden, die erkennen, daß alle mit dem Unternehmen verbundenen Sinneseindrücke ein Bild vermitteln, und die daher versuchen, all diese Reize in eine bestimmte, aussagekräftige Botschaft zu verwandeln.

Der ideale Marketingleiter für den Dienstleistungssektor

Diese grundlegenden Aufgaben des Marketingleiters in einem Servicebetrieb zeigen, welche Eigenschaften ein Anwärter für diese Position mitbringen muß. Angesichts der strategischen, kulturellen und kommunikativen Aufgaben dieses Managers kann man sagen, daß nur wenige personelle Entscheidungen eine derartige Tragweite haben wie die Besetzung dieser Stelle. Diese Position ist nichts für Pfennigfuchser. Die besten Marketingdirektoren im Dienstleistungsbereich besitzen wirkliche Führungseigenschaften, wissen um die Unterschiede zwischen Waren- und Dienstleistungsmarketing, verfügen über fundierte Branchenkenntnisse und bringen auch hervorragende pädagogische Eigenschaften mit.

Marketingführung und andere Eigenschaften

Die besten Marketingleiter besitzen Führungsqualitäten. Sie verfügen über strategischen Weitblick und können so ihren Unternehmen helfen, auf Veränderungen der Marktbedingungen zu reagieren. Sie sind zudem geschickt im Umgang mit Menschen, so daß sie ihre Vorstellungen bei anderen Mitarbeitern im Unternehmen durchsetzen können, indem sie ihnen gut zureden, sie überzeugen, inspirieren und manchmal auch antreiben.

Marketingmitarbeiter der Spitzenklasse besitzen eine Eigenschaft, die der Berater und Schriftsteller Barry Deutsch »kreative Unvernunft« nennt. Sie versuchen, auf die Linienorganisation einzugehen, ohne bei den für exzellentes Marketing gefragten Strategie- und Führungsanforderungen Abstriche zu machen. In der Zeitschrift *American Banker* vom 25. Februar 1988 beschreibt Deutsch diese Herausforderung so:

> An schwierigsten ist es zu lernen, wann man vernünftig und wann man unvernünftig sein muß. Wir sprechen hier von der fortwährenden Notwendigkeit, Einfühlungsvermögen in die Bedürfnisse des Unternehmens mit Führungsaufgaben in Einklang zu bringen.
>
> ... Herausragende Manager sind diejenigen, die ihr Unternehmen zu einer stärkeren Kraft am Markt machen – manchmal gegen den kollektiven Willen ... Herausragende Manager sind diejenigen, die Unvernunft zeigen, wenn sie es mit einem Unternehmen zu tun haben, das gerade gut genug sein und nicht das Beste aus sich herausholen will.

Sensible Reaktionen auf die Feinheiten des *Dienstleistungs*marketing sind ebenfalls entscheidend. Viele im Warenmarketing erfahrene Spitzenmanager können sich überhaupt nicht auf das Marketing von Dienstleistungen umstellen oder haben zumindest Schwierigkeiten damit. Bei Dienstleistungen konzentriert sich das Marketing einzig und allein auf den Service. Beim Warenmarketing geht es um »Dinge«, die Mitarbeiter weit weg von den Kunden herstellen; das Marketing findet nahezu ausschließlich *außerhalb* der Fabrik statt. Beim Dienstleistungsmarketing geht es um immaterielle »Leistungen« von Angestellten, die häufig mit den Kunden in direktem Kontakt stehen; ein Großteil des Marketing findet *innerhalb* der »Fabrik« statt. Dazu noch einmal die schwedische Beraterin Anna Kahn:

> Heutzutage kennt jeder den Unterschied zwischen Waren und Dienstleistungen, und doch kommt es immer noch sehr häufig vor, daß Dienstleistungen genauso vermarktet werden wie Waren. Dienstleistungen werden gekauft, weil der Kunde auf die Menschen, die sie erbringen, und auf ihre Qualifikationen vertraut. Beziehungsorientiertes Marketing und die Einbindung des Kunden sind die wichtigsten Optionen im Dienstleistungsmarketing. Je komplizierter die Dienstleistung, desto wichtiger ist es, das Vertrauen in die Menschen zu erwecken, die diese Leistung erbringen.

Branchenwissen ist eine weitere wichtige Eigenschaft, die Marketingleiter in Dienstleistungsunternehmen mitbringen müssen. Sie müssen »sich in der Branche auskennen«, um die richtigen Strategien entwickeln und sich im Unternehmen den nötigen Respekt erwerben zu können, der für die Strategieumsetzung erforderlich ist. Marketingchefs sollten genauso detaillierte Kenntnisse über die Konkurrenz besitzen, genauso mit Entwicklungen in bezug auf Gesetze und Vorschriften vertraut sein, sich genauso für die in der Branche relevanten Technologien interessieren wie alle führenden Linienmanager im Unternehmen. Und niemand im Unternehmen sollte mehr über die Kunden wissen als der Marketingleiter. Oberflächliches Branchenwissen untergräbt das strategische Denken und die persönliche Glaubwürdigkeit, die wesentliche Führungselemente im Marketingbereich sind.

Schließlich sollten sich die besten Marketingdirektoren auch »zum Lehrer berufen fühlen«. Kenntnisse über Dienstleistungsmarketing und die Branche allein reichen nicht aus. Der Marketingleiter muß auch in der Lage sein, der Linienorganisation das Marketing zu »verkaufen«. Schulung ist entscheidend. Engagement kann man nur für Dinge aufbringen, die man versteht. Manager, die nicht fähig und willens sind, Führungskräften und nachrangigen Mitarbeitern Kenntnisse über Wesen, Wert und Anwendungsmöglichkeiten des Marketing zu vermitteln, werden an der Spitze der Marketingabteilung keinen Erfolg haben.

Ein Beispiel für intuitives Dienstleistungsmarketing

Gene Arbaugh, *Vice President* für Corporate Marketing bei der PHH Corporation, einem Dienstleistungsunternehmen aus der *Fortune-500*-Liste mit Tochtergesellschaften, die Vermögens- und Finanzverwaltungsdienstleistungen für Unternehmen und staatliche Einrichtungen anbieten, verkörpert die von uns beschriebenen Eigenschaften in idealer Weise. Bevor er in seine jetzige Position eintrat, war Arbaugh Chef der größten Tochter von PHH, Peterson, Howell und Heather (jetzt PHH FleetAmerica), die die Verwaltung von Kfz- und Lkw-Fuhrparks übernimmt.

Arbaugh kennt das Fuhrparkmanagement und andere PHH-Geschäftsbereiche wie seine Westentasche. Als gelernter Jurist geht Arbaugh an jede Aufgabe analytisch und mit Präzision heran. Er ist genauso »zahlenorientiert« wie alle anderen Manager aus der Führungsspitze des Konzerns, und ihm haftet nicht der Makel der »Bilanzferne« an, dem so viele Marketingleiter zum Opfer fallen.

Obwohl die PHH Corporation einen Umsatz von 2 Milliarden Dollar einfährt, arbeitet Arbaugh mit einem winzigen Stab; er weiß, daß das eigentliche Geschäft in den Linienabteilungen abläuft und daß seine Aufgabe darin besteht, deren Marketing zum Erfolg zu verhelfen. In enger Zusammenarbeit mit dem Konzernchef Robert Kunisch konzentriert Arbaugh seine Energie darauf, den PHH-Unternehmen beim Übergang von einer autonomen, betrieblich orientierten Betrachtungsweise zu einer interdependenten, kundenorientierten Sicht zu helfen. Jahr für Jahr veranstaltet Arbaugh interne Schulungen für Spitzen- und Mittelmanager aus den verschiedenen Betriebsgesellschaften, um diesen die Gelegenheit zu geben, mehr über die anderen PHH-Unternehmen zu erfahren, als Team zusammenzuarbeiten und PHH mehr als ein zusammengehöriges Unternehmen zu sehen – und nicht als einen Konzern, der aus vielen Einzelgesellschaften besteht. Arbaughs jährlich stattfindender einwöchiger Marketingkurs für Führungskräfte sucht in den Vereinigten Staaten seinesgleichen, was die »hochkarätigen« Professoren anbelangt, die er als Dozenten engagiert.

Arbaughs *Cross-Marketing*-Initiative, bei der Angestellte einer PHH-Gesellschaft belohnt werden, wenn sie Dienstleistungen einer anderen Konzerntochter verkaufen, ist die institutionalisierte Form eines Prozesses, der durch die kulturelle Verlagerung hin zu einem Gesamtunternehmen möglich wurde. Diese Initiative wird auch von Arbaughs ständiger Betonung der Verbesserung der Servicequalität unterstützt – daher sind die Angestellten in den PHH-Tochtergesellschaften bereit, das »Risiko« einzugehen, ihren Kunden den Service anderer Konzernfirmen anzubieten.

Als geschickter Experte im Dienstleistungsmarketing betrachtet Arbaugh den PHH-Konzern immer *als Kunden*. Er meint:

> Man sollte jeden Angestellten im Unternehmen zu einem Marketingmitarbeiter machen. Im Rahmen unseres »Sharing Leads Bonus Pro-

gram« zahlen wir *ausnahmslos jedem* Angestellten eine Prämie, der uns einen Hinweis gibt, der zur Unterzeichnung eines Vertrags führt. Wir fördern dieses Programm über ein Rundschreiben an die Mitarbeiter, das Informationen zu unseren Dienstleistungen enthält, die Beschäftigen, die uns erfolgreiche Hinweise gegeben haben, lobend erwähnt und immer wieder unterstreicht, daß das Marketing die Aufgabe jedes einzelnen Mitarbeiters ist.

Vor kurzem gab uns eine unserer Sekretärinnen Tips, die zum Abschluß zweier Großverträge führten; im Gesamtkonzern unterzeichnen wir als Ergebnis dieses Programms jedes Jahr Verträge in Millionenhöhe.

Arbaughs Erfahrung in den höchsten Rängen des Linienmanagement und seine Fähigkeit, bei denen, die Wert darauf legen, mit Zahlen zu jonglieren, verleihen ihm im Unternehmen die Glaubwürdigkeit, mit der sein Erfolg als Marketingleiter steht oder fällt. Seine ehrliche, entgegenkommende Art hilft ihm, diese Glaubwürdigkeit aufrechtzuerhalten. Sein Stab ist zwar klein, aber fein. Arbaugh besitzt auch genügend Selbstvertrauen, um den Außendienst und nicht sich selbst und andere Mitarbeiter aus der Zentrale ins Rampenlicht zu rücken. Er arbeitet lieber hinter den Kulissen, spielt »Feuerwehr«, führt ein entscheidendes Telefongespräch oder springt ins Flugzeug, um einen abtrünnigen Klienten zur Rückkehr zu bewegen.

Arbaugh ist ein geduldiger Mann, der akzeptiert, daß ein Wandel in der Unternehmenskultur ein langsames, mühevolles Unterfangen ist, bei dem man immer zwei Schritte vor und einen zurück geht. Als Leiter der Konzernabteilung Marketing hat er vom ersten Tag an erkannt, welches Potential die Verwendung eines gemeinsamen Markennamens bietet, unter dem so unterschiedliche Firmennamen wie Homequity, U.S. Mortgage und Fantus ihre Dienstleistungen vermarkten können. Etliche Kunden und Interessenten hatten keine Ahnung, daß diese und andere Unternehmen zum PHH-Konzern gehörten; manche hatten noch nie von der PHH Corporation gehört.

Viele Marketingchefs hätten diese Chance zur Markengestaltung mit beiden Händen ergriffen und sie ganz oben auf ihre Prioritätenliste gesetzt. Arbaugh dagegen wartete geduldig ab, da er erkannte, wie heikel dieses Thema für die Außendienstmitarbeiter war, und wußte, daß externen Veränderungen ein interner Wandel vorausgehen muß. Er ging in dieser Frage sehr behutsam vor, ermutigte die Konzerngesellschaften, PHH in Verbindung mit dem bestehenden Namen zu verwenden (z.B. PHH Homequity).

Gene Arbaugh ist einer, der intuitiv weiß, wie man Dienstleistungen vermarktet. Obwohl er an der Universität nicht Marketing studiert hat, kennt er den wesentlichen Unterschied zwischen der Marketingabteilung und der Marketingfunktion in einem Dienstleistungsunternehmen. Der Schlüssel zu Arbaughs Erfolg ist seine einzigartige Unterstützung der Linienorganisation bei der Verbesserung ihres Marketing.

Management-Checkliste

Aufgrund der Aufgaben, die der Marketingleiter eines Servicebetriebes zu erfüllen hat, sollten sich der Mitarbeiter oder die Mitarbeiterin in dieser Position folgenden Fragen stellen:

1. *Bin ich ein Pionier des Wandels in meiner Branche?* Halte ich mich über Änderungen in bezug auf Märkte, Technologien, Konkurrenten, Gesetze und Vorschriften auf dem laufenden?
2. *Gibt es bei uns ein Dokument, in dem festgelegt ist, wie unser Unternehmen aussehen soll?* Gibt es darüber hinaus einen zweiten Plan, der die einzelnen Schritte beschreibt, die beim Vorstoß in eine neue Richtung durchzuführen sind? Habe ich bei der Erstellung dieser Pläne eine aktive Rolle gespielt? Falls nicht, warum nicht, und was sollte ich in Zukunft anders machen?
3. *Beteilige ich mich aktiv an Schulungsmaßnahmen unseres Unternehmens zum Thema Marketing?* Sollte ich zusammen mit anderen besonders marketingorientierten Mitarbeitern mehr an regelmäßigen Schulungsprogrammen mitwirken? Sollte ich einen oder mehrere unternehmensinterne Marketingkurse einführen? Sollte ich Führungskräfte in Schlüsselposition verstärkt auf externe Marketingkurse und -konferenzen aufmerksam machen? Kann ich pädagogische Methoden produktiver einsetzen, um mehr Mitarbeiter häufiger zu schulen? Sollte ich eine unternehmenseigene Marketingbibliothek einrichten?
4. *Tue ich genug zur Förderung des Marketing im Unternehmen?* Verwende ich einen Großteil meiner Arbeitszeit und der Ressourcen meiner Abteilung darauf, die Marketingfertigkeiten unserer Beschäftigten zu verbessern? Falls nein, was tue ich dann Wichtigeres mit meiner Zeit und diesen Ressourcen?
5. *Höre ich meinen internen Kunden zu – sowohl den Managern als auch nachrangigen Angestellten?* Kenne ich die Hindernisse, die ihnen den Weg zu besserem Marketing verstellen? Weiß ich, weshalb sie weniger Fähigkeiten oder Bereitschaft zur Erfüllung von Marketingaufgaben

zeigen, als ich es mir wünsche? Tue ich alles in meiner Macht Stehende, um diese Hindernisse zu beseitigen?
6. *Stehe ich bei den Bemühungen meines Unternehmens zur Verbesserung der Servicequalität an vorderster Front?* Übernehme ich die zur Qualitätsverbesserung erforderliche Führungsrolle? Gehe ich zusammen mit den anderen Mitarbeitern der Marketingabteilung in bezug auf die Servicequalität mit gutem Beispiel voran? Unternehme ich besondere Anstrengungen in bezug auf die unbedingt erforderlichen Investitionen – z.B. die Einrichtung eines Systems zur kontinuierlichen Messung der Servicequalität? Bin ich mir der negativen Auswirkungen bewußt, die Marketingentscheidungen unseres Unternehmens auf die Qualität haben könnten? Ergreife ich im Konfliktfall die nötigen Maßnahmen?
7. *Nutze ich die Chancen zur Markengestaltung umfassend und strategisch?* Kombiniere ich alle unsere Kommunikationsmöglichkeiten zu einer einheitlichen Botschaft? Ist unsere Botschaft überzeugend? Sehen unsere wichtigsten Zielgruppen Unterschiede zwischen uns und der Konkurrenz, und falls ja, welche? Was kann ich noch tun, um unsere Markenpolitik zu verbessern?
8. *Übertrage ich die Marketingaufgaben an die Linienorganisation, wo sie hingehören?* Setze ich mich stark genug für dieses Ziel ein? Schreibe ich selbst Marketingpläne, oder unterstütze ich unsere Linienmanager bei der Erstellung ihrer Marketingpläne? Entwickle ich selbst neue Dienstleistungen oder helfe ich den Linienmanagern bei der Gestaltung neuer Dienstleistungen? Sorge ich dafür, daß meine Marketingabteilung so klein bleibt, daß das Marketing auch immer noch als Linienfunktion gesehen wird?

Teil IV
Maximale Ausschöpfung des Potentials im Dienstleistungsmarketing

6
Die Symbolisierung steuern

Durch ihren immateriellen Charakter unterscheiden sich Dienstleistungen grundlegend von Waren. Diese Immaterialität einer Dienstleistung hat wichtige Auswirkungen auf die Art und Weise, wie Servicekunden Eindrücke gewinnen und Kaufentscheidungen treffen und wie Anbieter von Dienstleistungen ihre Marketingaufgaben angehen.

G. Lynn Shostack, eine der angesehensten amerikanischen Expertinnen auf dem Gebiet Dienstleistungen, meint: »Ein physischer Gegenstand definiert sich selbst; eine Dienstleistung nicht.«[1] Shostack spricht damit die entscheidende Herausforderung für erfolgreiches Dienstleistungsmarketing an: die Definition einer Leistung, die sich nicht selbst definieren kann. Die Kunden können die Serviceleistung selbst nicht sehen, wohl aber die verschiedenen, damit verbundenen materiellen Aspekte. Sie sehen z.B. die Serviceeinrichtungen und -ausrüstungen, die Angestellten, die gedruckten Kommunikationsmittel, andere Kunden und Preislisten. All diese materiellen Aspekte sind »Symbole« für den unsichtbaren Service.

Da die Kunden versuchen müssen, eine Dienstleistung zu verstehen, ohne sie tatsächlich zu sehen, da sie vor der Kaufentscheidung wissen wollen, was sie da eigentlich kaufen und warum sie es kaufen sollen, achten sie in besonderem Maße auf die sichtbaren Anhaltspunkte. Man kann sich streiten, ob das gut oder schlecht ist, auf jeden Fall vermitteln die materiellen Aspekte eine Botschaft. Wenn man hier nicht steuernd eingreift, können diese Symbole völlig falsche Servicebotschaften enthalten und damit die gesamte Marketingstrategie in Frage stellen. Wer aber diese Symbole geschickt einsetzt, kann die Kunden über die Dienstleistungen informieren und damit der Marketingstrategie Gestalt geben und sie verstärken.

Die Frage lautet nicht, ob die Servicekunden materielle Symbole für die Dienstleistung wahrnehmen – bei der Mehrheit der Kunden ist dies meistens der Fall. Die Frage lautet vielmehr: Nehmen die Kunden gesteuerte oder ungesteuerte Anhaltspunkte wahr? Sehen die Kunden die bewußt vom Marketing eingesetzten, oder sehen sie unbeabsichtigte Symbole?

Dieses Konzept vom geschickten Einsatz von Symbolen ist nicht neu. 1973 beschrieb Kotler das Umfeld (»*atmospherics*«) als Marketingwerkzeug und schlug vor, »durch bewußte räumliche Gestaltung bei den Käufern bestimmte Reaktionen hervorzurufen.« Shostack führte 1977 in ihrem Artikel »Breaking Free from Product Marketing« den Gedanken der Steuerung von Symbolen (»*managing the evidence*«) ein:

> Im Produktmarketing liegt der Schwerpunkt in erster Line auf der Erzeugung *abstrakter* Assoziationen. Anbieter von *Dienstleistungen* sollten sich dagegen darauf konzentrieren, die »Realitäten« durch Manipulation der *faßbaren* Symbole zu verstärken und zu differenzieren. Die Steuerung der Symbolisierung steht im Dienstleistungsmarketing an erster Stelle ...

Berry schloß sich dieser Meinung 1980 an, als er schrieb: »Eine der wichtigsten Aufgaben im Dienstleistungsmarketing ist der Einsatz ... materieller Elemente, damit die richtigen Signale für die Dienstleistung ausgesandt werden.«[2] 1985 prägten Upah und Fulton den Begriff »*Situation Creation*«. Darunter verstanden sie die Gestaltung des materiellen Umfelds zur Förderung der gewünschten Meinungen und Verhaltensweisen während einer Servicebegegnung.[3]

Warum widmen wir ein ganzes Kapitel in einem Buch über wirkungsvolles Dienstleistungsmarketing in den 90er Jahren einem Konzept, mit dem sich die Marketingliteratur schon seit zwei Jahrzehnten beschäftigt? Zum einen, weil es sich um ein *zentrales* Konzept im Dienstleistungsmarketing handelt. Würde es in diesem Buch um das Marketing verpackter Waren gehen, dann wäre dies das Kapitel über die Verpackung. Genau wie die Verpackung einer Zahnpasta oder eines Tiefkühlgerichts etwas über das Produkt in der Schachtel aussagt, erzählen die mit einer Dienstleistung verbundenen materiellen Aspekte etwas über den Service.

Zum anderen haben wir dem Thema Symbolsteuerung etwas hinzuzufügen. Ein Großteil der vorhandenen Literatur zu diesem Thema konzentriert sich auf die materiellen Serviceeinrichtungen. Wir beschäfigen uns auch mit diesem Aspekt, weisen aber darüber hinaus auf andere Arten der Symbolisierung hin und erörtern eine breiteres Anwendungsspektrum für dieses Konzept. Wir verwenden die vorhandene Literatur als Ausgangspunkt für Expeditionen ins Neuland.

Die verschiedenen Arten von Symbolen

Welche Symbole ziehen die Kunden zum besseren Verständnis der Dienstleistung heran? Welche Anhaltspunkte sollten Marketingmitarbeiter gezielt einsetzen? Wir schlagen drei Kategorien zur Einteilung der Symbole vor (vgl. Abbildung 6–1): die physische Umgebung, die Kommunikationsmittel und den Preis. Wie die Überschneidungen der Kreise in unserer Abbildung symbolisieren, schließen sich diese Kategorien nicht gegenseitig aus. Preise lassen z.B. andere Schlüsse zu als die technische Ausstattung oder überzeugende Mitteilungen, dennoch werden Informationen darüber in verschiedenen Kommunikationsmedien innerhalb und außerhalb des Serviceumfelds verbreitet.

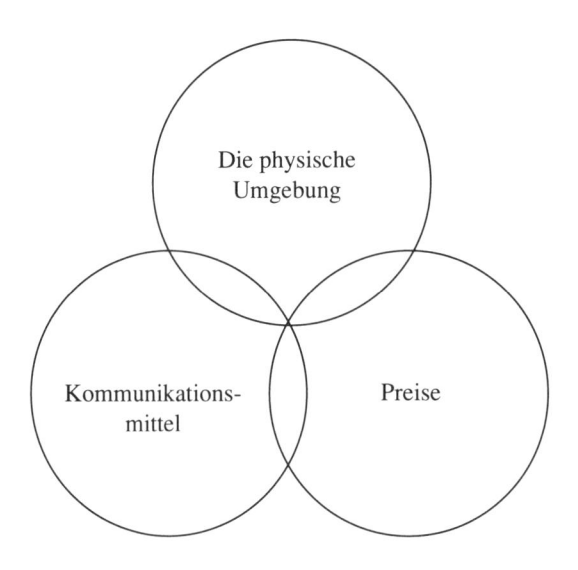

Abbildung 6–1 Die verschiedenen Symbolarten

Die physische Umgebung

Julie Baker, die früher Umweltgestaltung studierte, hat ein nützliches Schema zur Verdeutlichung des Wesens und der Bedeutung physischer Einrichtungen bei der Erbringung von Dienstleistungen entwickelt. Ihr Modell, das in Abbildung 6–2 zu sehen ist, unterteilt die physische Umgebung in drei Grundkategorien: Umgebungsfaktoren, Designfaktoren und soziale Faktoren.[4]

Abbildung 6-2 Komponenten der physischen Umgebung

Umgebungsfaktoren	Rahmenbedingungen unter der unmittelbaren Bewußtseinsebene	• Luftqualität • Temperatur • Feuchtigkeit • Zirkulation/ Ventilation • Geräuschpegel • Geruch • Sauberkeit
Designfaktoren*	Reize auf der oberen Bewußtseinsebene des Kunden	*Ästhetik* • Architektur • Farbe • Größe • Materialien • Beschaffenheit/ Muster • Form • Stil • Zubehör *Funktionalität* • Layout • Komfort • Beschilderung
Soziale Faktoren	Menschen in der Serviceumgebung	*Publikum* (andere Kunden) • Anzahl • Erscheinungsbild • Verhalten *Servicepersonal* • Anzahl • Erscheinungsbild • Verhalten

* innen und außen

Quelle: Nach Julie Baker, »The Role of the Environment in Marketing Services: The Consumer Perspective«, in: John A. Czepiel, Carole Congram und James Shanahan, Hrsg., *The Service Challenge: Integrating for Competitive Advantage* (Chicago: American Marketing Association, 1987), S. 80.

Umgebungsfaktoren. Bei den Umgebungsfaktoren handelt es sich um Rahmenbedingungen, die unter der unmittelbaren Bewußtseinsebene existieren und in der Regel nur dann beachtet werden, wenn sie fehlen oder negative Eindrücke vermitteln. Beispiele sind die Raumtemperatur oder der Geräuschpegel. Da Umgebungsfaktoren in der Regel als Selbstverständlichkeit betrachtet werden, haben sie normalerweise keinen oder einen negativen Einfluß. Mit anderen Worten, wenn sich ein Kunde der Umgebungsfaktoren bewußt wird, dann wird er sich eher ablehnend als interessiert verhalten. Ein Gast könnte z.b. ein bestimmtes Restaurant meiden, weil es dort »laut« ist.

Designfaktoren. Bei Designfaktoren handelt es sich um visuelle Reize, die den Kunden viel eher auffallen als Umgebungsfaktoren. In diesem Fall ist demzufolge die Wahrscheinlichkeit vergleichsweise größer, daß sie eine positive Wahrnehmung und Interesse beim Kunden hervorrufen. Designfaktoren kann man unterteilen in ästhetische Faktoren (z.B. Architektur, Farbe) und funktionale Faktoren (z.B. Layout, Komfort). Designfaktoren sind sowohl im Äußeren als auch im Inneren von Serviceeinrichtungen zu finden.

Eine Dienstleistungsfirma, die Designfaktoren geschickt einsetzt, ist Sewell Village Cadillac in Dallas, einer der erfolgreichsten Cadillac-Händler in den Vereinigten Staaten. Im Gegensatz zur schrillen, aufdringlichen Aufmachung vieler Autohändler entspricht die physische Umgebung bei Sewell Village Cadillac dem anvisierten Markt. Gepflegte Rasenflächen, Bäume, eine breite Einfahrt und eine Markise am Eingang zum Ausstellungsraum sowie ein geschmackvolles Namensschild signalisieren bereits von außen Eleganz und Exklusivität. Wenn sie den Ausstellungsraum betreten, finden die Besucher einen Teppich vor, in den der Kranz und das Wappen von Cadillac eingewebt sind, überall Holzverkleidungen aus Eiche, ledergepolsterte Stühle, drei Williamsburg-Kronleuchter und eine riesige Vase mit frischen Blumen. Die Wände der Toiletten schmücken eine teure Tapete und gerahmte Bilder. Der Fußboden in der Kundendienstabteilung wird jeden Abend geschrubbt. Das Sandstrahlgerät in der Karosseriewerkstatt ist gar mit einem Vakuumschlauch versehen, der den Staub auffängt, bevor er zu Boden fällt.[5]

Die Kundendienstabteilungen bei Sewell Village werden so saubergehalten, daß sie in krassem, deutlich sichtbarem Gegensatz zu den sonst bei Autohändlern üblichen Verhältnissen stehen. Sie symbolisieren ein hohes Serviceniveau und erstklassiges Fachwissen. In seinem Buch *Customers for Life* schreibt der *President* der Gesellschaft, Carl Sewell:

> Wenn wir uns vorstellen, wie unsere Läden aussehen sollten, dann orientieren wir uns immer an dem Beispiel von Disney World. Wir sorgen dafür, daß das Gras immer gemäht wird. Ich wähle jeden Baum und Strauch aus. Und wir sorgen dafür, daß die Gebäude frisch gestrichen sind. Wir versuchen, unsere Niederlassungen sowohl innen wie auch außen in tadellosem Zustand zu halten. (Wir haben sogar eine

Straßenkehrmaschine gekauft, um die Straßen vor unseren Geschäften reinigen zu können.) ... Die Art, wie wir unsere Läden einrichten und präsentieren ... sagt viel aus über unsere Einstellung zu den Kunden und Mitarbeitern.[6]

Soziale Faktoren. Die sozialen Faktoren beziehen sich auf die menschliche Komponente in der physischen Umgebung – auf Kunden und Servicemitarbeiter. Die Anzahl, das Aussehen und das Verhalten von Kunden und Mitarbeitern in der Serviceumgebung kann entweder zur Annäherung oder zur Ablehung führen, je nach den Serviceerwartungen eines bestimmten Kunden. Ein kleiner Lebensmittelladen in New York wurde 1990 landesweit berühmt, da sein Management eine originelle Lösung für das Problem der auf dem Parkplatz herumlungernden jugendlichen Rowdies fand. Der Geschäftsführer installierte Außenlautsprecher und spielte Musik »für Erwachsene«. Die Teenager, die diese Musik haßten, fanden bald einen anderen Treffpunkt. Der Geschäftsführer löste also ein Problem mit sozialen Faktoren, die das für seinen Laden beabsichtigte Image untergruben.

Das Erscheinungsbild der Kundenbediener ist ein besonders kritischer Punkt in der Symbolsteuerung, da die Kunden in der Regel nicht zwischen der Dienstleistung und dem Dienstleister unterscheiden. Wenn ein Kellner einen schmuddeligen Eindruck macht, dann ist in den Augen des Kunden auch das Restaurant nicht sauber. Diese Ansicht vertritt Professor Michael Solomon, wenn er über die »Angestelltenverpackung« schreibt:

> Entscheidend ist, wie ein Produkt präsentiert wird – der einzige Unterschied [bei Dienstleistungen] besteht darin, daß hier Menschen größtenteils für das Produkt stehen, und somit müssen diese Menschen richtig verpackt sein ... Ein Wirtschaftsprüfer in einem grellen Anzug, ein *Maître d'Hôtel* in Jeans, eine Managerin in einem aufreizenden Kleid werden wohl kaum das Vertrauen erwecken, das sie zur Erfüllung ihrer Aufgaben benötigen. Der einzelne versucht, ein bestimmtes Bild zu vermitteln; die Kleidung steht in sichtbarem Gegensatz dazu.[7]

Kein Unternehmen geht mit dem äußeren Erscheinungbild seiner Serviceangestellten geschickter um als Walt Disney World. Alle Mitarbeiter im Vergnügungspark, die mit der Öffentlichkeit zu tun haben (bei Disney »Ensemblemitglieder auf der Bühne« genannt) ziehen jeden Tag frisch gereinigte Kostüme an. Sie betreten ihre Stationen von einer unterirdischen Einrichtung aus (die man sich als »Raum unter der Bühne« vorstellen kann) und erscheinen daher *niemals* ohne Kostüm. Disney setzt die strengsten Normen für das persönliche Erscheinungsbild der Serviceangestellten, auf die wir im Rahmen unserer Studie stießen. (Manche würden von »altmodischer Strenge« sprechen.) Die erlaubte Haarlänge, der Schmuck und die Verwendung von Make-up sowie andere Faktoren des äußeren Erscheinungsbilds sind bei Disney genau vorgeschrieben, und die Einhaltung dieser Regeln wird streng überwacht.

Manche Beobachter halten Disneys Inflexibilität für falsch. Wir meinen, daß Disneys Fähigkeit, ein immer fröhliches, gepflegtes und gut ausgebildetes »Ensemble« einzusetzen, eine maßgebliche Rolle spielt in einem Phantasieland, für dessen Besichtigung täglich 150.000 Gäste einen hohen Eintrittspreis zahlen. Nicht Magie hat das *Magic Kingdom* geschaffen; es ist vielmehr das Produkt harter Arbeit und akribischer Pflege der sichtbaren Symbole, auch wenn sie noch so unbedeutend erscheinen mögen.

Kommunikationsmittel

Auch Kommunikationsmittel geben Aufschluß über den Service. Sie können vom Unternehmen selbst oder von anderen Beteiligten stammen; man findet sie in einer Vielzahl von Medien. Solche Mitteilungen sagen viel über den Service aus – im positiven wie im negativen Sinne. Alle Formen der Kommunikation – von der Rechnung bis zur Werbung, von mündlichen Empfehlungen der Kunden bis zum Firmenschild, von der Mitgliedskarte bis zum persönlichen Verkaufsgespräch – lassen Schlüsse auf den Service zu, die entweder richtig oder falsch sein können. Sie unterstützen entweder die Marketingstrategie eines Unternehmens oder stürzen es in hoffnungsloses Chaos.

Dienstleistungsunternehmen, die Kommunikationsmittel erfolgreich einsetzen, unterstreichen damit vorhandene Symbole und entwickeln neue. Sie machen auf diese Weise sowohl den Service als auch die Werbebotschaft greifbarer. Abbildung 6–3 gibt einen Überblick über die Ansätze, die Servicegesellschaften zum geschickten Einsatz der Kommunikationsmittel wählen können.

Den Service greifbar machen. Manchmal ist es möglich, eine Dienstleistung faßbarer und damit weniger abstrakt zu machen. Man kann hier z.B. *die mit dem Service verbundenen materiellen Aspekte in der Kommunikation so herausstellen, als wären sie die Dienstleistung.* Firmen, die dieses Verfahren anwenden, betonen in ihrer Kommunikationsstrategie eigentlich die materiellen Aspekte der Dienstleistung. Der Fernsehspot von Carnival Cruise Lines entführt die Zuschauer z.B. »auf das Schiff«, zeigt Urlauber, die beim Dinner sitzen, tanzen, auf Deck Spiele veranstalten und

```
                    ┌─────────────────┐
                    │ Kommunikations- │
                    │     mittel      │
                    └────────┬────────┘
              ┌──────────────┴──────────────┐
    ┌─────────┴─────────┐         ┌─────────┴─────────┐
    │    Den Service    │         │   Die Botschaft   │
    │   greifbar machen │         │   greifbar machen │
    └─────────┬─────────┘         └─────────┬─────────┘
    ┌─────────┴─────────┐                   │
┌───┴────┐      ┌───────┴──────┐   ┌────────┼────────┐
│Mit dem │      │ Verwendung   │   │        │        │
│Service │      │ eines        │ ┌─┴──┐  ┌──┴──┐  ┌──┴──┐
│verbund.│      │ greifbaren   │ │Pos.│  │Serv.│  │Kreat│
│materiel│      │ Symbols      │ │Mund│  │gar. │  │Symb.│
│Aspekte │      │ für die      │ │    │  │     │  │     │
│betonen │      │ Dienstleist. │ └────┘  └─────┘  └─────┘
└────────┘      └──────────────┘
```

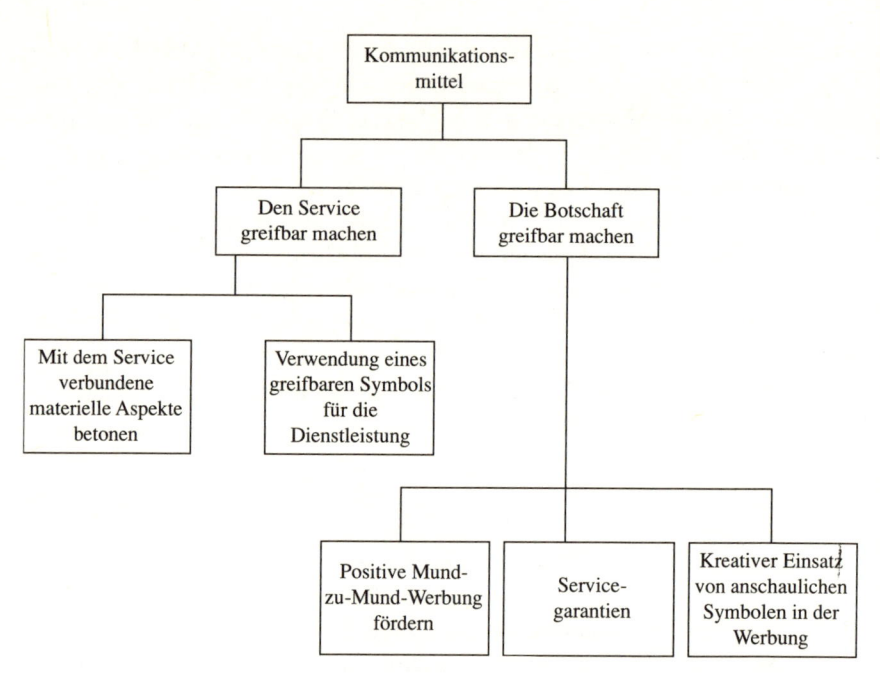

Abbildung 6–3 Rahmen für die Steuerung der Symbolisierung durch Kommunikationsmittel

sich überhaupt königlich amüsieren. Die sichtbaren Merkmale einer Kreuzfahrt werden als Endzweck und nicht als Mittel zum Zweck dargestellt.

Eine zweite Möglichkeit ist die *Verwendung eines greifbaren Symbols für die Dienstleistung*, um so ihre Bedeutung und ihre Vorteile stärker herauszuarbeiten. Die Travelers Company verwendet z.B. in ihrer Versicherungswerbung durchwegs einen auffälligen roten Regenschirm, symbolisiert damit den »Schutz«, den die Versicherung bietet, und setzt sich gleichzeitig von der Konkurrenz ab. McDonald's erfolgreiches Programm für Kinder, »Happy Meal«, ist ein weiteres Beispiel für dieses Verfahren. Ein Hamburger und Pommes frites werden in eigens entworfenen Schachteln verkauft, die mit Spielen, Labyrinthen und Bildern von Ronald McDonald verziert sind. Dadurch verbindet McDonald's Essen und Unterhaltung für eine Zielgruppe, die im Restaurant normalerweise nur schwer zufriedengestellt werden kann.

In diesen Beispielen setzen alle drei Unternehmen – Carnival Cruise, Travelers und McDonald's – materielle Aspekte ein, um die Dienstleistung selbst plastischer und faßbarer erscheinen zu lassen. Die Beispiele unterscheiden sich aber auch voneinander. Carnival Cruise stellt materielle Aspekte heraus, die ein wesentlicher Bestandteil der Dienstleistung sind, während Travelers und McDonald's materielle Symbole für die Dienstleistung kreieren. Das Beispiel McDonald's wiederum unterscheidet sich von Travelers, da der rote Schirm ein rein visuelles Symbol darstellt, Happy Meal dagegen alle Sinne anspricht.

Die Botschaft greifbar machen. Anbieter von Dienstleistungen können auch ihre Servicebotschaft greifbarer machen. Eine Möglichkeit besteht darin, *positive Mund-zu-Mund-Werbung zu fördern.* Wenn ein *Fehlgriff* in bezug auf den Dienstleister mit hohen Kosten verbunden ist, wird der Kunde in seinem Entscheidungsprozeß besonders empfänglich für glaubwürdige mündliche Empfehlungen anderer Kunden sein. Daher befragen Kunden so oft andere um ihre Meinung, bevor sie einen Arzt, einen Rechtsanwalt, einen Automechaniker oder ein Seminar an der Universität auswählen.

Geschickte Marketingfachleute nutzen die Hebelwirkung dieser Neigung der Kunden, sich mündliche Empfehlungen zu Dienstleistungen einzuholen. Die (bereits in Kapitel 5 erwähnte) PHH Corporation erstattet Interessenten sogar die Kosten für Reisen zu zufriedenen PHH-Klienten, damit sie aus erster Hand erfahren, was diese Kunden von PHH halten. Viele Dienstleistungsunternehmen zitieren zufriedene Kunden in ihrer Werbung und kombinieren damit geschickt die konventionelle Werbung mit der Mund-zu-Mund-Propaganda.

Manche Firmen unterstreichen auch die Ernsthaftigkeit ihrer Versprechen durch eine *Servicegarantie.* Seit langem gibt es schon Produktgarantien im Warenmarketing, doch der Gedanke einer Gewähr für Dienstleistungen ist neueren Datums. Er findet aber offenbar rasch immer mehr Anhänger. Dies ist zum Teil zurückzuführen auf einen ausgezeichneten Artikel zu diesem Thema aus dem Jahre 1988, »The Power of Unconditional Service Guarantees«.[8] Die Botschaft, die eine Servicegarantie den Kunden vermitteln soll, ist ganz einfach: »Wenn unser Service nicht erstklassig wäre, könnten wir keine Garantie dafür abgeben.« Für die Mitarbeiter ist die Botschaft vielleicht sogar noch deutlicher: »Wir müssen herausragenden Service leisten, denn wir garantieren ihn.«

Als Bank One aus Columbus, Ohio, 1989 eine notleidende texanische Bank erwarb, befand sie sich plötzlich in einer ungewöhnlichen Situation: Sie mußte aus dem Nichts eine Treuhandgesellschaft aufbauen, denn die entsprechende Abteilung der übernommenen Bank war an ein anderes Institut verkauft worden. Bank One holte einen erfahrenen Vermögensverwalter aus Dallas – einen bärbeißigen, nüchternen, serviceorientierten Mann namens Richard Hart – an die Spitze der neuen Gesellschaft in

Texas. Hart stellte dann einen anderen texanischen Vermögensverwalter, Garrett Jemison, als *Senior Vice President* ein. Gemeinsam beschlossen sie, ihre Marketingstrategie an einer bedingungslosen Servicequalitätsgarantie aufzuhängen. Die Garantie ist keinen einschränkenden Bedingungen unterworfen, leicht einzusehen und zu vermitteln, sinnvoll, rasch zu beanspruchen und leicht und schnell einzulösen – sie weist also die wichtigsten Merkmale einer wirksamen Servicegarantie auf.[9] Der gesamte Text lautet folgendermaßen: »Wenn Sie mit unserer Servicequalität in irgendeinem Jahr nicht zufrieden sind, werden wir Ihnen die gezahlten Gebühren oder jeden von Ihnen für angemessen gehaltenen Prozentsatz davon zurückerstatten.« Auf der Seite steht ansonsten nur noch der Name und die Telefonnummer der Kontaktperson, an die man sich innerhalb von 90 Tagen nach Ablauf des Rechnungsjahres wenden soll. Das ist alles. Keine Bedingungen mit Ausnahme der Frist von 90 Tagen. Keine Haken. Keine Ausnahmen. Eine sehr greifbare Botschaft des neuen Marktteilnehmers.

Eine weitere Möglichkeit, die Botschaft faßbar zu machen, ist der *kreative Einsatz von anschaulichen Symbolen in der Werbung*. In diesem Fall bemühen sich die Marketingfachleute bewußt, ihre Werbung durch die Verwendung sichtbarer Symbole weniger abstrakt und glaubwürdiger zu gestalten. Southwest Airlines, eine der amerikanischen Fluggesellschaften, die immer wieder und wieder in der Gewinnzone liegen und extrem niedrige Tarife bieten, ist hierin wohl unübertroffen. Als Southwest 1990 ihre neue Strecke von Burbank nach Oakland einweihte, lautete eine der Überschriften in ihrer Werbung: »Fliegen Sie mit Southwest nach Oakland, und Sie erhalten 127 Dollar in bar am Flugsteig zurück.« Darunter stand dann unter anderem folgendes: »Bezahlen Sie bei uns einfach die lächerlich hohe Summe von 186 Dollar, die andere regulär für den Normalflug von Burbank nach Oakland verlangen, und wir erstatten Ihnen 127 Dollar am Flugsteig zurück. In jede Richtung.« Als der Erzrivale von Southwest Airlines, America West, sich über die kompromißlose Einstellung der Fluglinie zum Service lustig machte und in seinem Fernsehspot Schauspieler zeigte, die beim Besteigen einer Southwest-Maschine ihr Gesicht verhüllten, antwortete Southwest mit einem Spot, in dem der *Chairman*, Herb Kelleher, sich eine Tüte über den Kopf stülpte. Kellehers plastische Botschaft lautete: »Wenn es Ihnen peinlich ist, mit Southwest zu fliegen, geben wir Ihnen diese Tüte, die Sie sich dann über den Kopf stülpen können. Wenn es Ihnen nicht peinlich ist, können Sie in der Tüte all das Geld nach Hause tragen, das Sie sparen.« An dieser Stelle wird im Spot die Tüte mit Bargeld gefüllt.

Preise

Marketingmanager haben ein besonderes Interesse an der Preispolitik, da die Preise das einzige Element im Marketing-Mix sind, das zu Einnahmen führt; alle anderen Elemente verursachen Kosten. Preise sind jedoch auch aus einem anderen Grund wichtig: Die Kunden verwenden sie als Anhaltspunkt für das Produkt. Der Preis kann das Vertrauen der Kunden in ein Produkt verstärken – oder verringern. Preise können Kundenerwartungen erhöhen (»Wenn das so teuer ist, dann sollte es auch gut sein.«) oder mindern (»Man bekommt das, wofür man bezahlt.«).

Die richtige Preisgestaltung ist besonders bei den immateriellen Dienstleistungen wichtig, da hier die sichtbaren Aspekte noch mehr Bedeutung für die Kaufentscheidung der Kunden gewinnen. Der Preis ist ein faßbarer Anhaltspunkt für Serviceniveau und Servicequalität.

Zu niedrige Preise. Anbieter von Dienstleistungen, die ihre Preise zu niedrig ansetzen, können dadurch möglicherweise ihren Service in den Augen der Kunden entwerten. Die Kunden fragen sich, wieviel Fachwissen und Fähigkeiten wohl hinter einem so billigen Service stehen mögen. Ein interessantes Phänomen im Marketing ist die Tatsache, daß Unternehmen, deren Qualität als miserabel oder mittelmäßig gilt, tatsächlich sich an niedrige Preise klammern, um diese Mängel wettzumachen. Diese Strategie funktioniert in den meisten Fällen nicht, weil Preis und Wert nicht gleichzusetzen sind. Der Wert ist der Gesamtnutzen, den der Kunde für die ihm entstandenen »Gesamtkosten« erhält. Der Preis ist nur ein Element der Gesamtkosten. Bei einem Einzelhändler, bei dem zwar die Preise niedrig, aber auch das Servicepersonal unaufmerksam und inkompetent und der Laden chaotisch und schmutzig sind, entstehen vielen Kunden (und Ex-Kunden) tatsächlich »hohe Kosten«.

1990 war der Gegensatz zwischen Southwest Airlines und Continental Airlines augenfällig. Beide Fluglinien setzen billige Tarife aggressiv als Marketingwerkzeug ein. Southwest gilt als effiziente, zuverlässige Gesellschaft, die keine Extras bietet, bei der aber das Fliegen »Spaß macht«. Pünktlichkeit ist ein Markenzeichen dieser Fluglinie; ihr Ruf in puncto Sicherheit einzigartig in der US-Luftfahrtindustrie. Der Service des Kabinenpersonals dieser Gesellschaft, die als »Luv Airline« (Liebeslinie) auf den Markt trat, ist von Fröhlichkeit und Witz geprägt.

Southwest kann niedrige Tarife anbieten, weil bestimmte übliche Serviceleistungen wie z.B. Gepäckumladung zu anderen Gesellschaften, Sitzplatzreservierung und das Servieren von Speisen nicht in seinem Programm enthalten sind. Bei diesen und anderen Serviceleistungen macht Southwest Kompromisse, nicht aber bei der Qualität der angebotenen

Dienstleistungen. Unter dem Strich gewinnt Southwest damit viele fanatisch anhängliche Kunden, die diese Kombination aus stets konsequent niedrigen Preisen *und* Qualitätsservice als echten Wert betrachten.

Continental Airlines dagegen sitzt zwischen zwei Stühlen: »Vollservice«- oder Diskontfluglinie. Continental möchte volle Preise verlangen, bietet aber häufig Rabatte, weil die Gesellschaft andernfalls ihre Maschinen nicht füllen könnte. Die ehemals große und stolze Linienfluggesellschaft geriet 1983 in Trudeln, als sie Konkurs anmeldete, um ihre Arbeitsverträge außer Kraft zu setzen und so die Lohnkosten zu senken. Die daraus resultierende Feindseligkeit zwischen der Geschäftsleitung und den Arbeitnehmern machte jede realistische Hoffnung auf eine baldige Verbesserung des Service zunichte. 1986 schlug dann Texas Air (die Muttergesellschaft von Continental, die jetzt Continental Airlines Holdings Inc. heißt) einen Akquisitionskurs ein, kaufte People Express und Frontier Airlines auf – zwei ungleiche, notleidende Fluggesellschaften – und versuchte, sie Continental einzuverleiben. Im gleichen Jahr erwarb Texas Air auch Eastern Airlines, eine weitere Gesellschaft, die mit schwerwiegenden Problemen zu kämpfen hatte und 1991 ihren Betrieb einstellte. Continental erlebte unmittelbar nach diesen Akquisitionen gravierende Serviceprobleme und vertrieb so die vielfliegenden Geschäftsleute. Die Imageprobleme haften der Gesellschaft bis heute an.

Unserer Ansicht nach entspricht die Preispolitik von Southwest Airlines ihrer strategischen Position; die von Continental dagegen ist das Ergebnis der eigenen Schwierigkeiten. Die niedrigen Preise von Southwest stellen für Passagiere, die mit einem schlichten Service zufrieden sind, einen Wert dar und geben jenen, die anderer Meinung sind, zu verstehen, daß sie nicht mit dieser Gesellschaft fliegen müssen. Die Preispolitik von Southwest gibt klare, eindeutige Anhaltspunkte. Andererseits vermitteln die vielen Sonderpreisaktionen von Continental den Passagieren ein verwirrendes Bild. Ist das eine Fluggesellschaft für Manager oder eine für College-Studenten und Familien, die billig fliegen wollen? Continental verwendet seine Preise als Krücke, und die Preisgestaltung läßt keine eindeutigen Schlüsse zu.

Zu hohe Preise. Auch zu hohe Preise können die Kunden zu falschen Schlüssen verleiten. Ein Preis, der ihnen »überhöht« erscheint, kann den Eindruck vermitteln, daß der Wert nicht stimmt, mangelndes Interesse an den Kunden besteht oder daß man sie »ausnehmen« will. Die amerikanischen Kfz-Versicherer sind ein gutes Beispiel. Sie vermarkten eine Dienstleistung, die den Kunden vor allem dann bewußt wird, wenn sie ihre Prämienrechnung erhalten oder einen Unfall haben. Daher müssen diese Versicherungen schon bereits vor Festsetzung ihrer Prämien gegen ein schlechtes Image in der Öffentlichkeit ankämpfen. Dennoch meint offenbar die Mehrheit der amerikanischen Autofahrer, daß Kfz-Versicherer überhöhte Preise verlangen, und ärgert sich darüber.

In einer 1990 von Maritz Marketing Research durchgeführten Verbraucherumfrage hielten 63 Prozent der Amerikaner die Tarife in der Kfz-Versicherung für zu hoch. Beunruhigenderweise vertraten 61 Prozent der Befragten die Ansicht, der Staat solle hier strengere Vorschriften erlassen, um faire Verhaltensweisen und gerechte Preise zu garantieren.

Führungskräfte aus dieser Branche argumentieren vielleicht, daß die wahren Schuldigen für die hohen Prämien eine immer prozeßfreudigere Gesellschaft und laxe Gesetze in bezug auf Trunkenheit am Steuer seien. Wir sind jedoch anderer Meinung. Die Untersuchung von Maritz zeigt deutlich, daß viele Versicherungsnehmer ihre Prämien als unangemessen hoch *einstufen*. Und diese Wahrnehmung beeinflußt ihre Ansichten und ihr Verhalten.

Preise sagen genauso etwas über die Dienstleistung aus wie die physische Umgebung und die Kommunikationsmittel des Unternehmens. Preise können auf ein Minimum an Service oder auf viele Extras hinweisen; sie können für eine klare oder eine verwirrende strategische Positionierung stehen; sie können den Eindruck erwecken, daß dem Unternehmen das Wohl des Kunden am Herzen liegt oder daß es sich keinen Deut darum schert. Der richtige Preis für eine Dienstleistung schlägt sich heute nicht einfach nur in den Einnahmen nieder. Er muß auch die richtige Servicebotschaft vermitteln. Preise haben Symbolcharakter.

Aufgaben von Symbolen

Nach dieser Beschreibung der verschiedenen Arten von Symbolen (physische Umgebung, Kommunikationsmittel und Preise) wenden wir uns nun ihren Aufgaben zu. Die Symbolsteuerung dient mit Sicherheit in erster Linie der Unterstützung der Marketingstrategie eines Unternehmens. Alle anderen, in diesem Abschnitt erörterten Aspekte tragen zu dieser übergeordneten Rolle bei. Bei der Entwicklung einer Marketingstrategie für Dienstleistungen sollte man sich insbesondere überlegen, wie die Manipulation des Materiellen den Kunden und Angestellten ein Bild von der Strategie vermitteln kann und welche Gefühle und Reaktionen man bei Klienten und Beschäftigten hervorrufen möchte.

Der Gedanke, daß Symbole sowohl bei den Kunden als auch bei den Arbeitnehmern geschickt eingesetzt werden sollten, mag ungewöhnlich erscheinen. Wir halten ihn dennoch für äußerst wichtig. Servicemitarbeiter verkaufen und verrichten nicht nur Dienstleistungen – für viele Kunden *verkörpern* sie diese Leistungen. Daher muß das Unternehmen unbedingt sicherstellen, daß seine Mitarbeiter den Service und die Servicestrategie *verstehen* und *unterstützen*. Auch Kundenbetreuer müssen sich die immaterielle Dienstleistung vorstellen können. (Wir werden auf diesen Punkt im folgenden noch genauer eingehen. In Kapitel 9 beschäftigen wir uns dann mit dem weiterführenden Thema der Mitarbeiter als Kunden.)

Materielle Aspekte können die Gesamtstrategie im Dienstleistungsmarketing verstärken oder unterminieren. Bespielsweise verwendet Qantas Airlines, die nationale Fluggesellschaft Australiens, konsequent in ihrer Werbung einen Koalabären und unterstreicht damit, daß sie Australien anfliegt und sich dort auskennt. Andererseits untergraben viele der materiellen Symbole in amerikanischen Einkaufszentren die Strategie, ältere Kunden anzuziehen, deren Kaufkraft am höchsten ist. Die Beraterin Francesca Turchiano schreibt dazu in der Zeitschrift *American Demographics* vom April 1990:

> Die immateriellen Eigenschaften, die viele Erwachsene fortgeschrittenen Alters suchen, findet man nicht unbedingt in einem Einkaufszentrum ... Die Toiletten sind oft schwer zu finden; Sitzgelegenheiten sind rar (um Teenager vom Herumlungern abzuhalten); die Übersichtspläne sind oftmals veraltet und in kleiner Schrift gedruckt; das Verkaufspersonal ist vielfach unterbezahlt, ungenügend ausgebildet, unfreundlich und unpersönlich. Die Tatsache, daß unverhältnismäßig viele Geschäfte im Einkaufszentrum Bekleidung und andere nur für jüngere Frauen geeignete Waren anbieten, verbessert die Situation auch nicht gerade.

Verschiedene untergeordnete Aufgaben können zu dieser unterstützenden Rolle der Symbolsteuerung in der Markctingstrategie beitragen. Je nach Sachlage können Marketingmanager Symbole einsetzen für einige oder alle der folgenden Aufgaben, die sich nicht gegenseitig ausschließen:

- Vermittlung eines ersten Eindrucks
- Vertrauensbildende Maßnahmen
- Förderung von Qualitätsservice
- Imageveränderung
- Unterhaltungsangebot
- Sozialisation der Mitarbeiter

Wie die Grafik in Abbildung 6–4 zeigt, können diese Aufgaben dann wirksam erfüllt werden, wenn sie mit der Marketingstrategie des Unternehmens übereinstimmen und sie verstärken.

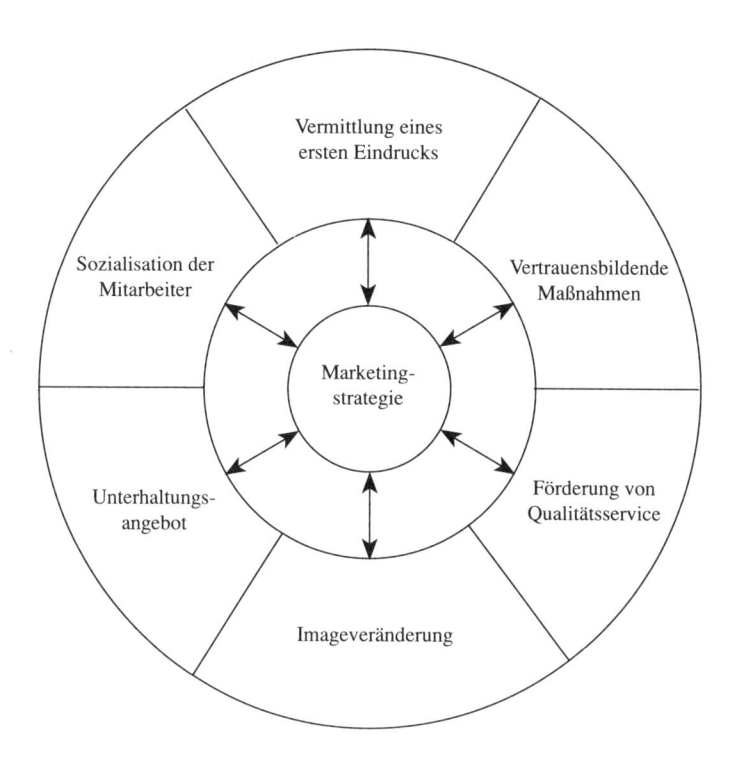

Abbildung 6–4 Bezug zwischen den Aufgaben der Symbole
und der Marketingstrategie

Vermittlung eines ersten Eindrucks

Materielle Aspekte können Kunden, die wenig oder keine Erfahrung mit dem Unternehmen gemacht haben, in außergewöhnlichem Maße beeinflussen. In Ermangelung anderer Informationen über eine Dienstleistung stützen sich Kunden sehr auf sichtbare Symbole. Davon spricht Professor Jean-Charles Chebat von der Université de Quebec in Montreal: »Je erfahrener ein Kunde ist, desto weniger empfänglich ist er für die greifbaren Dimensionen.« Professor Mary Jo Bitner von der Arizona State University nennt als Beispiel den Einfluß der Kanzleieinrichtung, der Ausstattung und der Kleidung eines Rechtsanwalts auf die Meinung potentieller Klienten über seine Erfolgsrate, sein Preisniveau und seine Vertrauenswürdigkcit.[10]

Die bekannte Immobiliengesellschaft Coldwell Banker stellt ihren Partnern für den Verkauf von Wohnungen und Häusern eine Reihe von gedruckten Materialien zur Verfügung, mit deren Hilfe sie Kunden gewinnen können. Das *Best Seller System* von Coldwell Banker wurde für Kunden entwickelt, die Immobilien verkaufen wollen. (Für Kaufinteressenten gibt es übrigens auch ein *Best Buyer System*.) Das *Best Seller System* umfaßt z.B.:

- den *Best Seller Listing Presentation Guide* – einen Führer, der Antworten auf die Fragen liefert, die Verkäufer am häufigsten bei der Wahl eines Immobilienmaklers stellen,
- den *Best Seller Action Plan* – einen auf die einzelnen Immobilien zugeschnittenen Marketingplan,
- die *Best Seller Marketing Services Guarantee* – eine schriftliche Garantie, daß bestimmte Maßnahmen zur Vermarktung der Immobilie vorgenommen werden,
- den *Best Seller Home Enhancement Guide* - einen Führer mit Vorschlägen und Arbeitsblättern zur Verschönerung des Hauses.

Alle diese Materialien helfen den Maklern, dem Interessenten beim ersten Kontakt den Eindruck von Kompetenz, Engagement und persönlichem Service zu vermitteln. Die gedruckten Materialien verstärken das mündliche Versprechen. Jack Hull, pensionierter Direktor von Coldwell Banker Residential Sales, der landesweit für das Marketing zuständig war, meint: »Es gibt wenige faßbare Mittel, die einem beim Kauf oder Verkauf eines Hauses helfen können. Wir haben das *Best Seller System* und das *Best Buyer System* entwickelt, um unseren Partnern im Verkauf die Möglichkeit an die Hand zu geben, ihre Arbeit den Verkaufs- und Kaufinteressenten gegenüber plastisch darzustellen. Diese Systeme lüften für den Kunden weitgehend den Schleier des Geheimnisvollen, der diese Art von Geschäften umgibt.«

Vertrauensbildende Maßnahmen

Diese beiden Systeme von Coldwell Banker helfen, einen ersten Eindruck zu vermitteln, da sie vertrauenerweckend wirken. Das Unternehmen verwendet greifbares gedrucktes Informationsmaterial, um dem Kunden zu zeigen, was er tun soll und was ihm das Unternehmen bietet. Für ein wirksames Dienstleistungsmarketing ist es wichtig, daß man das Vertrauen der Kunden gewinnt, da diese in der Regel eine Leistung kaufen müssen, bevor sie sie erleben. Gene Arbaugh von der PHH Corporation formuliert das so: »Das Schwierigste beim Dienstleistungsmarketing ist die Tatsache, daß man etliche Versprechen verkauft, die irgendwann in der Zukunft eingelöst werden müssen.«

P. Anne van't Haaff, Qualitätschef bei der KLM Royal Dutch Airlines, unterstreicht die Wichtigkeit vertrauensbildender Maßnahmen, wenn er in bezug auf Dienstleistungen von »der Katze im Sack« spricht:

> Der einzelne kann unmöglich wissen, wie das jeweilige System funktioniert. Wir müssen uns auf die Zuverlässigkeit unserer Computer, Autos oder Flugzeuge verlassen. Wir erwarten, zusammen mit unserem Gepäck pünktlich anzukommen. Wir erwarten, daß das Licht angeht, wenn wir einen Schalter betätigen. Wir können nur darauf vertrauen, daß unsere Erwartungen erfüllt werden, da wir als einzelne Kunden oder Benutzer keinen Einfluß auf das Verfahren haben. Wir wissen uns oft nicht zu helfen, wenn etwas schiefläuft. Die Gesellschaft, in der man die Katze im Sack kaufen muß, basiert auf Vertrauen.[11]

Professor Evert Gummesson vom Serviceforschungszentrum der Universität Karlstad in Schweden schlägt vor, die Sichtbarkeitsschwelle der Dienstleistungen zu verschieben, um dem Kunden zu zeigen, wie die Serviceleistung wirklich aussieht. Lexus erlaubt seinen Kunden einen »Blick hinter die Kulissen«, indem das Unternehmen seine Händlerniederlassungen mit einem großen Fenster ausstattet, durch das man die Werkstattplätze sieht. Das Fenster zeigt den Kunden, daß das Unternehmen stolz auf die Arbeit seiner Kundendiensttechniker ist.

Die Restaurantkette Benihana of Tokyo erzielt ähnliche Ergebnisse, indem sie die Zubereitung der Speisen, die traditionell im Verborgenen abläuft, zu einer Art Theateraufführung vor den Augen der Kunden macht. Bei Benihana kommt der Koch an den Hibachi-Tisch, an dem die Gäste sitzen, verbeugt sich, stellt die Zutaten für die Speisen ab, fragt die Gäste, wie sie ihr Mahl zubereitet haben möchten, schneidet die Zutaten mit theatralischen Gesten in mundgerechte Stückchen und bereitet die Speisen unter möglichst viel Gebrutzel zu.

Coldwell Banker, Lexus und Benihana geben durch das Materielle mehr Aufschluß über den Service. Sie versuchen, das Vertrauen der Kunden zu gewinnen, indem sie ihnen mehr Informationen und Aufschluß über ihre Dienstleistungen geben als die Konkurrenz. Sie wecken also das Vertrauen der Kunden, indem sie »die Katze aus dem Sack« lassen.

Förderung von Qualitätsservice

Der geschickte Einsatz materieller Aspekte spielt auch eine Rolle bei der Wahrnehmung der Servicequalität durch die Kunden. Wie wir bereits erwähnten, ist das Materielle eine prozeßorientierte Dimension, d.h. die

Kunden beurteilen seine Qualität *während* der Dienstleistung. Die materiellen Aspekte der Servicebegegnung ermöglichen den Anbietern, andere Aspekte der Servicequalität durch ein qualitativ hochwertiges Erscheinungsbild zu unterstreichen. Ein »qualitativ hochwertiges Erscheinungsbild« muß nicht unbedingt »teuer« oder »elegant« sein. Wir meinen damit, daß man auf grundlegende Merkmale wie Sauberkeit, Ordnung und kundenfreundliche Systeme achten sollte. Außerdem sollte man Symbole einsetzen, die auf den Zielmarkt und die gesamte Marketingstrategie zugeschnitten sind.

Professor Mary Jo Bitner zeigte in einer experimentellen Studie Reisenden eine Broschüre, in der ein Fall beschrieben war, wie ein Kunde im Reisebüro sich nach dem niedrigsten Tarif für einen Flug zwischen zwei Städten erkundigt. In der Maschine erfährt der Passagier, daß ein anderer Fluggast weniger bezahlt hat als er. Es wurden zwei verschiedene Versionen dieser Broschüre gedruckt. Sie stimmten überein bis auf ein Photo, das die Mitarbeiterin des Reisebüros am Schreibtisch zeigte. Auf dem einen Photo sah man sie in einer sauberen und ordentlichen Umgebung; in der anderen Broschüre herrschte im Büro ein heilloses Durcheinander. Die Befragten, denen man die Broschüre mit dem chaotischen Arbeitsplatz zeigte, gaben eher dem Reisebüro die Schuld für den mangelhaften Service und hielten es für wahrscheinlicher, daß das gleiche Problem wieder auftreten könnte.[12]

Die Kinderärztin Laura Popper aus Manhattan setzt das Materielle geschickt ein, um ein Bild von Qualitätsservice zu vermitteln. Die Wände im Warteraum ihrer Praxis sind leuchtend weiß gestrichen und mit erdbeerroten Verzierungen abgesetzt. Statt des üblichen Arztkittels trägt sie bunte Kleidung und immer Hosen, weil man »darin phantastisch mit den Kindern auf dem Boden herumkriechen kann.« Dr. Popper sagt: »Als ich meine Praxis einrichtete, habe ich lange darüber nachgedacht, wie mein Sprechzimmer aussehen soll. Ich wollte, daß die Patienten sich hier wohl und gut aufgehoben fühlen. Meine Praxis sollte zeigen, wer ich bin und was ich den Menschen geben möchte. Mein Sprechzimmer ist ein einziges Spielzeugland. Die Kinder weinen, wenn sie heimgehen müssen.«

Qualitätsverbesserungen durch materielle Mittel bedeuten, daß man auf die kleinsten Einzelheiten achten muß, von denen die Konkurrenz meint, sie wären belanglos und eine Investition nicht wert. Doch es sind diese sichtbaren Details, die zusammen genommen den Kunden deutlicher zeigen können, daß das Unternehmen kompetent ist und daß ihm das Wohl der Kunden am Herzen liegt. Russell Vernon, *President* von West Point Market, einem hochgelobten Lebensmittelgeschäft in Akron, Ohio, schmückt seine Anrichten mit frischen Blumen. Robert Onstead, Mitbegründer und *Chairman* von Randall's Food and Drug, einer in Houston beheimateten Supermarktkette mit mehr als 40 Läden, besteht auf Schrägparkplätzen vor seinen Geschäften, da sie den Kunden das Ein- und Ausparken erleichtern. Onstead beleuchtet auch seine Parkplätze viel heller als vorgeschrieben, damit sich die Kunden sicherer fühlen, wenn sie nach Einbruch der Dunkelheit seine Läden aufsuchen. Disney verkauft in seinen Vergnügungsparks keinen Kaugummi, da Kaugummiflecken auf dem Pflaster nicht zu dem Erscheinungsbild eines Phantasielandes passen.

Imageveränderung

Geschickter Einsatz von Symbolen ist eines der wichtigsten Mittel zum Erfolg für Dienstleistungsunternehmen, die ihr Image verändern wollen. Ein Imagewandel ist immer eine Herausforderung, da man bestehende Meinungen korrigieren muß und nicht einfach nur etwas Neues schaffen kann. Bei den immateriellen Dienstleistungen ist diese Herausforderung noch größer. Da Servicefirmen kein greifbares Produkt zur Verfügung steht, das als zentraler Träger der neuen Botschaften dienen kann, müssen sie für diesen Zweck andere materielle Aspekte als Ersatz finden. Mündliche Erklärungen allein reichen nicht aus, wenn man die Öffentlichkeit davon überzeugen will, daß eine Organisation jetzt anders ist als früher. Die Botschaft des Wandels muß auch sichtbar sein.

Ein Beispiel sind die Girl Scouts of the U.S.A., eine Organisation, die in den 70er Jahren nicht mehr der wachsenden kulturellen Vielfalt und dem Karrierebewußtsein der Mädchen in Amerika entsprach. 1970 hatten die Girl Scouts of the U.S.A. 3,9 Millionen Mitglieder; 1976, als Frances Hesselbein die Leitung dieser Organisation übernahm, war die Zahl auf 3,16 Millionen gefallen. Hesselbeins Ziel war es, die Dienstleistung an den Markt anzupassen und sicherzustellen, daß dem Markt dieser Wandel nicht entging. Die Steuerung der sichtbaren Anhaltpunkte spielte dabei eine wesentliche Rolle. Unter Hesselbeins Führung beauftragte die Organisation die Modedesigner Bill Blass und Halston damit, schickere Uniformen für die Erwachsenen zu entwerfen, suchte schwerpunktmäßig nach erfolgreichen weiblichen Rollenvorbildern in der Geschäfts- und Berufswelt, die als Gruppenleiter und Freiwillige Dienst tun sollten, und veröffentlichte Handbücher in zusätzlichen Sprachen.

Frances Hesselbein unterstützte den Imagewandel der Girl Scouts mit visuellen Symbolen. Sie schuf ein plastisches Bild von ihrer Vorstellung der neuen Girl Scouts of the U.S.A., und sie beließ es dabei nicht bei Worten. Ihre Bemühungen haben sich ausgezahlt. Nach den drastischen

Einbrüchen in den 70er Jahren hat sich die Mitgliederzahl Anfang der 90er Jahre bei knapp über drei Millionen eingependelt.

Unterhaltungsangebot

Eine weitere Möglichkeit, Symbole geschickt einzusetzen, ist Marketing durch Unterhaltungsangebote. Verkaufsförderer, die Mittel der Unterhaltung einsetzen, wollen das Konsumerlebnis des Kunden um eine neue, aufregende und vergnügliche Dimension bereichern. Sie setzen auf den Reiz des Ungewöhnlichen; sie greifen die Langeweile der Kunden frontal an; sie sehen das Serviceumfeld als Bühne und die Verrichtung der Dienstleistung als Theaterstück.

Die neueren Disney-Hotels in Orlando, das Walt Disney World Swan Hotel (auf dessen Dach sich zwei 28 Tonnen schwere Schwäne befinden) und das Walt Disney World Dolphin (gekrönt von Betondelphinen) verdeutlichen, was das Unternehmen unter der sogenannten »Unterhaltungsarchitektur« versteht. Diese Hotels, die der postmodernistische Architekt Michael Graves entwarf, führen die Phantasiewelt des Vergnügungsparks weiter und hinterlassen bei den Gästen einen tieferen und umfassenderen Eindruck von Disney World als saubere und moderne, aber ansonsten nüchterne Hotels. Beide Hotels sind reichlich mit kreativem Beiwerk und visuellen Spielereien versehen (im Swan stehen in der Halle z.B. zweidimensionale Topfpalmen) und durch einen mit Zeltplane überdachten Steg über einen See miteinander verbunden. Es handelt sich hier lediglich um die ersten Hotels aus einer Reihe charakteristischer Gebäude, die Disney bei bekannten Architekten in Auftrag gegeben hat.

Die Architektur kann wertvolle Hilfe bei der sichtbaren Unterstützung einer auf die Sinne ausgerichteten Marketingstrategie leisten, aber sie ist nicht das einzige – und nicht unbedingt das beeindruckendste – Hilfsmittel. Sie ist die äußere Hülle und vermittelt erste Anhaltspunkte. Die weiteren Verpackungsschichten – das Ambiente, die Kundensysteme, das Erscheinungsbild und die Haltung der Mitarbeiter – müssen die gleiche Botschaft widerspiegeln, sonst wird sie unglaubwürdig.

Stew Leonard's, das berühmte Lebensmittelgeschäft, das in seinem Hauptladen in Norwalk, Connecticut, pro Quadratmeter nahezu 36.500 Dollar Umsatz erzielt, ist ein Unternehmen, das seinen Zauber größtenteils im Ladeninneren offenbart. Die Familie von Stew Leonard hat ihre Kunden gern, und die Inneneinrichtung ist von dieser Haltung geprägt – sie wird in einem Feuerwerk aus Bildern, Tönen und Gerüchen lebendig.

Bei Stew Leonard's wird die Liebe zum Kunden überall deutlich: Als

Zeichentrickfiguren verkleidete Mitarbeiter wandern durch die Gänge, schütteln den Kunden die Hand, lassen sich fotografieren und verteilen kostenlose Proben; Roboter bringen den Kunden, die mit ihren Einkaufswagen vorbeikommen, ein Ständchen; eine mechanische Kuh muht, wenn ein kleines (oder ein großes) Kind auf ihre Schnauze drückt (was 1000mal täglich vorkommt); die Kassen sind in der Regel überbesetzt (»Wir warten lieber, als daß wir unsere Kunden warten lassen,« meint der *President* des Unternehmens Stew Leonard, Jr.); an jeder Kasse steht eine große Lampe, die blinkt, sobald ein Kunde mehr als 100 Dollar ausgibt – und damit einen halben Liter Eiscreme als kostenlose Zugabe bekommt. Das alles – und noch viel mehr – führt zu dem, was Stew Leonard, Jr. den »WOW-Faktor« nennt. Er sagt:

> Mit Hilfe des »WOW-Faktors« wollen wir eine Einkaufswelt schaffen, die den Kunden tatsächlich veranlaßt, »WOW!« zu sagen. Der »WOW-Faktor« ist der Versuch, dem Kunden das Einkaufserlebnis zum Vergnügen zu machen. An Feiertagen engagieren wir eine Live-Band, die im Laden spielt. Viele kostenlose Proben und ein Personal, das gleichmäßige und echte Freundlichkeit ausstrahlt, bringen die Kunden dazu, wirklich »WOW!« zu sagen.
>
> Ein Kunde kam zu uns und sagte, er habe für 34 Dollar frischen Hummer gekauft, habe ihn aber nicht essen können, da die Schalen zu dick gewesen seien. Er erhielt sofort seine 34 Dollar in bar zurück. Er sagte: »WOW! So wird man in anderen Lebensmittelgeschäften nicht behandelt!« Nur glückliche Kunden kommen wieder. Viele Kunden betrachten Lebensmitteleinkäufe als notwendiges Übel. Unser Ziel ist es, ihnen Unterhaltung zu bieten, damit sie ihre Kinder zur Tierfarm mitbringen und den Einkauf als Familienausflug betrachten.

Sozialisation der Mitarbeiter

Dienstleistungen sind für die Angestellten genauso immateriell wie für die Kunden. Man kann mit Hilfe von Symbolen die Marketingstrategie auch unterstützen, indem man sicherstellt, daß diese Anhaltspunkte den Mitarbeitern das richtige Bild vermitteln, so daß sie die Strategie umsetzen können. Dies beabsichtigt der Chef von Disney, Michael Eisner, zum Teil mit dem aktiven Einsatz der Architektur als Marketingwerkzeug. Im *New York Times Magazine* vom 8. April 1990 wird Eisner so zitiert: »Unsere eigenen Leute müssen ausgebildet werden. Unsere eigenen Leute müssen sich bei jedem Handgriff fragen: ›Hat das den richtigen Schliff? Trifft das den richtigen Geschmack?‹«

Mit Hilfe der materiellen Aspekte können die Marketingexperten den Mitarbeitern mehr über die Dienstleistung und ihren Nutzen beibringen, das Verhalten der Beschäftigten im Umgang mit Kunden lenken und ihrer Sorge um das Wohl und die Bequemlichkeit der Belegschaft Ausdruck verleihen. Coldwell Banker z.B. gibt seinen Maklern ein faßbares System zur Vorbereitung eines auf den Kunden zugeschnittenen Marketingplans für Immobilien an die Hand und erhöht damit die Wahrscheinlichkeit, daß die Makler tatsächlich einen solchen Plan ausarbeiten. Die Veröffentlichung von Verbesserungsvorschlägen für die Objekte der Kunden vermittelt den Maklern die gleichen Ideen. Mit seiner mechanischen Kuh, den singenden Robotern und den Zeichentrickfiguren schafft Stew Leonard's nicht nur für die Kunden, sondern auch für die Angestellten eine beschwingte Atmosphäre. Die bedingungslose Servicegarantie der Vermögensverwaltung der texanischen Bank One erinnert ihre eigenen Mitarbeiter ständig daran, wie wichtig es ist, alle Kunden unverzüglich zurückzurufen, sich auf Kundenbesuche gut vorzubereiten und alle Dokumente auf Fehler durchzulesen.

Mit unserer ehemaligen Studentin Julie Baker haben wir die Reaktionen von Kunden und Mitarbeitern auf die Ausstattung von Bankniederlassungen empirisch untersucht. Wir stellten fest, daß die Beschäftigten die Bedeutung der Umgebung in der Zweigstelle insgesamt höher einschätzen als die Kunden. In beiden Gruppen lag die Wertung für die physische Umgebung in der oberen Hälfte einer Skala mit sieben Punkten. Es überrascht aber nicht, daß die Wertung der Arbeitnehmer höher lag, denn sie verbringen ja mehr Zeit in der Serviceeinrichtung als ihre Kunden.[13]

Unsere Forschungarbeiten deuten darauf hin, daß die materiellen Faktoren in der Arbeitswelt den Mitarbeitern signalisieren, welches Interesse die Geschäftsführung ihnen entgegenbringt. Wie das folgende Zitat aus Carl Sewells Buch zeigt, kann selbst der aufgeklärteste Manager die negative Wirkung unbeabsichtigter Symbole auf die Beschäftigten unterschätzen:

> Wir hatten früher einen Umkleideraum für unsere Techniker, der ziemlich häßlich war, und ich werde niemals vergessen, wie ich zu einem Essen für unsere Techniker kam und unser leitender Mann Sam McFarland zu mir herüberkam und sagte: »Carl, Sie kümmern sich vielleicht um Ihre Kunden, aber manchmal vergessen Sie Ihre Angestellten. Haben Sie unsere Toiletten gesehen? *Meinen Sie vielleicht, bei uns zu Hause sieht es so aus?*« Das war vielleicht beschämend. Eine Woche später waren die Schreiner bei der Arbeit; wir rissen alles heraus, bauten um und brachten die Sache in Ordnung.[14]

Abbildung 6–5 Geschickter Einsatz von Symbolen bei West Point Market

Die Steuerung der mit einer Dienstleistung verbundenen materiellen Aspekte beginnt mit der direkten Beteiligung und dem Engagement der Führungsspitze. Dies ist nicht einfach, billig oder schnell zu erreichen, sondern eine kontinuierliche Einstellung, die Tag für Tag das Unternehmen durchdringt, jeden einzelnen Mitarbeiter verpflichtet und die gesamten Ressourcen des Unternehmens zur Zufriedenstellung der Kunden einsetzt.

Für mich als President von West Point Market bedeutet die Steuerung der materiellen Aspekte, daß ich mich in den Laden stelle, den Kunden behilflich bin, ihre Lebensmittel verpacke und zum Wagen trage. Die Einstellung der Geschäftsleitung zum Service zeigt allen Mitarbeitern, wie wichtig die Kunden sind. Der Chef muß mit gutem Beispiel vorangehen und so die Führung übernehmen.

Steuerung der materiellen Aspekte heißt, daß unsere Lastwagen sauber und technisch in einwandfreiem Zustand sind, damit wir Lieferungen pünktlich ausführen können. Die Wagen werden so zu einem Symbol für die hohe Produkt- und Servicequalität unseres Unternehmens.

Es bedeutet, daß ich jeden Montag mit drei Mitarbeitern frühstücke und wir dabei über meine Vorstellung von der Kundenpflege und dem Umgang mit unseren Kunden sprechen. Bei 111 Assoziierten brauche ich dafür fast ein Jahr. Wenn sie den Frühstückstisch verlassen, kennen sie alle meine persönlichen Erfahrungen und Einstellungen in bezug auf den Dienst am Kunden und wissen, welch maßgebliche Rolle das für den Erfolg unseres Unternehmens spielt.

Es heißt, daß wir Mini-Einkaufswagen »nur für unsere kleinen Kunden« bereitstellen, Kindern in unserer Backwarenabteilung »Kekskredite« gewähren und ihnen Luftballons schenken.

Es bedeutet frische Blumen, Bilder aus der Zeit der Jahrhundertwende, indirekte Beleuchtung, klassische Musik und schwedische Mandelseife auf unseren Toiletten. Das ist der greifbare Beweis dafür, das mir das Wohl der Kunden des West Point Market am Herzen liegt.

Es bedeutet, daß unsere Servicemitarbeiter, die den Kunden die Lebensmittel zum Wagen tragen, bei Regen Schirme bei sich haben und im Winter Eiskratzer, um die Autofenster zu reinigen.

Es bedeutet, daß unseren Kunden am Samstag ein Ernährungswissenschaftler Rede und Antwort steht, der alle ihre Fragen zur Ernährung, zur Gesundheit und zur Lebensmittelzusammensetzung beantwortet.

Schließlich bedeutet die Steuerung der materiellen Aspekte, daß wir den Einkauf in unserem Laden zum Erlebnis machen. Unsere Kunden können damit rechnen, daß wir ihnen in unseren Läden etwas aufregend Neues für Augen, Ohren, Nase und Mund bieten, das sie noch nie zuvor erfahren haben, z.B. die Trommler und Dudelsackspieler, Fahrten auf dem Doppeldeckerbus, ein großes, lebendiges Huhn, das bei unseren frischen Eiern herumspaziert und gackert ... 200 amerikanische Flaggen auf dem Grundstück ... ein Meer von Pflanzen, Blumen und 80 Bäumen um den Laden herum. Das ist Showbusineß und unser Schlüssel zum Erfolg.

Russell B. Vernon, President

Der beste Beweis für die Tatsache, daß die Steuerung der Symbolisierung vor allem von der richtigen Einstellung abhängt, ist die in Abbildung 6–5 abgedruckte Erklärung von Russell Vernon, dem *President* von West Point Market in Akron, Ohio, einer der erfolgreichsten Fachmarktketten im US-Lebensmitteleinzelhandel.

Management-Checkliste

Die Marketingabteilung ist *nicht* allein für die Symbolsteuerung zuständig. Sie sollte den Ton angeben, aber jeder im Unternehmen ist verantwortlich dafür, daß die richtigen Symbole an die Kunden ausgesandt werden. Folgende Fragen sollten sich *alle* Manager im Unternehmen regelmäßig stellen:

1. *Betrachten wir die Symbolsteuerung in unserem Unternehmen aus ganzheitlicher Warte?* Berücksichtigen wir in ausreichendem Maße, daß alles, was die Kunden über den Service vermittelt bekommen, ihnen als Anhaltspunkt dient?
2. *Spielen wir eine aktive Rolle in bezug auf die Steuerung der Symbolisierung?* Diskutieren wir bewußt, wie wir mit Hilfe der materiellen Aspekte unserer Servicekonzept unterstreichen und unsere Botschaft verstärken können?
3. *Kümmern wir uns ausreichend um die Details?* Sorgen wir uns um die »Kleinigkeiten«? Bestehen wir z.B. auf makellos saubere Serviceeinrichtungen? Wenn in einer unserer Leuchtreklamen eine Glühbirne durchbrennt, wechseln wir diese dann sofort – oder irgendwann – aus? Lehren wir als Führungskräfte unseren Arbeitnehmern durch unser Beispiel, daß nichts so geringfügig sein kann, daß es nicht unsere Beachtung verdient?
4. *Ist die Symbolsteuerung Teil unserer Marketingplanung?* Betrachten wir z.B. die Gestaltung von Serviceeinrichtungen als Marketingentscheidung, die unsere Marketingstrategie unterstützen soll? Kennen wir als Manager die Rolle der Symbole in unserem Marketingplan, so daß wir bei der Umsetzung dieses Plans helfen können? Wissen wir als Führungskräfte überhaupt, was im Marketingplan steht?
5. *Lassen wir uns bei unseren Entscheidungen zur Symbolsteuerung von Forschungsergebnissen leiten?* Befragen wir Kunden und Mitarbeiter, welche Erwartungen unsere Preise wecken? Testen wir unsere Werbung vor dem Einsatz an Kunden und Beschäftigten, um die tatsächlich

empfangene Werbebotschaft zu ermitteln? Bitten wir Kunden und Mitarbeiter *während* der Gestaltung unserer Serviceeinrichtungen um ihre Stellungnahme? Setzen wir professionelle »Käufer« ein zur Bewertung unserer Einrichtungen im Hinblick auf Sauberkeit, Ordentlichkeit und den richtigen Einsatz von Marketingmitteln? Betrachten wir Manager die Einrichtungen und alle anderen Symbole aus der Sicht der Kunden, um unsere Botschaft insgesamt zu verbessern?

6. *Ist die Steuerung der Symbolisierung eine unternehmensweite Aufgabe?* Informieren wir unsere Beschäftigen über Merkmale und Bedeutung des Symbolmanagement im Servicesektor? Bitten wir jeden im Unternehmen, persönlich die Verantwortung für den geschickten Einsatz von Symbolen zu übernehmen?

7. *Setzen wir Symbole innovativ ein?* Ergreifen wir andere Maßnahmen als unsere Konkurrenten oder andere Dienstleister? Sind wir originell? Aktualisieren wir unsere Symbole regelmäßig oder verbessern wir sie auf andere Weise, oder ruhen wir uns auf unseren Lorbeeren aus?

8. *Stellen wir sicher, daß der erste Eindruck positiv ist?* Bieten wir den Kunden in den ersten Augenblicken ihrer Erfahrung mit unserem Unternehmen ein beeindruckendes oder ein mittelmäßiges Bild? Faszinieren unsere Anzeigen, unsere Außen- und Inneneinrichtung, unsere Schilder und die Haltung unserer Mitarbeiter neue Kunden und Interessenten, oder schrecken sie sie ab?

9. *Investieren wir in das äußere Erscheinungsbild unserer Mitarbeiter?* Geben wir Richtlinien zur Kleidung und zum gepflegten Aussehen für unsere Mitarbeiter heraus, wenn dies für ihre Arbeitsaufgabe sinnvoll ist? Sollten wir dem Kundenkontaktpersonal vielleicht Uniformen stellen oder einen Kleiderzuschuß zahlen? Sollten wir vielleicht Kurse einführen, um den Mitarbeitern zu zeigen, wie man sein äußeres Erscheinungsbild pflegt?

10. *Wie gehen wir mit den Symbolen für unsere Mitarbeiter um?* Setzen wir materielle Aspekte ein, um die Dienstleistung für die Beschäftigten greifbarer zu machen und sie bei der Erfüllung ihrer Serviceaufgaben zu leiten? Spiegelt das materielle Arbeitsumfeld das Interesse des Managements für die Angestellten wider oder eher Desinteresse?

7
Dem Unternehmen Markenstatus verschaffen

In diesem Kapitel wenden wir uns dem geschickten Einsatz eines besonderen Symbols zu: der Servicemarke. Beim Stichwort Markenpolitik denkt man zwar meistens an das Marketing von abgepackten Waren, doch ist die Markengestaltung auch bei der Vermarktung von Dienstleistungen ein wichtiger Gesichtspunkt.

Im Grunde verfolgt ein Unternehmen mit seiner Marke das Ziel, sein Angebot von dem anderer Firmen zu unterscheiden. Marken bestehen aus Namen und anderen Untescheidungsmerkmalen wie Slogans und Logos und helfen somit den Kunden, ein bestimmtes Unternehmen oder seine Produkte zu identifizieren. Für Servicebetriebe ist es genauso wichtig wie für Fertigungsunternehmen, sich von der Konkurrenz abzugrenzen.

Im Dienstleistungsmarketing steht die Unternehmensmarke im Vordergrund, im Warenmarketing dagegen die Produktmarke. Der Schwerpunkt der Markenwirkung ist bei physischen Gütern anders gelagert als bei Dienstleistungen, da diesen die stoffliche Präsenz fehlt, die Verpackung, Etikettierung und Ausstellung der einzelnen Produkte ermöglicht. Auch der geschickteste Marketingmanager wird Probleme haben, ein Serviceprodukt wie Strom mit einer Marke zu belegen. Daher muß dem Namen der Firma Markenstatus verschafft werden. Wer Prell, Comet, Pampers oder Charmin kauft, weiß nicht unbedingt, daß der Hersteller all dieser Produkte Procter & Gamble heißt. Bei Dienstleistungen dagegen entscheiden sich die Kunden für oder gegen die Unternehmensmarke – für oder gegen Avis, H&R Block, Federal Express.

Je wichtiger der Service bei einem Produkt ist, desto mehr verlagert sich bei der Wertbestimmung durch den Kunden der Schwerpunkt der Markenwirkung in Richtung Unternehmensmarke. Bei den Verbrauchern mag der Name Procter & Gamble eine untergeordnete Rolle spielen, aber die Groß- und Einzelhändler legen sehr viel Wert darauf, da diese Wiederverkäufer mehr Serviceleistungen dieser Herstellerfirma in Anspruch nehmen. Aus dem gleichen Grund ist die Unternehmensmarke von entscheidender Bedeutung für Produzenten von Industriegütern wie IBM, Corning und Dow Chemical.

Ein Modell für die Markengestaltung bei Dienstleistungen

Die wesentlichen Elemente und Bestimmungsfaktoren bei der Markengestaltung im Dienstleistungssektor zeigt Abbildung 7–1. Ein Dienstleistungsunternehmen präsentiert seine Marke den Kunden, Interessenten, Mitarbeitern oder anderen Gruppen auf ganz vielfältige Art und Weise und wählt dazu z.B. Einrichtungen, Schilder, gedruckte Werbemittel, Fernsehspots, Lieferwagen, Uniformen etc. Das Kernstück der präsentierten Marke ist der Firmenname, doch die begleitenden Worte und Symbole sowie ihre visuelle Darstellung spielen ebenfalls eine wichtige Rolle.

Die Marke, die das Unternehmen präsentiert, entspricht jedoch nicht unbedingt der vom Kunden wahrgenommenen Marke. Der Begriff *Markenimage* umschreibt den Eindruck *und* die Klassifizierung, die der Kunde in einem gegebenen Moment wahrnimmt. Wie wir im letzten Kapitel bereits andeuteten, sagen Marken wie Southwest Airlines und Continental Airlines den einzelnen Reisenden mehr als der eigentliche Firmenname und beeinflussen ihre Präferenzen. Southwest Airlines steht für den einen Passagier vielleicht für wertvollen, zuverlässigen Service – für den anderen dagegen für Flugzeuge, in denen kein Essen serviert wird, keine Sitzplatzreservierungen möglich sind und keine Extraleistungen geboten werden.

Das Markenimage hängt ab von der Präsentation der Marke *und* vom Servicekonzept, der Servicequalität und dem Servicewert ab. Diese drei Faktoren bestimmen zusammen, wie der Kunde die präsentierte Marke versteht. Manager können keine Mauern um das Unternehmen errichten, um die Kunden vor den tatsächlichen Erfahrungen mit der Firma zu schützen, aber sie können sehr wohl einen Service gewährleisten, der das beabsichtigte Markenimage unterstützt.

Wenn die Kunden sich aufgrund ihrer Erfahrung eine Meinung bilden, so stellt dies alles andere in den Schatten. Alle Kommunikationsversuche des Unternehmens verlieren an Bedeutung, wenn sie der tatsächlichen Erfahrung widersprechen. Daher ist in Abbildung 7–1 bei *erfahrenen Kunden* der Kasten mit dem Servicekonzept, der Servicequalität und dem Servicewert größer als das Kästchen für die präsentierte Marke. Eine ausgezeichnete Markenpolitik kann guten Service unterstützen, nicht aber

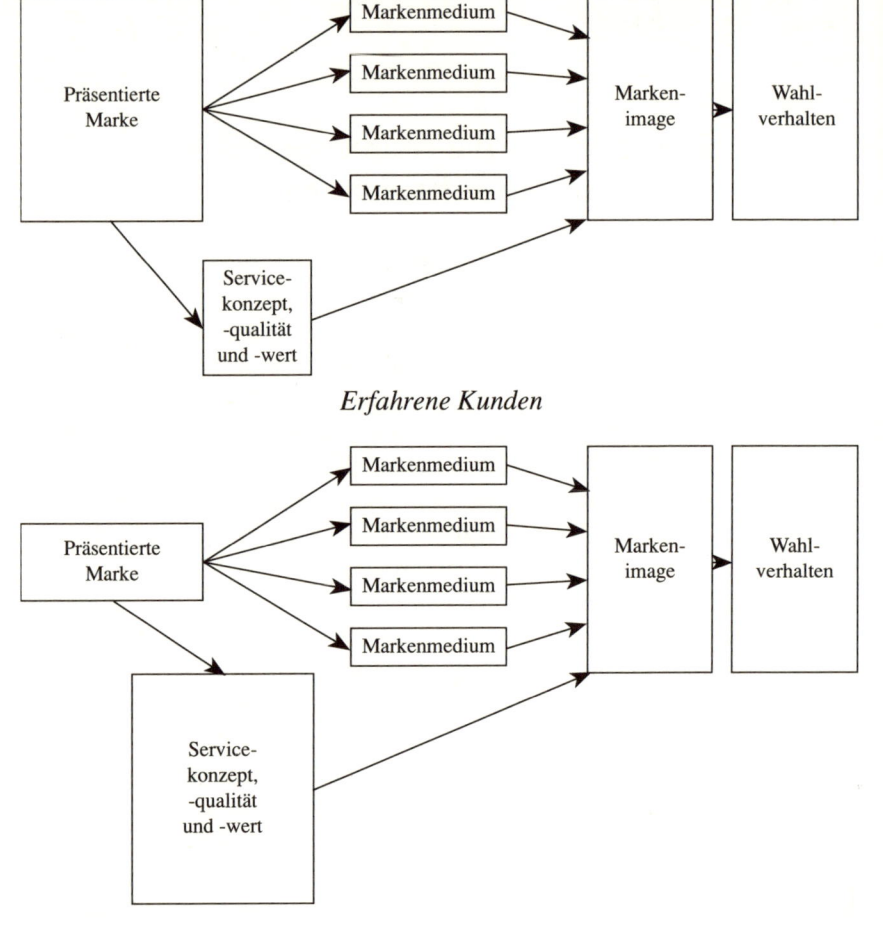

Abbildung 7–1 Elemente und Bestimmungsfaktoren bei der Gestaltung der Servicemarken für unerfahrene und erfahrene Kunden

schlechten Service retten. Eine schlagkräftige Markenpolitik kann neue Kunden für das Unternehmen gewinnen, nicht aber einen miserablen Service übertünchen, den der Kunde erlebt. Was kann eine Firma noch tun, wenn die tatsächliche Serviceleistung nicht mit der im voraus gestellten Rechnung übereinstimmt? Die negativen Serviceerfahrungen der Kunden verbauen Wege, zu deren Öffnung die Markengestaltung beitragen soll.

Markenpolitik ist ein Werkzeug – ein Anhaltspunkt –, der den am besten geführten Dienstleistungsunternehmen am meisten hilft. Ihre Haupt-

Abbildung 7—2 Welche Servicefirma hat die beste Markenidentität?
— Drei Meinungen

Da fällt mir als erstes Federal Express ein. Diese Firma hat mich – durch ihre Leistung – vollkommen davon überzeugt, daß sie ihr Versprechen zu einem angemessenen Preis erfüllen kann ... und sie verspricht eine Dienstleistung, die für mein Geschäft wichtig ist. Ihr Name entspricht ihren Aufgaben und der Ausrichtung ihrer Organisation. Ich glaube, ihre Stärken im Service würden sich bei einer Fluggesellschaft gut machen, und ich wäre begeistert, wenn Federal Express in diese Branche einsteigen würde. Das ist vielleicht das größte Kompliment, das man dieser Firma machen kann.
- Abbey R. Chung
Johnson & Johnson Medical, Inc.

Die goldenen Bögen und Mc-Sowieso symbolisieren Fast-Food, Spaß und ein Lokal, wo man etwas für sein Geld bekommt. Bei meinen Reisen im Raum Virginia/Maryland weiß ich genau, was ich zu erwarten habe, wenn ich dieses goldene M sehe. McDonald's ist phantastisch »zuverlässig«. Außerdem verstärkt der Erfolg von McDonald's in Europa und in anderen Ländern das positive Image der Marke.

Die Marke »McDonald's« ist so hervorragend, daß sie zum Vergleichsmaßstab geworden ist. Ich arbeite mit einer Franchise-Restaurantkette in diesem Gebiet zusammen. Dieser Familienbetrieb mißt sich immer am Standard McDonald's. Die Konkurrenz muß alle Neueinführungen und Innovationen von McDonald's wachsam beobachten, denn McDonald's setzt den Standard, nach dem alle beurteilt werden.
- Alexander B. Berry, III
Signet Bank

Cable News Network (CNN) gilt auf der ganzen Welt als eine der angesehensten, präzisesten und verläßlichsten Nachrichtenquellen. Im »Informationszeitalter« beziehen viele Menschen ihre Hintergrundinformationen von CNN. Die Amerikaner sehen darin eine Möglichkeit, sich über die Ereignisse in ihrem Land und auf der ganzen Welt auf dem laufenden zu halten. Durch CNN konnten auch viele Länder sehen, was Demokratie zu bieten hat. Aufgrund seiner pünktlichen und präzisen Nachrichtenübermittlung kann man vielleicht mit Fug und Recht behaupten, daß CNN in gewissem Maße zu den aufregenden Veränderungen beigetragen hat, die sich derzeit auf der Welt vollziehen.
- Thomas F. Gillett
Cable Television Laboratories, Inc.

---

aufgabe besteht darin, dem Unternehmen einen *Marketing*vorsprung zu verschaffen, indem sie den Service des Unternehmens so herausstellt, daß er dem Kunden außergewöhnlich, bedeutsam und überzeugend erscheint. Wir baten mehrere Führungskräfte, uns die amerikanische Servicegesellschaft mit der stärksten Markenidentität zu nennen und die Gründe für diese Spitzenposition anzugeben. Ihre Antworten sind in Abbildung 7–2 zu finden. Besonders aufschlußreich sind hier der Einfluß eines erstklassigen Service auf das Markenimage und der Marketingvorsprung, den eine aussagekräftige Marke dem Unternehmen gibt.

Eine wirksame Marke kann die Marktposition von Dienstleistungsfirmen stärken, wenn eine Reihe von Bedingungen erfüllt sind, darunter:

- Die Kunden sind der Meinung, daß die Konkurrenz ähnliche Servicekonzepte, -qualität und -werte vertritt.
- Die Kunden haben keine oder nur sehr wenig Erfahrung mit konkurrierenden Firmen und reagieren auf die am besten präsentierte Marke.
- Ein Unternehmen möchte in eine verwandte Servicekategorie vorstoßen und seine Marke auch für die neuen Leistungen verwenden.
- Ein Unternehmen bringt eine innovative neue Dienstleistung auf den Markt.
- Ein Unternehmen ändert seine Marketingstrategie und setzt eine neue Markenstrategie ein, um diesen Richtungswechsel deutlich zu machen.

Aussagekräftige Servicemarken helfen den Kunden, sich den Service bildlich vorzustellen, ihn zu verstehen und an ihn zu glauben. Sie mindern die finanzielle und soziale Unsicherheit oder das Sicherheitsrisiko, die Kunden bei Dienstleistungen erleben, die vor dem Kauf schwer einzuschätzen sind. Sie beruhigen die Kunden, die – wie wir im letzten Kapitel sagten – »die Katze im Sack« kaufen. Professor Chris Easingwood führte in England Untersuchungen durch, in denen er sich mit den Faktoren beschäftigte, die eine wirksame Reaktion der Konkurrenz auf erfolgreiche Serviceinnovationen verhindern. Easingwood ermittelte zehn Faktoren, die den Unternehmen eine solche Reaktion erschweren. Die beiden wichtigsten waren der Ruf der Gesellschaft und die Gestaltung der Unternehmensmarke.[1]

Namen – das Herzstück der Servicemarken

Der Service spielt also eine wichtige Rolle für das Markenimage. Nach dieser Feststellung wenden wir uns nun der präsentierten Marke zu, auf der ja in diesem Kapitel unser Hauptaugenmerk liegt. Man kann zwar auch mit einem weniger aussagekräftigen Namen eine effektive Marke aufbauen, doch mit einem guten Namen ist das natürlich viel leichter.

Wir schlagen vier Kriterien zur Überprüfung der Qualität eines Markennamens vor:[2]

1. *Unterscheidbarkeit*. Der Name identifiziert den Anbieter der Dienstleistung unmittelbar und hebt ihn von seinen Mitbewerbern ab.
2. *Relevanz*. Der Name vermittelt etwas von der Art oder dem Nutzen der Dienstleistung.
3. *Einprägsamkeit*. Der Name ist leicht zu verstehen, zu verwenden und zu behalten.
4. *Flexibilität*. Der Name kann dem unvermeidlichen strategischen Wandel in einer Organisation folgen.

Unterscheidbarkeit

Ein Unternehmen, das sich eine gesicherte Marktposition erobern möchte, sollte einen Allerweltsnamen vermeiden. Worte wie National, United und Allied sind englischsprachigen Zielgruppen zu vertraut und werden zu häufig verwendet, als daß man sich damit deutlich von der Konkurrenz absetzen könnte. National was? Welche United? Allied wie? Man muß noch hinzufügen, um welche Dienstleistung es sich handelt: Autovermietung (Car Rental), Fluggesellschaft (Airlines), Läden (Stores).

Im Bereich der Finanzdienstleistungen haben Namen, die auf Worten wie First, Commerce, National oder Merchants basieren, ihren Wert als Gütesiegel verloren, seit Konkurrenten wie Pilze aus dem Boden schießen und sich die Marketinggrenzen erweitern. Noch 1983 hießen im Bundesstaat Virginia die vier größten Banken Virginia National Bank, First Virginia Bank, Bank of Virginia und United Virginia Bank. Alle haben seither ihren Namen geändert, doch zuvor hatte die Ähnlichkeit ihrer Firmenbezeichnungen zu unnötigen Verwechslungen geführt. Kein Wunder, daß in den letzten Jahren Finanzinstitute ihre Namen viel schneller wechselten als alle anderen Dienstleister.

Die Verwendung von Wörtern, die in der jeweiligen Dienstleistungsbranche unüblich sind, kann eine Möglichkeit sein, sich abzuheben. Meridian und Fleet sind auffällige Namen für Banken, da sie im Finanzdienstleistungsbereich selten vorkommen. Eigennamen wie z.B. Familiennamen können ebenfalls aus der Masse der Konkurrenz herausstechen. Als Beispiel sei nur die Schlagkraft von Namen wie J.P. Morgan, McDonald's und Marriott genannt. Je seltener man auf Eigennamen und richtige Wörter zurückgreifen kann, desto häufiger entscheiden sich Firmen für eine dritte

Alternative: Kunstworte. Leider klingen einige dieser Phantasiegebilde zu gewollt, sind zu offensichtlich Computererzeugnisse. Namen wie Allegis oder Synovus beschwören Bilder von entlegenen Galaxien herauf – nicht von hochqualifizierten Serviceunternehmen. Bei diesen Beispielen ist das Problem jedoch die Umsetzung der gewählten Methode, nicht der Ansatz selbst. Ein Phantasiename wie Citibank erfüllt seinen Zweck mit Sicherheit gut.

Relevanz

Ein Name, der an das Wesen oder die Vorteile einer Dienstleistung erinnert, hilft den Kunden, das Unternehmen zu identifizieren und richtig zu positionieren. Ticketron verweist sowohl auf die Art der Dienstleistung als auch auf das elektronische Medium, durch das sie erbracht wird. Visa impliziert internationalen Zugang – ein bedeutungsschwerer Name für eine weltweit tätige Kreditkartengesellschaft. In Humana schwingt die Vorstellung von liebevoller, fürsorglicher Aufmerksamkeit mit – alles positive Assoziationen für eine Gesundheitsorganisation.

Einer der sachdienlichsten Namen, aus die wir stießen, war Bank of Granite. Er stammt aus dem Jahre 1906 – dem Jahr, in dem diese Bank in Granite Falls, North Carolina, gegründet wurde. John Forlines, Jr., *Chairman* der Bank, wird in *The Southern Banker* vom Oktober 1989 so zitiert:

> Ich kann Ihnen gar nicht sagen, wie zufrieden wir mit unserem Namen sind, insbesondere angesichts der Entwicklungen im Bankwesen in den letzten Jahren ... Wir meinen, daß wir auf diesen Namen bauen und uns mit ganzer Kraft dafür einsetzen können, daß wir so solide sind, wie dieser Name uns erscheinen läßt.

Übrigens hatte die »Granitbank« mit ihrer Strategie bisher Erfolg. Auch 1990 konnte diese 300-Millionen-Dollar-Bank die Barausschüttung an die Aktionäre wieder erhöhen – wie schon in den vergangenen 35 Jahren.

Ein aussagekräftiger Name muß nicht immer das Unternehmen beschreiben. Eine getreuliche Beschreibung der Dienstleistung ist in der Regel nicht von Vorteil, da sie den Namen zu lang und weniger charakteristisch macht. »Overnight Mail Service« würde zwar die Postzustellung über Nacht treffend beschreiben, wäre aber nicht so gut wie Federal Express. »Personal Touch Health Care« (Gesundheitswesen mit einer persönlichen Note) klingt weniger eindrucksvoll als Humana. Namen, die mit indirekten Assoziationen arbeiten, entsprechen auch viel eher dem dritten Prüfstein – sie sind einprägsamer.

Einprägsamkeit

Mehrere Faktoren bestimmen darüber, ob der Markenname für eine Dienstleistung auch einprägsam ist. Unterscheidbarkeit ist einer davon. Sovran ist einprägsamer als First Union; Bell-South merkt man sich leichter als US West. Ein charakteristischer Name, der aber kompliziert ist oder sich aus schwierigen Wörtern zusammensetzt, versagt bei diesem dritten Test.

Prägnanz und Kürze sind generell von Wert. Je leichter ein Name auszusprechen ist, desto besser kann man ihn sich merken. Travelers z.B. ist »benutzerfreundlicher« als Massachusetts Mutual Life.

Prägnanz und Kürze erleichtern auch die graphische Darstellung im Firmenlogo. Firmen mit langen Namen sehen sich sogar oft gezwungen, diese in der bildlichen Darstellung abzukürzen. Ganz gleich, ob die Kurzfassung von den Kunden oder vom Unternehmen gewählt wurde, unter dem Strich führt die Servicegesellschaft zwei Namen – Great Atlantic & Pacific Tea und A&P, Consolidated Edison of New York und Con Ed. In Fällen wie A&P oder Con Ed bereiten die Doppelnamen keine Schwierigkeiten. In anderen dagegen sind lange oder schwierige Namen problematisch, wie der wenig schmeichelhafte Spitzname »Monkey Ward« (Affenzirkus) für Montgomery Ward zeigt.

Eine ungewöhnliche Schreibweise kann den Namen einprägsamer machen – vorausgesetzt, man verwendet dieses Mittel mit Maß und Ziel. Toys R Us (Spielzeug, das sind wir) ist leichter zu merken, da statt des englischen Wortes »are« nur der Buchstabe R verwendet und in der präsentierten Marke auch noch umgedreht wird.

Flexibilität

Änderungen im Wesen und im Umfang des Dienstleistungsangebots sind unvermeidlich. Daher sollte eine effektive Markengestaltung diesem natürlichen Prozeß Rechnung tragen. Bei der Beurteilung der Möglichkeiten, wie ein Servicebetrieb über den derzeitigen – oder geplanten – Firmennamen hinauswachsen könnte, sollte man einen langfristigen Zeithorizont ansetzen, am besten zwanzig Jahre oder mehr.

Geographische Bezeichnungen sind zu vermeiden. Als die Fluggesellschaften mit der Entwicklung von neuen Streckennetzen auf die Deregulierung reagierten, mußten viele feststellen, daß ihr Name für diesen erweiteren Marktbereich nicht umfassend genug und unangemessen war. Allegheny benannte sich 1979, als sie zu einer ausgewachsenen Inlandsgesellschaft wurde, in USAir um, damit der Name weniger regional orientiert klang. Doch selbst USAir wäre bei einer Expansion über die Grenzen der Vereinigten Staaten hinaus nicht mehr geeignet. Western Hotels wurde zu Western International (eine verwirrende Bezeichnung) und entschied sich schließlich für Westin, einen Phantasienamen ohne eindeutigen regionalen Bezug.

Jede einschränkende Beschreibung kann der Wahrnehmung, daß sich das Tätigkeitsfeld eines Unternehmen gewandelt hat, im Wege stehen. Eine Firma, die sich zum umfassenden Güterverkehrsunternehmen entwickelt hat, wird ihren Kunden schwerlich die erweiterte Bandbreite ihrer Aktivitäten vermitteln können, wenn ihr Name noch Begriffe wie Lastwagen- oder Güterwagenbeförderung enthält. Noch gravierender ist das Problem, wenn der Name das *interne* Verständnis des Unternehmenspotentials beeinträchtigt und praktisch dem eigenen Management die Hände bindet.

Ein Wort, das seine Aussagekraft aus Assoziationen bezieht, ist meist flexibler als eines, das auf einer semantisch genauen Definition beruht. Sentry (Wachposten) kann besser mitwachsen als Insurance Company of North America. Selbst die Verwendung der Initialen (hier INA) löst das Problem der Inflexibilität nicht vollständig. Es kann Jahre dauern, bis man einen Bekanntheitsgrad wie IBM und AT&T erreicht. Bis dahin fragen die Kunden unter Umständen: »Wofür steht INA?«, und das Unternehmen bleibt in der Zwangsjacke des beschreibenden Namens stecken.

Marken sind mehr als nur Namen

Die präsentierte Marke ist ein umfassendes Konzept, das sich auf weit mehr als nur den Firmennamen stützt. Ihre Effektivität hängt von der Integration von Worten, Farben, Symboldarstellungen und Slogans sowie von der konsequenten Verwendung dieser Elemente in allen Markenmedien ab. Die wirksame Kombination aller Kommunikationselemente zu einem einheitlichen Bild und ihr zielstrebiger Einsatz stellen ein gutes Gegengewicht zum immateriellen, amorphen Wesen der Dienstleistungen dar.

Lynn Newman, die das Büro von Maritz Marketing Research in Minneapolis leitet, faßt die Argumente für eine einheitliche, konsequente Markenpolitik bei Dienstleistungen gut zusammen:

> Einer der wichtigsten Schritte beim Dienstleistungsmarketing in Richtung auf eine starke Markenidentität ist die Entwicklung einer konse-

quenten Präsentation der sichtbaren Elemente der Dienstleistung. Damit meine ich den Firmennamen, das Logo, die Farben, die Uniformen und die Ausrüstungsgegenstände. Je mehr das »Erscheinungsbild« eines Unternehmens dem Kunden in sich geschlossen erscheint, desto stärker ist die Markenidentität. Dies gilt insbesondere für Dienstleistungsfirmen mit vielen Betriebsstätten wie z.B. Banken, Hotels und Restaurants. Unternehmen, die sichtbare Elemente einsetzen, sind z.b. Pizza Hut – das rote Dach der Hütte – oder McDonald's – die goldenen Bögen in der Form des Buchstaben M.

Northwest Airlines dagegen geht z.b. bei den sichtbaren Elementen nicht konsequent vor. Schon vor Jahren hat man das Wort »Orient« aus dem Namen gestrichen, aber auf einigen Flughäfen steht auf den Schildern immer noch Northwest Orient. Die Unternehmensleitung weiß, daß die Firma nicht mit einem konsequenten, einheitlichen Image aufwartet, und ist zur Zeit dabei, viele der sichtbaren Elemente zu verändern – ein neues Logo, neue Farbgestaltung für die Flugzeuge, neue Schilder. Das ist ein teures, zeitraubendes Unterfangen, doch je schneller man es durchzieht, desto besser. Fluggäste können wohl kaum eine starke Markenidentität in einem Unternehmen sehen, das zwei Namen, zwei Logos und Flugzeuge mit ganz unterschiedlichen Farben und Mustern einsetzt.

Manche Marken, die in den vier Tests nicht gerade hervorragend abschneiden, sind dennoch wegen der koordinierten und konsequenten Darstellung und erstklassigen Serviceleistungen zu einem schlagkräftigen Marketinginstrument geworden. ARA ist wohl kaum ein umwerfender Name, und doch gelingt es diesem Unternehmen eindeutig, aus seiner Marke einen Wettbewerbsvorteil zu ziehen. Früher gab es in diesem Konzern mehr als 50 verschiedene Logos und 250 unterschiedliche Firmennamen; heute dagegen wickelt ARA seine Geschäfte unter einem leicht erkennbaren Signum ab, und die Namen der 25 Geschäftsbereiche sind alle eindeutig mit dem der Muttergesellschaft verknüpft. Das Unternehmen hat seinen Lkw-Fuhrpark, der über 20.000 Fahrzeuge umfaßt, zu »rollenden Plakaten« für die Marke ARA gemacht; alle Serviceangestellten tragen ARA-Uniformen. ARA förderte die Marke darüber hinaus noch durch deutlich sichtbares Engagement als offizieller Lieferant von Nahrungsmitteln und Anbieter von Transportdiensten bei der Sommer- und Winterolympiade von 1984.

Graphische Symbole können auch dazu beitragen, daß ein mittelmäßiger Name besser wird und ein guter Name in die Spitzenklasse aufsteigt. Ein Beispiel ist die Verwendung einer symbolischen Darstellung in der Markenpolitik von Prudential of America. Der Name Prudential erfüllt alle vier Kriterien: Unverwechselbarkeit, Relevanz, Einprägsamkeit und Flexibilität. Dennoch war es die konsequente Verbindung dieses Namens mit dem Symbol des Felsens von Gibraltar (sowohl in der ursprünglich gezeichneten Version als auch in der neueren, abstrakteren Form), die ein gutes verbales Element zu einer noch schlagkräftigeren verbal/visuellen Einheit werden ließ. Der »Felsen« von Prudential ist allgegenwärtig; er ist zugleich Aufhänger und Signal für die Marke.

Auch Slogans können die Schlagkraft eines Namens verstärken. »You are in good hands with Allstate« (Bei Allstate sind Sie in guten Händen) zeigt verbal und visuell mit dem Bild der schützenden Hände des Versicherungsagenten, was die Kunden von diesem Unternehmen erwarten dürfen. Durch ein ähnliches Konzept, die »friendly skies of United«, gewinnt ein langweiliger Name an Gewicht.

Wer die Wirksamkeit und Effizienz der präsentierten Marke maximieren will, muß die *Kreativität* besitzen, eine aussagekräftige Geschichte mit einer breiten Palette verbal/visueller Elemente zu erzählen, und auch die *Disziplin*, es bei nur einer Geschichte zu belassen. Im folgenden werden wir die Richtlinien für die Umsetzung einer schlagkräftigen Markenpolitik erläutern.

Richtlinien für den Aufbau einer Marke

Markenpolitik steht zwar in diesem Kapitel im Vordergrund, doch haben wir die meisten Punkte, die dieses Thema betreffen, bereits in diesem Buch angesprochen. In den ersten Kapiteln betonten wir, daß Servicequalität die Grundlage für das Dienstleistungsmarketing bildet; in diesem Kapitel unterstreichen wir diese Tatsache und zeigen die Wechselwirkungen zwischen der vom Unternehmen kontrollierten Markengestaltung und den Serviceleistungen bei der Entwicklung eines *Markenimage* auf.

In Kapitel 5 bezeichneten wir Imagemanagement als eine der drei Hauptaufgeben des Marketingleiters einer Dienstleistungsfirma. Und in Kapitel 6 stellten wir die Steuerung der Symbolisierung vor, zu der auch die Markenpolitik gehört.

Es wird daher den Leser nicht überraschen, wenn wir an dieser Stelle die Markenpolitik als zentrales strategisches Marketingwerkzeug für Dienstleistungsfirmen betrachten. Welche Richtlinien sollten Marketingmitarbeiter beachten, wenn sie eine schlagkräftige Unternehmensmarke aufbauen wollen? Wir möchten folgende Beispiele herausgreifen:

- Forschung als Ausgangspunkt
- Die richtige Medizin wählen
- Dem gewählten Namen Rückhalt geben
- Die Marke internalisieren

Forschung als Ausgangspunkt

Markenentwicklung hängt stark von Forschung ab, denn ihre Ergebnisse geben Aufschluß über die erforderlichen Maßnahmen. Für den Aufbau einer Marke müssen bestimmte Entscheidungen getroffen werden. Sollen diese nun auf Forschungsdaten beruhen oder nicht?

Wichtige, durch Forschung beantwortbare Fragen bei der Definition einer Markenstrategie sind z.B.:

- Welches Bild haben die Kunden und andere Personenkreise (z.B. Manager, nachrangige Mitarbeiter und Ex-Kunden) derzeit von der Marke des Unternehmens?
- Wie sieht das Markenimage des Unternehmens im Vergleich zu dem seiner Hauptkonkurrenten aus?
- Wie schneidet der Firmenname in den Gütetests ab?
- Wie gut erfüllen andere Markenelemente ihre Aufgabe im Vergleich zu den entsprechenen Elementen der Hauptkonkurrenten?
- Wie wirken sich, relativ betrachtet, Servicekonzept, Servicequalität und Servicewert auf das Markenimage des Unternehmens und das seiner Hauptkonkurrenten aus?
- Was spielt beim Serviceangebot des Unternehmens eine wichtige Rolle und sollte in der Marke vermittelt werden?

Alles in allem wollen Anbieter von Dienstleistungen eine Unternehmensmarke schaffen, in der die besten Eigenschaften der Organisation und ihre »Daseinsberechtigung« in einer für Kunden, Interessenten und andere Beteiligte unwiderstehlichen Art und Weise ihren Niederschlag finden. Mit Hilfe von fundierten Informationen können sie dieses Ziel erreichen. Edwin Lefkowith, *President* von Lefkowith, Inc., einer aus New York stammenden Firma für Unternehmenskommunikation, unterstreicht in seinem Kommentar die Bedeutung der Forschung:

> Wenn Sie sich richtig auf die Markenpolitik konzentrieren wollen, müssen Sie wissen, welche besonderen Eigenschaften Ihres Unternehmens

und seiner Dienstleistungen Ihre zufriedenen Kunden für typisch für Ihre Firma im Gegensatz zur Konkurrenz halten. Sie müssen sich eine Nische sichern, die für Ihr Unternehmen sowohl angemessen als auch vorteilhaft ist.

Normalerweise ist es sinnvoll, in der Markenpolitik verschiedene Forschungsmethoden einzusetzen, von Interviews mit Führungskräften und Kundenfokusgruppen bis hin zu branchenweiten Umfragen zum Markenimage. Außerdem sind Beobachtungen zur Überwachung einer konsequenten, präzisen Markenpräsentation in den Medien, für spezifische Dienstleistungen und auf den Märkten erforderlich. Markenbilder hängen zudem von dynamischen Faktoren ab und sind somit selbst ständigem Wandel unterworfen, so daß Markenforschung fortlaufend betrieben werden muß. Im Dienstleistungsmarketing muß man kontinuierliche Forschungsprogramme einrichten, nicht nur einfach eine einmalige Studie zur Markengestaltung durchführen.

Die richtige Medizin wählen

Beim Aufbau einer Unternehmensmarke sollte man nicht der Gefahr erliegen, sich mehr von diesem Werkzeug zu versprechen, als es leisten kann. Wir sagten bereits, daß man ein schlechtes Serviceangebot nicht mit einer ausgezeichneten Markengestaltung wettmachen kann. Wie auch eine glänzende Verpackung nicht über ein minderwertiges Produkt hinwegtäuschen kann, so wiegen ein neuer Firmenname oder ein schickes neues Logo ein mangelhaftes Servicekonzept oder mittelmäßige Servicequalität nicht auf.

Dennoch ist die Versuchung groß, von einer neuen Markenstrategie Wunder zu erwarten. Man ändere den Firmennamen, man verwende frischere Farben und ein moderneres Logo, man verdopple den Werbeetat – und schon ist der Patient geheilt.

In Wirklichkeit ist der Patient natürlich immer noch krank. Wir raten, ständig an der Verbesserung des gesamten Dienstleistungsprodukts zu arbeiten, d.h. an der Leistung an sich, nicht nur an ihrer »Verpackung«. Die Markenstrategie sollte in der Praxis Aussagen zu einem hochwertigen Serviceangebot machen, nicht als Ersatz dafür dienen.

Außerdem raten wir Spitzenmanagern in Unternehmen mit mittelmäßigen Namen, alle Möglichkeiten zur Verbesserung der präsentierten Marke in Betracht zu ziehen. Ein neuer Name ist vielleicht nicht unbedingt die richtige Medizin. Der bestehende Name mag zwar seine Schwächen haben, doch kann er für Kunden auf andere interessierte Kreise soviel Vertrautheit, Komfort und Glaubwürdigkeit ausstrahlen, daß man diese Vorteile schlicht und einfach nicht opfern sollte. Wenn z.B. die Fluggesellschaft Delta Airlines beschlösse, ihren Namen zu ändern, so wäre dies töricht, obwohl rein formell betrachtet »Delta« bestenfalls ein durchschnittlicher Name für ein Transportunternehmen ist. Doch Delta Airlines müßte schon gravierendere Gründe für eine Namensänderung anführen als mangelnden Einfallsreichtum, wenn sie den Firmenwert und den Ruf aufs Spiel setzen wollte, den sie im Laufe der Jahre aufgebaut hat.

Andererseits war die Namensänderung von Allegheny Airlines zu USAir ein Meisterstück des guten Marketing. Ein Problem war die regionale Konnotation des Wortes »Allegheny« für ein Unternehmen, das sein Streckennetz in großem Stil erweitern und sich zu einer landesweit tätigen Gesellschaft mausern wollte. Ein anderes war der rufschädigende Spitzname »Agony Airlines« (Fluglinie der Qual), den sich vom Service enttäuschte Passagiere für Allegheny Airlines ausgedacht hatten. (Einige Leser haben vielleicht einen anderen bösen Spitznamen für USAir auf Lager, die mit Ertragsproblemen zu kämpfen hatte, als wir dieses Buch schrieben. Wir bezweifeln jedoch, daß sie als Manager von USAir bereit wären, wieder zu dem Namen Allegheny Airlines zurückzukehren.) Die Namensänderung von Allegheny Airlines zu USAir war damals eine wirksame Medizin für das Unternehmen. Heute braucht die Gesellschaft andere, stärkere Heilmittel, wenn sie ihr Markenimage verbessern will.

Bei Namensänderungen geht nicht nur das »Kapital«, das der Name in sich birgt, verloren. Ein solches Unterfangen ist auch aus logistischer Sicht teuer und schwierig. Ein neuer Name bedeutet neue Schilder, neues Briefpapier, neue Rechnungsformulare und neue Werbung. Mit einem neuen Namen sind Rechtsanwalts-, Beratungs- und Designhonorare sowie Kosten für Übersetzer verbunden, die in anderen Sprachen nach unbeabsichtigten Bedeutungen suchen.

Alles in allem kann ein neuer Name eine gefährliche und teure Medizin sein. Daher müssen die Marketingexperten behutsam und mit strategischem Geschick vorgehen und vor einer Entscheidung über eine Namensänderung Forschung betreiben. Die innovative Verwendung des alten Namens in einer breiteren Palette von Medien verspricht unter Umständen bessere Chancen auf Heilung.

Dem gewählten Namen Rückhalt geben

Die Umstände verlangen manchmal einen deutlichen Bruch mit der Firmenvergangenheit und eine ganz neue Unternehmensidentität. Allegheny

Airlines ist hier ein gutes Beispiel. Die bestehende Identität war unvereinbar mit der Strategie der Fluggesellschaft; im Namen schwangen auch negative Assoziationen mit. Das damalige Markenimage war eine strategische Zwangsjacke; ein völliger Neubeginn in der Markenpolitik war angebracht.

In vielen Fällen ist jedoch ein klarer Trennstrich zur Vergangenheit keine gute Idee. Angesichts der hohen Investitionen, die der Aufbau und die Erhaltung des Markenbewußtseins bei Dienstleistungen mit sich bringen, ist ein Ausbau und – wo immer dies möglich ist – eine Verbesserung der vorhandenen Möglichkeiten sinnvoller. Es ist in der Regel besser, eine Verbindung zwischen dem Alten und dem Neuen herzustellen, als die Vergangenheit über Bord zu werfen. Eine stetige Verbesserung der Markenpolitik in kleinen Schritten bringt auch mehr als eine lange Periode der Selbstzufriedenheit und dann eine plötzliche, radikale Umstellung.

Mit einer kontinuierlichen Markenpolitik und einem sanften, logischen Übergang vom Alten zum Neuen schlagen Serviceanbieter oft zwei Fliegen mit einer Klappe: Sie können das in der Vergangenheit erworbene Kapital mit den aufregenden Neuerungen der Zukunft verbinden. Diese Richtlinie – Ausbau der vorhandenen Möglichkeiten – verdeutlicht das Beispiel von Southern Bell und South Central Bell, die zu BellSouth fusionierten. McDonald's mit seiner genialen Verknüpfung von Unternehmens- und Produktmarken (z.B. Chicken McNuggets, Egg McMuffins) ist nur ein Beispiel von vielen ebenso wie die Namensänderung der First National City Bank zu Citibank Mitte der 70er Jahre oder die Markenerweiterungsphilosophie der Marriott Corporation bei der Entwicklung neuer Produktlinien wie z.B. Courtyard by Marriott und Marriott Suites.

Die Marke internalisieren

Am besten können die Mitarbeiter eines Dienstleistungsbetriebs den Kunden die Marke nahebringen. Mehr als allen anderen Kommunikationsmitteln gelingt es ihnen, der Marke Leben, Vitalität und Persönlichkeit zu verleihen. Mit ihrer Arbeitsleistung können sie die Marke, die dem Kunden verbal und visuell nahegebracht wurde, um den Handlungsfaktor erweitern. Mit ihrer Arbeitsleistung können sie das Bild der Kunden von der präsentierten Marke *verstärken*.

Wer die Marke zu einem integralen Bestandteil des Unternehmens machen will, muß sie den Beschäftigten erläutern und verkaufen. Er muß ihnen die Forschung und die Strategie nahebringen, die hinter der präsentierten Marke stehen. Er muß auf kreative Weise den Mitarbeitern die Marke vermitteln. Er muß die Arbeitnehmer schulen, damit ihr Verhalten zur Förderung der Marke beiträgt. Er muß diejenigen Mitarbeiter belohnen und loben, deren Maßnahmen die Marke unterstützen. Vor allem aber muß er die Mitarbeiter an der Markenpflege und -förderung *beteiligen*.

Die Mitarbeiter werden sich nur dann als Bestandteil der Marke verstehen und entsprechend handeln, wenn sie diese verstehen und an sie glauben. Das Marketing muß den Beschäftigen die Marke verbal und visuell näherbringen, damit sie den gleichen Schritt den Kunden gegenüber vollziehen. Die Verinnerlichung der Marke durch die Belegschaft ist ein stetiger Prozeß – wie auch der Aufbau der Marke den Kunden gegenüber.

Pier 1 imports, eine der amerikanischen Facheinzelhandelsketten mit den höchsten Wachstumsraten, verwendet in ihrer Markenpolitik den Slogan »Ein Ort für Entdeckungen«. Und damit hat das Unternehmen auch recht, machen doch neue Produkte jährlich 40 Prozent seines Importsortiments aus. Daher ist es sowohl sinnvoll als auch wichtig, daß Pier 1 bei der Schulung des Verkaufspersonals deutlich unterstreicht, daß man den Kunden erlauben sollte, sich umzusehen. Wenn eine Kundin ihre Wohnung mit den Artikeln von Pier 1 schöpferisch umgestalten soll, dann muß man ihr die Zeit lassen, sich ganz ungestört das Angebot anzuschauen. Sie sollte im Geschäft herumspazieren können, ohne daß ihr ständig ein Verkäufer über die Schulter blickt, auf dessen Gesicht die Frage »Wann werden Sie endlich etwas kaufen?« geschrieben steht. Überragender Service bedeutet bei Pier 1, daß sich der Kunde in Ruhe umsehen kann und nicht durch aggressives Verkaufsverhalten gestört wird.

Wie wir bereits in Kapitel 6 erwähnten, unterstreicht die Treuhandgesellschaft der Bank One Texas ihr Engagement für die Servicequalität mit einer vorbehaltlosen Servicegarantie. Das Management macht diese Verpflichtung durch eine Vielzahl konventioneller Methoden in Schulung, Belohnungs- und Anerkennungssystemen sowie in der Qualitätsverbesserung zu einem wesentlichen Bestandteil des Unternehmens. Es setzt jedoch auch eine eindeutig *unkonventionelle* Methode ein: Führungskräfte und andere Mitarbeiter nennen sich gegenseitig »Servicetiere«. In vielen anderen Unternehmen würde man diese Anspielung für abgeschmackt oder gar haarsträubend halten. Bei Bank One Texas jedoch ist sie zum Symbol für eine Verpflichtung, zu einem stolzen Schlachtruf, einem internen Kennzeichen geworden. Wenn sich die Mitarbeiter gegenseitig Servicetiere nennen – was sie häufig tun –, denken sie daran, wofür ihr Unternehmen sich einsetzt und was die Unternehmensmarke für die Kunden bedeuten soll.

Management-Checkliste

Manager sollten sich folgende Fragen zur Markenpolitik stellen:

1. *Stellen wir unseren Kunden (und anderen interessierten Gruppen) bewusst eine aussagekräftige Unternehmensmarke vor?* Sprechen wir mit der Führungsspitze über die Markengestaltung? Betrachten unsere Manager die Unternehmensmarke als entscheidenen Nutzwert im Marketing? Welche Meinung haben unsere übrigen Mitarbeiter dazu?
2. *Welches Ergebnis erzielt unser Firmenname in den vier Tests (Unverwechselbarkeit, Relevanz, Einprägsamkeit und Flexibilität)?* Bei welchem dieser vier Kriterien schneidet unser Name am schlechtesten ab? Sollten wir hier oder in bezug auf andere Schwachpunkte unseres Firmennamens Gegenmaßnahmen ergreifen?
3. *Schöpfen wir neben dem Firmennamen auch das Potential anderer Markenelemente voll aus?* Setzen wir unsere anderen Markenelemente wie Symboldarstellungen oder Slogans zu wenig ein?
4. *Ist unsere präsentierte Marke ein in sich geschlossenes Ganzes?* Kombinieren wir die verbalen und visuellen Elemente wirksam miteinander? Passen alle Elemente unserer Marke zusammen?
5. *Setzen wir unsere Marke konsequent in allen Medien ein?* Können wir mit Hilfe entsprechender Mechanismen gewährleisten, daß unsere Marke immer gleich präsentiert wird?
6. *Nutzen wir alle möglichen Medien zur Präsentation unserer Marke?* Sind wir kreativ bei der Suche nach neuen Möglichkeiten zur Markenpräsentation? Nutzen wir jede Gelegenheit, durch die Marke Aufschluß über unser Unternehmen zu geben?
7. *Erkennen wir den Einfluß des Serviceangebots auf das Markenimage?* Wissen wir als Manager, daß eine gute Markenpolitik minderwertigen Service nicht wettmachen kann?
8. *Beruhen unsere markenpolitischen Entscheidungen auf Forschungsergebnissen?* Wissen wir, wie unsere Marke im Konkurrenzvergleich dasteht? Kennen wir die Bedeutung der Marke für die Kunden und andere Personenkreise sowie die Gründe dafür?
9. *Respektieren wir den Wert des Bestehenden, wenn wir unsere Marke ändern oder neue Marken einführen?* Bauen wir auf dem Wert unserer Marke auf, oder suchen wir leicht nach einem neuen Anfang?
10. *Internalisieren wir unsere Marke?* Vermarkten wir unsere Marke auch an unsere Mitarbeiter, damit sie dies den Kunden gegenüber tun können? Verstehen unsere Beschäftigten die Marke und glauben sie daran? Identifizieren sie sich mit der Marke?

8
Marketing bei bestehenden Kunden

Es gibt drei Möglichkeiten, wie Dienstleistungsunternehmen ihren Marktanteil erhöhen können: Sie können neue Kunden an sich ziehen, Altkunden zu mehr Aufträgen anregen und die Abwanderung der Kunden bekämpfen. Unternehmen, bei denen das Hauptaugenmerk auf dem bestehenden Kundenstamm liegt, stehen zwei dieser drei Optionen offen: Sie können die Chancen zu einer Vertiefung der Kundenbeziehungen besser nutzen oder Maßnahmen ergreifen, um eine Migration der Kunden zu verhindern.

Marketing zur Gewinnung von Neukunden ist lediglich eine Zwischenstufe; für die meisten Servicefirmen ergeben sich die wichtigsten Geschäftsmöglichkeiten, *nachdem* aus Interessenten Kunden geworden sind. Diese frischgebackenen Kunden haben sich durch ihre Wahl für das Unternehmen eingesetzt – weil sie aus irgendeinem Grund beschlossen haben, daß der Service dieser Firma die beste der verfügbaren Alternativen ist. Außerdem haben die einstigen Interessenten Zeit und Geld investiert, um Kunden zu werden (genauso wie das Unternehmen Mittel in diese Transformation gesteckt hat).

Wirksamkeit und Effizienz des Marketing eines Unternehmens hängen nun davon ab, wie es die Beziehung zu den Kunden aufbaut, fördert und intensiviert. Es wäre unsinnig, wenn man sich zunächst für die Gewinnung von Kunden ins Zeug legen und sich dann bei der Festigung der Kundenbeziehung auf seinen Lorbeeren ausruhen würde. Dennoch begehen viele Unternehmen genau diesen Fehler. Der Marketingdirektor einer führenden Bank erzählte uns: »Fast 80 Prozent unseres Monatsumsatzes stammen von Altkunden, und trotzdem ist unsere Fluktuationsquote häufig genauso hoch wie die Neukundenrate.« Leider steht die Bank mit diesem Dilemma nicht allein da.

Der Fehler steckt im »zweiten Akt«, wie Michael O'Connor das nennt. Das Unternehmen streckt seine Hände nach neuen Kunden aus (der erste Akt), kümmert sich aber kaum oder gar nicht um die Frage, was man tun sollte, damit die Kunden wiederkommen (der zweite Akt).¹ In seinem Artikel stellt O'Connor seinen ehemaligen Lehrer Daniel Carmichael vor, der den Studenten die »Marketingtheorie vom undichten Faß« vorstellte. O'Connor erinnert sich:

> Carmichael zeichnete zu Beginn seiner Vorlesung ein Faß an die Tafel. Er malte dann etliche Löcher auf das Faß und gab ihnen Namen: Unhöflichkeit, Produkt nicht auf Lager, schlechter Service, ungeschultes Personal, schlechte Qualität, schlechte Auswahl, unzureichender Wert etc. Er zeichnete Wasserfontänen, die aus jedem dieser Löcher strömten, und sagte, dies seien Kunden. Unser guter Professor erzählte seinen Studenten, daß ein solches Unternehmen immer neue Kunden in das Faß »gießen« müsse, um am Leben zu bleiben – ein teures, endloses Unterfangen. Er fügte hinzu, daß erfolgreiche Unternehmen die Löcher im Faß stopften und so weitaus weniger Kunden verlören.²

O'Connors Bild vom »zweiten Akt« und das »undichte Faß« seines Professors entsprechen der Unterscheidung, die wir in Kapitel 7 zwischen präsentierter Marke und Markenimage getroffen haben. Mit der präsentierten Marke gewinnt man neue Kunden; das Markenimage dagegen, das auf den allgemeinen Erfahrungen des Kunden mit der Firma beruht, festigt oder schwächt die anfängliche Bindung zwischen Kunde und Unternehmen. Das »undichte Faß« von Professor Carmichael entspräche einer Unternehmensmarke, die den Kunden ein falsches Bild vermittelt.

Einen echten Kundenstamm aufbauen

Bei den meisten Dienstleistungen bietet das Geschäft mit bestehenden Kunden die besten Chancen zur Gewinnsteigerung. Wenn die Kunden laufend oder sporadisch eine Dienstleistung wünschen und es dafür mehr als einen Anbieter gibt, dann wird die Pflege der Kundenbeziehung zum wichtigsten Aspekt des Marketingkonzepts. *Dazu gehören die Aufnahme, Entwicklung und Erhaltung einer Kundenbeziehung.* Im Kern geht es dabei um den Aufbau eines »echten Kundenstamms« – Kunden, die froh sind, daß sie ein bestimmtes Unternehmen ausgewählt haben, die der Meinung sind, daß der Service sein Geld wert ist und daß dem Unternehmen etwas an ihnen liegt, die wahrscheinlich auch andere Dienstleistungen von diesem Unternehmen kaufen werden und wohl kaum zur Konkurrenz abwandern.

Mit Stammkunden lassen sich die größten Gewinne erzielen. Sie bringen dem Unternehmen aufs Jahr umgerechnet mehr Geld und bleiben ihm länger erhalten. Sie empfehlen die Gesellschaft weiter und sind vielleicht sogar bereit, für den Servicenutzen einen Zuschlag zu zahlen.

Außerdem liegen die Marketingkosten für Unternehmen mit vielen Stammkunden in der Regel unter denen von Firmen mit erheblichem »Kundenschwund«. Durch die Fluktuation entstehen Kosten in zweierlei Hinsicht: Zum einen müssen Interessenten gewonnen werden, die mit den Dienstleistungen des Unternehmens und ihren Vorteilen nicht vertraut sind; zum anderen entstehen Anlaufkosten durch spezielle Dienstleistungen für Neukunden wie z.B. die erforderlichen Schreibarbeiten. Außerdem unterstützt die Mund-zu-Mund-Werbung der Stammkunden die Wirkung der bezahlten Werbung und senkt damit effektiv die Werbekosten.

Reichheld und Sasser kommen aufgrund ihrer Untersuchungen zu dem Schluß, daß – je nach Branche – die Unternehmen ihre Gewinne um 25 bis 85 Prozent steigern können, wenn sie die Migrationsrate auf nur 5 Prozent beschränken.[3] Wenn Manager den Sinn der Pflege der Kundenbeziehung in Frage stellen, schlägt die Beraterin Laura Liswood ihnen vor, den »Lebenswert« dieser Kunden auszurechnen. Sie schätzt, daß dieser bei Supermarktkunden z.B. im Durchschnitt bei 250.000 Dollar liegt.

Auch die Kunden profitieren

Nicht nur das Unternehmen zieht Nutzen aus der Pfege der Kundenbeziehung. Viele Dienstleistungskunden wenden sich gerne an eine Firma, die ihre Stammkunden umwirbt. Czepiel und Gilmore meinen, daß Dienstleistungen aufgrund ihres immateriellen, heterogenen und interaktionsintensiven Wesens von Natur aus besser als Waren für den Aufbau von Kundentreue geeignet sind.[4] Da Dienstleistungen unsichtbar sind und unterschiedlich ausfallen, haben ihre Anbieter wie z.B. Autoreparaturwerkstätten, Friseure, Immobilienmakler, Ärzte, Wirtschaftsprüfer, Marktforschungsunternehmen etc. einen entschiedenen Wettbewerbsvorsprung bei bestehenden Kunden, wenn sie die Dienstleistung gut verrichten und das Vertrauen der Kunden gewinnen. Die intensive Wechselwirkung bei vielen Serviceleistungen bietet den Kunden die Gelegenheit, das Verhalten des Dienstleisters zu beobachten und damit ihre Wahrnehmungen zu untermauern.

Im Rahmen der Studie mit Kundenfokusgruppen, die wir mit unserer Kollegin Valarie Zeithaml durchführten, wurde deutlich, daß viele Servicekunden eine »persönliche Beziehung« zum Dienstleister und langfristige

Kontakte zu den gleichen Vertretern des Unternehmens wünschen. Es wäre ihnen lieber, wenn sich die Kundenbetreuer mit ihnen in Verbindung setzten und nicht immer sie selbst die Initiative ergreifen müßten. Sie möchten gerne einen »Partner«, jemanden, der sie kennt und für den sie wichtig sind.

Der Wunsch der Kunden nach einer engeren, persönlicheren Geschäftsbeziehung mit dem Dienstleister zeigte sich nicht nur in den Interviews zu Leistungen wie Versicherungen und Lkw-Leasing, die von vornherein eine kontinuierliche Beziehung zum Kunden verlangen, sondern auch bei Hotelgästen und Kunden von Wartungsfirmen, die nur gelegentlich diese Dienste in Anspruch nehmen. Die nachstehenden Kommentare zeigen, wie weit verbreitet dieser Wunsch nach einer Servicebeziehung ist:

GEWERBLICHER VERSICHERUNGSKUNDE: Sie sollten meine Partner sein und mich von sich aus über meine kalkulierten Risiken informieren. Wenn sie Partner sind, dann ist unser Geld auch ihr Geld.

KUNDE EINER LKW-LEASINGFIRMA: Mir wäre es recht, wenn sie sich als Außenstelle meines Unternehmens betrachten würden. Sie sollten sich um die Details kümmern.

KUNDE EINER WARTUNGSFIRMA FÜR BÜROAUSRÜSTUNGEN: Man muß den Servicetechniker kennen. Ich möchte ihn direkt anrufen können. Ich möchte persönlich wissen, mit wem ich es zu tun habe.

KUNDE EINER KFZ-VERSICHERUNG: Wenn das Vermögen der Kunden wächst, sollten sich die Agenten wieder melden und fragen, ob man mehr Versicherungsschutz benötigt.

HOTELGAST: Wenn sich die Angestellten an einen erinnern und einen als Stammgast begrüßen, ist das ein sehr gutes Gefühl.

Leider werden Kunden bei ihrer Suche nach einer persönlichen Beziehung oftmals enttäuscht. Obwohl die Pflege der Kundenbeziehung sich günstig auf die Gewinne auswirkt, deuten unsere Forschungsergebnisse eher darauf hin, daß diese Möglichkeit *nicht genutzt* wird. Ein Kunde einer Autowerkstatt beklagte sich: »Die Kundendienstmitarbeiter können gar keine Beziehung zu den Kunden aufbauen, weil sie nicht lange genug bleiben. Jedesmal, wenn man zu dieser Firma kommt, sitzt einem eine ganz neue Mannschaft gegenüber.« Ein gewerblicher Versicherungskunde meinte: »Sobald wir die Police unterschrieben haben, hören wir nichts mehr von der Gesellschaft.« Und der Kunde einer Kfz-Versicherung bestätigt dies: »Bei mir hat sich noch kein Agent gemeldet. Ich bekomme nur die Rechnung.«

Vom Kunden zum Klienten

Die Pflege der Kundenbeziehungen bringt also sowohl den Kunden als auch den Unternehmen viele Vorteile. Warum setzten sich dann so wenige amerikanische Dienstleistungsfirmen für ausgezeichnete Kundenbeziehungen ein, als wir dieses Buch schrieben? Wirksames Marketing bei Altkunden zahlt sich eindeutig aus, und doch zeigen unsere Studien, daß hier noch ein erheblicher Nachholbedarf besteht.

Zu diesem derzeit so mittelmäßigen Kundenbeziehungsmarketing trägt unter anderem die verbreitete Auffassung bei, daß die Gewinnung neuer Kunden der schnellste Weg zur Verbesserung der Rentabilität sei. In Verbindung mit der Fixierung auf kurzfristige Gewinne, die für viele US-amerikanische Firmen typisch ist, erklärt diese Haltung, weshalb das Ziel, neue Kunden an sich zu ziehen, mehr gilt als die Verbesserung des Service und der Geschäftsbeziehungen zu bestehenden Kunden. Die Tatsache, daß sich mit Altkunden in der Regel rascher höhere Gewinne als mit Neukunden erzielen lassen, wird von Praktiken des Rechnungswesens verschleiert, in denen sich die Kosten der Gewinnung und Bedienung neuer Kunden nicht vollständig widerspiegeln. Die meisten Führungskräfte erkennen auch nicht, welchen dauerhaften Wert *Stammkunden* dem Unternehmen bringen. Reichheld und Sasser schreiben dazu: »Unglücklicherweise sind [die Unternehmen] mit den derzeitigen Rechungssystemen nicht in der Lage, den Wert eines Stammkunden zu veranschlagen.«[5]

Neue Kunden bringen Umsatz, wenn auch nicht Gewinn; von den Managern werden jedes Quartal Umsatzzuwächse erwartet. Es ist anscheinend angebracht, einen Großteil der Aufmerksamkeit und der Mittel auf die Kunden anderer Unternehmen zu lenken und nicht auf den eigenen Kundenstamm. Das Problem besteht darin, daß Marketing auf der Grundlage von Geschäftsbeziehungen auf Kunden und nicht auf Interessenten abzielt und daher mit der höchsten und gewinnträchtigsten Form einer auf rasche Lösungen abzielenden Mentalität nicht vereinbar ist. Neue Kunden gewinnt man am besten, wenn man sich der langwierigen und mühevollen Aufgabe widmet, eine auf Vertrauen basierende Beziehung zum Kunden herzustellen, und sich als kompentent erweist. Auf diesen Grundsteinen ruht der Aufbau einer Kundenbeziehung. Bei der Pflege der Kundenbeziehung geht es um Grundsätzliches, nicht um Blitzaktionen; es geht um die Substanz, nicht um Stilfragen.

Die drei Stufen der Kundenpflege

Kundenpflege kann auf drei verschiedenen Ebenen erfolgen, je nach Art und Anzahl der Bindungen, die ein Unternehmen zur Festigung der Kundentreue knüpft. Abbildung 8-1 gibt einen Überblick über diese drei Stufen.

Stufe eins. Die erste Stufe könnte man als »Frequenz-« oder »Selbstfinanzierungsmarketing« bezeichnen. Auf dieser Ebene setzt der Anbieter vor allem preisliche Anreize ein, um die Kunden zu mehr Geschäften anzuregen. Banken bieten unter Umständen höhere Zinsen für größere oder längerfristigere Guthaben auf den Konten; Hotelketten gewähren häufigen Gästen möglicherweise einen kostenlosen oder preisgünstigeren Reiseservice; in Supermärkten erhalten Stammkunden Barrabatte, Preisnachlässe in Form von elektronischen »Rabattmarken« oder Gutscheinen. Als dieses Buch entstand, nahm die Zahl der Marketingprogramme auf dieser Stufe rasch zu. Z.B. boten 1989 1.372 von 9.800 befragten Lebensmittelgeschäften treuen Käufern in irgendeiner Form Sonderkonditionen – ein Anstieg von etwa 24 Prozent im Vergleich zum Vorjahr.

Leider führen viele Programme der Stufe eins langfristig oder sogar kurzfristig zu enttäuschenden Ergebnissen. Der Preis ist dasjenige Element im Marketing-Mix, das die Konkurrenz am leichtesten nachvollziehen kann, und daher ist er für sich genommen kein probates Mittel für dauerhaften Wettbewerbserfolg. Die Vielflieger-Programme der Fluglinien sind ein gutes Beispiel.

1983 startete American Airlines sein AAdvantage-Programm, mit dem

Abbildung 8-1 Die drei Stufen der Kundenpflege

Stufe	Art der Bindung(en)	Marketing-ausrichtung	Grad der Kundenan-passung	Primär-element im Marketing-Mix	Chance für langfristigen Wettbewerbs-vorsprung
eins	finanziell	Kunde	gering	Preis	gering
zwei	finanziell und persönlich	Klient	mittel	Persönliche Kommunikation	mittel
drei	finanziell, persönlich und strukturell	Klient	mittel bis hoch	Serviceleistung	groß

Vielflieger Kilometer ansammeln konnten, die dann in Freiflüge oder Flüge in einer besseren Klasse umgemünzt wurden. Als Zielgruppe für dieses Programm hatte man etwa 3 Prozent aller Fluggäste ins Auge gefaßt. Drei Dinge hatte das Management von American Airlines jedoch nicht bedacht: (1) die starke Attraktivität, die Freiflüge für die Öffentlichkeit besitzen (1990 nahmen 11 Millionen Passagiere an dem AAdvantage-Programm teil), (2) das Ausmaß der Gegenreaktionen der Konkurrenz (24 von 27 bedeutenden Fluggesellschaften hatten 1986 Programme für Vielflieger) und (3) daß ein solches Programm praktisch nicht mehr zu stoppen war, wenn es einmal angelaufen war.

Aufgabe der Fluggesellschaften ist der Verkauf, nicht die kostenlose Verteilung von Tickets. Vielflieger-Programme, die eigentlich die Markentreue der Geschäftsreisenden fördern sollten, hatten eine ungewollte Nebenwirkung: Sie verringerten die Nachfrage nach bezahlten Tickets und die Zahl der für zahlende Passagiere zur Verfügung stehenden Plätze, vor allem auf Flügen zu beliebten Urlaubszielen wie Hawaii. Vielflieger-Programme haben mit Sicherheit in gewissem Maße zu mehr Markentreue geführt und bieten zusätzliche Vorteile (z.B. Verwendung von Adreßlisten mit den wichtigsten Kunden für Verkaufsförderungs- und Marktforschungszwecke). Es ist ihnen aber nicht gelungen, die Fluglinien, die solche Programme einführten, in den Augen der Vielflieger so stark von der Konkurrenz *zu differenzieren*, daß sich die Kosten und Nachteile bezahlt machten. Das Vielflieger-Konzept, im Grunde ein Vorzugspreis für bessere Kunden, kann leicht imitiert werden.

Anbieter, die eine möglichst feste Beziehung zu ihren Kunden aufbauen wollen, müssen eine Bindung herstellen, die wichtig für die Kunden, aber für die Konkurrenz schwer nachzuahmen ist. Freiflüge erfüllen das erste, nicht aber das zweite Kriterium. Da in anderen Branchen viele Maßnahmen des »Frequenzmarketing« nach dem Muster der Vielflieger-Programme gestrickt sind, beurteilen wir ihre langfristigen Aussichten nicht optimistisch.

Stufe zwei. Auf der zweiten Stufe gehen die Anbieter einen Schritt weiter und betreiben Kundenpflege nicht nur über preisliche Anreize. Sie vergessen zwar nicht, wie wichtig der Preiswettbewerb ist, versuchen jedoch, über eventuelle finanzielle Sonderkonditionen hinaus auch persönliche Bindungen zu knüpfen. Auf dieser Ebene steht die auf spezifische Kundenbedürfnisse abgestimmte Serviceleistung und die Wandlung vom Kunden zum Klienten im Vordergrund. Donnelly, Berry und Thompson definieren in ihrem Buch *Marketing Financial Services* den Unterschied zwischen Kunden und Klienten:

Kunden können für eine Organisation namenlose Gesichter sein; Klienten sind immer persönlich bekannt. Kunden kann man als Teil einer Menge oder einer größeren Gruppe bedienen; Klienten erhalten individuellen Service. Kunden werden in Zahlen erfaßt, ihre Bedürfnisse auf Computerausdrucken zusammengefaßt. Klienten sind eigenständige Persönlichkeiten; Kenndaten über sie – Hintergrundinformationen, in Anspruch genommene Dienstleistungen, Sonderwünsche – sind in einer Datenbank gespeichert. Kunden werden von zufällig verfügbaren Angestellten bedient; Klienten dagegen von ihnen zugewiesenen Fachleuten – zumindest was Wünsche anbelangt, die über den normalen Geschäftsablauf hinausgehen.[6]

Marketing der Stufe zwei heißt, mit den Klienten in Verbindung zu bleiben, sich über ihre Wünsche und Bedürfnisse zu informieren, auf der Grundlage dieser Daten maßgeschneiderten Service zu bieten und den Klienten immer wieder die Vorteile der Geschäftsbeziehung aufzuzeigen. Auf dieser Ebene ist Marketing sowohl Wissenschaft wie Gefühlssache. Das Marketing von Mensch zu Mensch geht einher mit dem Marketing vom Unternehmen zum einzelnen.

Persönliche Bindungen können in der Regel drastische Preis- oder Serviceschwächen nicht aufwiegen. Sie können jedoch die Klienten dazu bringen, eine Geschäftsbeziehung aufrechtzuerhalten, sofern es keinen triftigen Grund für einen Wechsel gibt. Dem Unternehmen geben sie möglicherweise Gelegenheit, auf Pannen oder auf Lockrufe von Konkurrenten zu reagieren, bevor der Klient abtrünnig wird.[7]

In einer Untersuchung der Beziehung zwischen Vertretern und ihren Klienten in der Lebensversicherungsbranche stellten Crosby, Evans und Cowles fest, daß ein auf die Kundenpflege ausgerichtetes Verkaufsverhalten die Qualität der Kundenbeziehung (definiert als Vertrauen des Klienten in den Vertreter und Zufriedenheit mit seinen Diensten) stark beeinflußt. Die Qualität der Beziehung wiederum wirkte sich deutlich positiv auf die Beantwortung der Frage aus, ob der Klient in Zukunft weitere Geschäfte mit diesem Vertreter tätigen wolle. Die Kundenpflege umfaßt hier unter anderem die Kontaktaufnahme mit ausgewählten Klienten zur Neubewertung ihrer Bedürfnisse, persönliche Aufmerksamkeiten wie Karten oder Geschenke, Aufbau wechselseitigen Vertrauens und eine kooperative, entgegenkommende Haltung.[8]

Die University National Bank & Trust Company in Palo Alto, Kalifornien, z.B. hat diese Grundsätze in die Tat umgesetzt. Die 1980 gegründete UNB&T hat innerhalb von 10 Jahren ein Einlagenvolumen von 200 Millionen Dollar erreicht und erwirtschaftet Jahr für Jahr Erträge, die deutlich über denen der Konkurrenz liegen. Von Anfang an umwarb die Bank Klienten, nicht Kunden, und bestand darauf, daß alle Klienten als Grundlage für die Geschäftsbeziehung ein Girokonto eröffnen sollten. Diese Klientenbeziehungen basieren auf gegenseitigem Engagement. Die Politik der UNB&T, von jedem Klienten die Eröffnung eines Girokontos zu verlangen, spiegelt die Unternehmensphilosophie wider: Man setzt sich für jeden einzelnen Klienten ein und erwartet, daß er dies auch umgekehrt tut. Carl Schmitt, Gründer und *Chairman* dieser Bank wird in der Zeitschrift *Western Banker* vom März 1990 so zitiert:

> Wir sind einzigartig, weil wir keine Produkte anbieten, sondern uns statt dessen auf die Kundenbeziehungen konzentrieren. Ich kenne keine andere Bank, die jemanden mit einer Einlage von 1 Million Dollar nicht als Kunden akzeptieren würde, weil er kein Girokonto eröffnet. Wir würden das aber tun. Bei uns ist ein Girokonto immer die Voraussetzung für eine Geschäftsbeziehung, und wir haben uns immer an diese Regel gehalten. Sie spielt eine Schlüsselrolle in unserer Unternehmenskultur.

Persönlicher Service ist für die UNB&T von herausragender Bedeutung. In jeder der beiden Niederlassungen steht den Depositen- und Vermögensverwaltungsklienten ein Team aus Managern für das Kredit- und das Einlagegeschäft zur Verfügung. Alle Kundenkontaktmitarbeiter einschließlich der Kassierer sprechen Klienten mit Namen an, wenn sie sie bedienen. Während seines Besuches in der Bank kann sich der Klient kostenlos die Schuhe putzen lassen, Briefmarken zum Selbstkostenpreis kaufen und Rechenmaschinen und Kugelschreiber benutzen, die *nicht* mit einer Kette am Schreibtisch befestigt sind. Jedes Jahr im Juni fordert die Bank ihre Klienten auf, kostenlose Walla-Walla-Süßzwiebeln zu bestellen. 1989 schenkte sie ihren Klienten 17.400 Pfund solcher Zwiebeln. Außerdem erhalten die Klienten jedes Jahr einen ansprechenden Bildband als Dank für die in Anspruch genommenen Dienste. Dem siebten Band lag folgendes Briefchen bei:

> *Alles Gute zum Jahrestag!*
>
> *Wir freuen uns sehr, daß Sie im vergangenen Jahr unser Kunde waren. Unser Ziel ist es, ein »etwas anderes Bankgefühl« zu vermitteln. Ich hoffe, daß uns dies bei Ihnen gelungen ist und daß wir Sie noch viele Jahre zu unseren Kunden zählen können.*
> *Mit den besten Wünschen*
> *Carl J. Schmitt   Chairman*
> *Herbert C. Forster   President*

Die University National Bank & Trust Company baut mit Hilfe persönlicher Bindungen dauerhafte Geschäftsbeziehungen auf. Sie verschenkt z.B. die Zwiebeln als persönlichen Ausdruck der Freundschaft und der Dankbarkeit für die Geschäftsbeziehung. Im Rahmen der viel umfassenderen Klientenerfahrungen mit der Bank haben diese Werbegeschenke weniger eine finanzielle als eine soziale Bedeutung und können von der Konkurrenz viel schwerer kopiert werden.

Stufe drei. Auf dieser Ebene festigen die Anbieter die Beziehung zum Klienten durch strukturelle Bindungen als Ergänzung zu den persönlichen und finanziellen. Strukturelle Bindungen entstehen, wenn ein Unternehmen Dienste anbietet, die wertvoll für die Klienten und aus anderer Quelle nur schwer erhältlich sind. Hier handelt es sich oft um Leistungen auf technischer Basis, die die Effizienz oder Produktivität der Klienten steigern sollen. Diese Dienstleistungen sind Teil des Systems und nicht von dem Verhalten der einzelnen Servicemitarbeiter abhängig – daher verwenden wir die Bezeichnung »strukturell«.

Gut umgesetzte strukturelle Bindungen erhöhen zum einen für die Klienten die Kosten der Abwanderung zur Konkurrenz (weil sie mehr aufgeben), bieten aber auch den Kunden der Mitbewerber mehr Vorteile im Falle eines Wechsels (weil sie dadurch gewinnen). Vor allem aber ergänzen strukturelle Bindungen die bestehenden persönlichen Bindungen um eine nichtpreisliche, dynamische Komponente – ein Vorteil bei hartem Preiswettbewerb. Turnbull und Wilson bringen es auf den Punkt:

> Die persönlichen Bindungen können zwischen allen Käufern und Kundenbetreuern ein hohes Niveau erreicht haben, doch bei großen Preisunterschieden können auch sie die Kundenbeziehung nicht aufrechterhalten. Gewerbliche Kunden müssen Preisaufschläge begründen, und eine gute persönliche Beziehung rechtfertigt unter Umständen nur einen geringen Zuschlag. Es ist leichter für die Käufer, dem niedrigeren Preis eines Konkurrenten zu widerstehen, wenn dieser nicht den gewünschten technischen Service bietet. Die strukturelle Bindung, die der Verkäufer durch Investitionen in technische Unterstützung herstellt, bindet mittelständische Kunden an den Anbieter.[9]

Das Pharmahandelsunternehmen McKesson ist ein gutes Beispiel für Kundenpflege der Stufe drei. Es hat Millionen in die Entwicklung eines elektronischen Datenaustauschsystems für unabhängige Apotheken gesteckt und so in den 80er Jahren seinen Umsatz von 1 Milliarde Dollar auf 6 Milliarden Dollar gesteigert. McKesson entwickelte ein Informationssystem, das es den kleinen Apotheken ermöglicht, im Bestandsmanagement, in der Preisgestaltung, bei Krediten und in anderer Weise mit den großen Pharmahandelsketten zu konkurrieren. Mit *Economost* und *Econoscan* können die unabhängigen Apotheker über einen kleinen Handcomputer und einen optischen Scanner elektronisch Aufträge erteilen sowie Bestände und Regale kontrollieren. Daneben gibt es *Econocharge*, ein Kreditkartensystem des Hauses, *Econoclaim*, ein System zur Verarbeitung von Verschreibungsinformationen und Versicherungsansprüchen und schließlich *Pharmaserve*, ein ladeninternes Computersystem.

Die Strategie von McKesson verdeutlicht, welche Bindungswirkung die strukturelle Lösung dringender Bedürfnisse der Klienten besitzt. Indem McKesson seine Mittel auf die Unterstützung seiner Zielgruppe – kleinere Apotheken – im Wettbewerb mit den großen Pharmahandelsketten konzentrierte, stellte das Unternehmen eine formale Bindung zu seinen Klienten her, die eine Abwanderung zu anderen Anbietern sehr stark erschwert.

Auf den ersten Blick scheinen strukturelle Bindungen eher bei der Vermarktung von Dienstleistungen an die Industrie, nicht aber an den Verbraucher möglich zu sein. Dies täuscht jedoch. Der Schlüssel zum Erfolg bei der Kundenpflege der Stufe drei ist die *Wertschöpfung* durch einen Service, dessen Verrichtung für die Kunden selbst sehr schwierig oder teuer wäre und der auch nicht ohne weiteres von anderen Firma angeboten wird. Da Kauf und Nutzung von Industriedienstleistungen oftmals technisch komplexe Lösungen und beträchtliche Investitionen erfordern (z.B. die Installation von Informationssystemen oder Telefonanlagen), eignen sie sich besonders gut für die in dem Beispiel der Firma McKesson angesprochene strukturelle Partnerschaft.

Doch auch Servicebetriebe können strukturelle Bindungen zu den Konsumenten knüpfen. Es ist eine Frage des Geschicks, der Kreativität und der Hingabe an die Philosophie der Kundenpflege. McKesson hat im Grunde Systeme entwickelt, die den Klienten zu mehr Erfolg verhelfen. Anbieter von Verbraucherdienstleistungen können das auch.

1977 führte Merrill Lynch sein Cash-Management-Konto ein, das sich als einer der größten Erfolge im Finanzdienstleistungsmarketing erweisen sollte. Das CMA bot den Verbrauchern eine automatische Mittelumschichtung von Erlösen aus Aktien- und Rentenverkäufen in Geldmarktfonds, so daß die Gelder der Konsumenten ständig Zinsen abwarfen. Die Klienten konnten per Scheck oder Scheckkarte über diese Mittel verfügen. Wenn das Guthaben auf dem Konto für bestimmte Transaktionen nicht ausreichte, wurde der durch Wertpapiere gesicherte Kreditrahmen automatisch erweitert.

Anlegern höherer Einkommensschichten gefielen Bequemlichkeit, Einfachheit und Flexibilität dieses Allzweckkontos, dessen Bewegungen monatlich auf einem integrierten Auszug zusammengefaßt wurden. Sie sahen auch die Ertragskraft eines Kontos, auf dem die Gelder niemals ungenutzt herumlagen. Dennoch dauerte es Jahre, bis die Konkurrenz die Technik für einen ähnlichen Service entwickelt hatte. Im Herbst 1982 hatte Merrill Lynch mehr als 750.000 CMA-Klienten mit einem durchschnittlichen Guthaben von 67.000 Dollar. Bis Herbst 1990 war diese Zahl um mehr als das Doppelte auf 1,6 Millionen CMA-Kunden gestiegen, deren Durchschnittsguthaben sich auf 155.000 belief.

Ein weiteres Beispiel für strukturelle Bindungen an der Verbraucherfront liefert American Airlines mit seinem AAdvantage-Gold-Programm, das auf die 2 oder 3 Prozent der Teilnehmer am AAdvantage-Programm abzielt, die am meisten Flugkilometer zurücklegen. Mit Hilfe seines hochentwickelten SABRE-Informationssystems bietet American Airlines den besten Klienten Extraleistungen, die viele Konkurrenten bisher nicht nachahmen können oder wollen. Dazu gehört die Gold Hot Line, eine exklusive gebührenfreie Telefonleitung für Reservierungen und Informationen oder die vorläufige Reservierung der beliebtesten Plätze für AAdvantage-Gold-Mitglieder bis zwei Tage vor dem Flug. Wenn möglich, hält American Airlines den Mittelplatz neben einem Teilnehmer am Gold-Programm frei. AAdvantage-Gold-Mitglieder können auch mit den Passagieren der Ersten Klasse eher an Bord gehen und in die Erste-Klasse-Kabine aufrücken. Das SABRE-System enthält das persönliche Reiseprofil dieser Klienten. Mit Advantage Gold hat American Airlines ein Paket aus kleinen Vorteilen geschaffen, das (1) vielfliegenden Geschäftsleuten mehr ins Auge sticht und von ihnen eher genutzt und geschätzt wird, (2) das Prestige und die Exklusivität mit sich bringt, die die Vielflieger-Grundprogramme nicht mehr bieten, und (3) nur bei kontinuierlicher, häufiger Inanspruchnahme der Dienste dieser Gesellschaft zur Verfügung steht. AAdvantage Gold ist die strukturelle Antwort von American Airlines auf den Stress, den Vielflieger ertragen müssen, und auf die persönlichen Bedürfnisse der Manager, die volle Tarife bezahlen, sich aber das Flugzeug mit High-School-Schülern auf Exkursion teilen müssen.

Die Kunst der Kundenpflege

Kundenpflege stellt Marketingmitarbeiter vor allem vor die Herausforderung, Stammkunden* zu gewinnen, die erkennen, daß sie in einer Ge-

---

* Nachdem wir im letzten Abschnitt zwischen Kunden und Klienten unterschieden haben, werden wir der Einfachheit halber ab sofort wieder den Oberbegriff »Kunden« verwenden, es sei denn, wir gehen spezifisch auf diese Unterscheidung ein.

schäftsbeziehung mit dem Unternehmen stehen und dies auch schätzen. Dazu muß die Firma Vorteile bieten, die für die Kunden wichtig sind und von der Konkurrenz nur schwer kopiert werden können. Die Stufe zwei der Kundenpflege bietet mehr Gelegenheiten dafür als Stufe eins, Stufe drei wiederum mehr als Stufe zwei.

Dreh- und Angelpunkt der Kunst des beziehungsorientierten Marketing ist die Wertschöpfung für den Kunden. Es ist der Wert, der Unternehmen und Kunden aneinander bindet. Der Wert entspricht dem Gesamtnutzen, den die Kunden für die aufgewendeten »Gesamtkosten« erhalten.[10] Beispielsweise ist Haareschneiden eine grundlegende Dienstleistung, aber nur ein Element des Gesamtnutzens. Die Einrichtung und der Komfort des Friseursalons, das sympathische Äußere des Friseurs, eventuelle Pflegetips – all diese Variablen stehen auf der Nutzenseite der Wertgleichung.

Ebenso ist der Preis nur ein Bestandteil der Gesamtkosten. Die Gesamtkosten entsprechen der vollen Last, die ein Kunde tragen muß, um eine Dienstleistung zu erhalten – dazu gehören z.B. auch die lästige Anfahrt zu einem weit entfernten Salon oder die unangenehme Atmosphäre in einem kleinen Warteraum mit einer kettenrauchenden Empfangsdame.

Einer der wichtigsten Lehrsätze im Dienstleistungsmarketing lautet, daß niedriger Preis und hoher Wert nicht gleichzusetzen sind. Ein niedriger Preis kann zu einem hohen Gesamtwert beitragen, muß es aber nicht. Dr. Laura Popper, die Kinderärztin aus Manhattan, die wir in Kapitel 6 zitierten, formuliert das so:

> Ich führe meine Praxis allein; das ist sehr persönlich. Ich kenne die Familien meiner Patienten und weiß, was bei ihnen los ist. Meine Patienten reichen von Neugeborenen bis hin zu 27jährigen, da einige weiter zu mir kommen wollen, obwohl sie schon erwachsen sind. Man ist ein besserer Arzt, wenn man nicht einfach nur Symptome und Krankheiten behandelt. Man muß die Menschen als Ganzes sehen, nicht als einzelne Teile eines Puzzles. Wenn man nicht weiß, wen man behandelt, dann hilft man den Patienten nicht.

In unserem Interview fragten wir Dr. Popper nicht einmal nach ihren Honorarsätzen oder wie diese im Vergleich zu anderen Kinderärzten in der Nähe ausfielen. Was sie uns über Dienstleistungsmarketing erzählen konnte, erschien uns weitaus wichtiger. Dr. Popper betreibt ausgezeichnete Kundenpflege, denn sie bietet mehr als Preisvorteile.

Qualitätsservice ist von so entscheidender Bedeutung, da Kundenbeziehungen von Wertwahrnehmung abhängen. Der Servicenutzen und die Kosten, die Kunden wahrnehmen, kreisen um Zuverlässigkeit, Materielles, Entgegenkommen, Souveränität und Einfühlung im Service. Die Wertschöpfung des Kunden bestimmt für alle Unternehmen das Potential im beziehungsorientierten Marketing – ob es sich nun um Discountläden, Banken, Telefongesellschaften, Wirtschaftsprüfer, Softwarehäuser oder Schönheitssalons handelt. Das Niveau der Servicequalität hat wiederum einen direkten Einfluß auf das Wertpotential.

Drei Merkmale des Qualitätsservice sind für den Aufbau einer Kundenbeziehung von besonderer Bedeutung:

- Fairneß
- Individuelles Marketing
- Serviceerweiterungen

Fairneß

Wie in jeder anderen Beziehung spielt auch in der zwischen Unternehmen und Kunden das Vertrauen eine wichtige Rolle. Nur wenige Kunden möchten eine Geschäftsbeziehung mit einem Unternehmen aufbauen oder fortsetzen, das sie für unfair halten.

Zur Fairneß gehört ein ausgewogenes Umfeld, in dem sowohl Verkäufer als auch Käufer ihre Ziele realisieren können. Zur Fairneß gehört auch, daß man den Kunden zuhört und fürsorglich auf ihre Probleme eingeht, ihnen für jede Transaktion genaue, relevante Informationen zur Verfügung stellt und Versprechen einhält, ob sie nun der Verkäufer dem Käufer gegenüber eingeht oder umgekehrt.

In unserem laufenden Forschungsprogramm zur Servicequalität sind wir häufig auf Mißtrauen und Ressentiments gestoßen, die Kunden Unternehmen entgegenbringen, die sie für unfair halten. Ein Hotelgast klagte: »Man muß eine Strafe zahlen, wenn man nicht erscheint, aber die kommen ungeschoren davon, wenn sie die Zimmerreservierung vergessen.« Ein Kunde einer Autowerkstatt erklärte: »Wenn er nicht muß, macht der Händler keinen Finger krumm.« Ein gewerblicher Versicherungskunde meinte: »Versicherungen sind dazu da, daß sie einen versichern, aber die haben eine ganze Litanei von Ausnahmen, so daß man keine Ahnung hat, was der Versicherungsschutz überhaupt abdeckt.«[11]

Diese typischen Kommentare stehen für viele, die wir im Laufe unserer Untersuchungen hörten. Sie alle zeigen, daß die Gelegenheit verpaßt wurde, durch gegenseitiges Vertrauen eine echte Beziehung zum Kunden aufzubauen. Servicegesellschaften sollten nicht versuchen, das Unternehmen vor unfairen Kunden zu schützen (z.B. mit Überbuchungen in großem Stil, damit keine Verluste entstehen, wenn jemand nicht kommt), sondern sich vielmehr auf die fairen Kunden einstellen (die überwältigende Mehrheit) und gegen die anderen strenge Maßnahmen ergreifen. Die Unternehmen sollten nicht aus Kostengründen möglichst wenig für die Kunden tun, sondern sich auf die für die Kunden wichtigsten Aspekte konzentrieren und so viel wie möglich dafür tun. Sie sollten auch nicht den Kunden die komparativen Nachteile einer Dienstleistung verschweigen, sondern die Schwachpunkte aus dem Weg räumen und die Kunden umfassend informieren.

Wer Marketing auf der Basis von Kundenbeziehungen betreiben will, muß bereit sein, jede Politik und jede Strategie einer Fairneßprüfung zu unterziehen. Er muß bereit sein, eine ausgewogenes Umfeld zu schaffen. Er muß bereit sein, nicht nur zu fragen »Ist das legal?«, sondern auch »Ist das richtig?«

Individuelles Marketing

Kluge Marketingmitarbeiter erliegen nicht der Versuchung, ihre Servicekunden als Selbstverständlichkeit zu betrachten. Statt dessen streben sie eine Marketingkultur an, in der Altkunden wie neue Interessenten behandelt werden. Kluge Marketingmitarbeiter umwerben ihre Kunden, indem sie mit ihnen in Verbindung bleiben und maßgeschneiderten Service bieten. Sie behandeln jeden Kunden wie ein Marktsegment, das aus einer Person besteht.

Individuelles Marketing ist an etliche Bedingungen geknüpft. Erstens muß der Service für die Kunden erreichbar sein. Wenn sie eine Beziehung zu einem Unternehmen aufbauen sollen, müssen sie mit ihm Kontakt aufnehmen und bei Bedarf Serviceleistungen in Anspruch nehmen können. General Electric gibt jährlich 10 Millionen Dollar für das GE Answer Center aus, das rund um die Uhr an 365 Tagen im Jahr besetzt ist. Das Computerinformationssystem zur Unterstützung der Kundendienstmitarbeiter in diesem Zentrum enthält Antworten auf 750.000 mögliche Kundenfragen. Das Servicepersonal wird Jahr für Jahr 100 Stunden lang zur Auffrischung und Aktualisierung seiner Kenntnisse geschult. N. Powell Taylor, der Leiter dieses Zentrums, wird in der Zeitschrift *The Service Edge* vom Juni 1990 so zitiert: »Wir versuchen, eine Verbindung zum Kunden herzustellen – eine Verbindung, die viele Jahre lang hält und uns einen echten Wettbewerbsvorsprung verschafft.«

Ein zweiter wichtiger Aspekt beim individuellen Marketing ist die

Kommunikation in zwei Richtungen – auf Initiative des Unternehmens genauso wie auf Anstoß des Kunden. Wenn die Kontaktaufnahme immer von den Kunden ausgeht, ist es weniger wahrscheinlich, daß diese meinen, zwischen ihnen und einem bestimmten Unternehmen bestünde eine Beziehung. Regelmäßige, vom Unternehmen initiierte Kundenkontakte sind wichtig für die Beurteilung ihrer Servicewahrnehmungen, die Ermittlung neuer oder sich ändernder Bedürfnisse, die kontinuierliche Betonung der Vorteile einer Geschäftsbeziehung und den Dank für das dem Unternehmen entgegengebrachte Vertrauen. Die PHH Corporation verlangt von ihren Kundenmanagern, daß sie einmal jährlich eine Besprechung mit jedem Kunden abhalten. Der zuständige *Vice President* von PHH ist dabei ebenfalls anwesend. Bei diesem Treffen wird der Service besprochen, den der Klient im vergangenen Jahr erhalten hat, die erreichte Wertsteigerung herausgestellt, werden die Leistungsziele des Kunden für das kommende Jahr abgesteckt, ein Maßstab für die Beurteilung der Leistung von PHH in den angesprochenen Bereichen aufgestellt und die bei der nächsten Besprechung zu diskutierenden Themen vereinbart. Neben diesen jährlichen Kundenbesprechungen muß auch ein Manager aus der Führungsriege von PHH (darunter auch der *Chairman* des Unternehmens) mehrmals pro Jahr Kunden aufsuchen und auf der Grundlage dieser Besuche für die betreffenden operativen Manager und die Kundenberater Berichte erstellen.

Ein drittes Element sind die Organisations- und Informationsmittel, die zur effizienten Anpassung des Service an die spezifischen Kundenbedürfnisse erforderlich sind. »Effizient« ist hier das Schlüsselwort. Ein kostengünstiger maßgeschneiderter Service ist nur mit der richtigen Organisationsstruktur und geeigneter Technologie zu erreichen. In den letzten 15 Jahren haben immer mehr Banken im Privatkundengeschäft einigen oder allen Kunden »persönliche Berater« zugewiesen. Diese sind in der Regel für die Beziehung zu »ihren« Kunden zuständig, geben Ratschläge, lösen Probleme, halten die Kunden auf dem laufenden und verkaufen zusätzliche Dienstleistungen. Wenn die Berater ihre Sache gut machen, werden aus den Bankkunden Klienten, denen ein persönlicher Bankexperte zur Verfügung steht.

Der Einsatz persönlicher Kundenberater und andere Formen des individuellen Marketing stehen und fallen mit präzisen, relevanten Kundeninformationen. Ein Hotel könnte beispielsweise auf der Grundlage von Daten aus Kundenfragebögen ein Informationssystem aufbauen, in dem die Vorlieben der Gäste erfaßt sind. Mit diesen Informationen könnte das Hotel den Service in verschiedenerlei Hinsicht effizient personalisieren und verbessern, angefangen mit dem automatischen Einchecken der Gäste bei der Ankunft bis hin zur Bereitsstellung ihres Lieblingswhiskys auf dem Zimmer.

Staples, ein in Boston ansässiger Einzelhändler für Bürobedarfsartikel, bietet seinen Kunden an der Kasse Mitgliedskarten an. Verlangt wird, daß der Kunde einen Antrag ausfüllt, in dem nach Hintergrunddaten wie z.B. seiner Adresse gefragt wird. Diese Mitgliedskarte bietet einerseits den Kunden Sonderangebote und Spezialrabatte; andererseits kann Staples dadurch die Kauffrequenz der einzelnen Kunden sowie Art und Umfang der getätigten Käufe feststellen. Mit Hilfe dieses Systems kann Staples auch die Beziehung zum Kunden individueller gestalten, indem die Firma bei Sonderaktionen für bestimmte Artikel diejenigen Kunden direkt anschreibt, die in dieser Kategorie Waren eingekauft haben, oder sie zu speziellen Seminaren und Produktvorführungen einlädt.

Eine vierte Voraussetzung für individuelles Marketing ist ein Führungssystem, das den Dienst am Kunden zu einem erstrebenswerten Ziel macht. Servicemitarbeiter müssen individuellen Service nicht nur leisten *können*, sondern dies auch *wollen*. Unter Umständen sind neue Methoden zur Messung und Belohnung der Mitarbeiterleistung gefragt. Viele Versicherungen bieten ihren Agenten beispielsweise für den Abschluß neuer Policen ansehnliche Prämien; Kundenpflege aber wird kaum oder überhaupt nicht belohnt. Die Folge ist natürlich, daß die Agenten den Inhabern von Policen weniger Aufmerksamkeit schenken. In diesen Unternehmen haben die Manager einen Konflikt zwischen Verkauf und Dienst am Kunden hervorgerufen und damit die Chancen für beziehungsorientierten Service verringert.

MBNA America, eine große US-Kreditkartengesellschaft, verliert jedes Jahr nur 5 Prozent der Kunden. Bei der Konkurrenz beträgt die Migrationsrate im Durchschnitt 12 Prozent. Ein Grund für den Erfolg von MBNA ist das Führungssystem, das die Faktoren mißt, die sich am stärksten auf die Zufriedenheit der Kunden auswirken (Reaktionszeit bei schriftlichen oder telephonischen Anfragen und irrtumsfreie Abrechnungen). Wenn Abteilungen die Leistungsvorgaben auf diesen Gebieten erreichen, werden Prämien ausbezahlt, die bis zu 20 Prozent des Gehalts der einzelnen ausmachen können.

Serviceerweiterungen

Ein weiteres Element beim Aufbau einer Kundenbeziehung ist die Erweiterung des Service – ein Thema, das indirekt in diesem Kapitel immer wieder zur Sprache kam. Serviceerweiterung bedeutet, daß man »Extras«

in das Serviceangebot aufnimmt, um sich von der Konkurrenz zu unterscheiden. Tatsächlich wird der Primärservice mit zusätzlichen Dienstleistungen ergänzt, um das Gesamtangebot attraktiver zu gestalten. Der Trick besteht darin, vom Kunden geschätzte Extras ausfindig zu machen, die die Konkurrenz nicht ohne weiteres kopieren kann und die vom finanziellen und betrieblichen Standpunkt aus machbar sind.

Die potentiellen Vorteile von Serviceerweiterungsstrategien werden oft verwässert, da andere Firmen so leicht nachziehen können. Die in diesem Kapitel beschriebenen Vielflieger-Programme sind ein gutes Beispiel. Das AAdvantage-Programm von American Airlines wäre eine großartige Idee gewesen, hätten nur die anderen Fluggesellschaften keine ähnlichen Programme eingeführt. Aber genau das taten sie natürlich. American Airlines war eine zu große und mächtige Fluglinie, als daß die Mitbewerber ihre Bemühungen zur Stärkung der Kundentreue bei den vielfliegenden Geschäftsleuten hätten ignorieren können – beim gewinnträchtigsten aller Segmente des Reisemarktes.

Wir beobachten das gleiche Schema – Serviceerweiterung durch Imitation – in gehobenen Hotels. Es begann mit Süßigkeiten auf dem Kissen, und dann führte diese Entwicklung zu einer Flut von Toilettenartikeln im Badezimmer, einer Morgenzeitung und sogar einem Frotteebademantel im Schrank (mit der obligatorischen Karte, die die Gäste davor warnt, dieses Kleidungsstück mit nach Hause zu nehmen). Das sind nette Annehmlichkeiten, aber ob sich ein Hotel damit gegenüber den anderen profilieren kann, ist zweifelhaft. Solche Aufmerksamkeiten sind inzwischen so weit verbreitet, daß sie zum »Standard« wurden. Die Gäste erwarten, sie in den Hotels vorzufinden, und sind daher nicht überrascht, wenn dies auch der Fall ist. Und treue Kunden werden sie deshalb noch lange nicht.

Wie lautet also die Antwort? Was können Anbieter von Dienstleistungen tun, um sich durch Serviceerweiterungen wirklich von der Konkurrenz abzuheben? Die Antwort lautet: Sie müssen mehr bieten als Kundenpflege der Stufe eins und persönliche und möglichst strukturelle Extras zusätzlich zu finanziellen oder »kostenlosen« Sonderleistungen bieten. Das ist die Zauberformel, mit der Unternehmen wie Stew Leonard's oder University National Bank & Trust arbeiten. Das *ganze* Unternehmen unterscheidet sich von der Konkurrenz – das Ambiente, die Einstellung und die Unternehmenskultur. Serviceerweiterungsversuche (von der Tierfarm vor dem Geschäft von Stew Leonard's bis zu den Walla-Walla-Zwiebeln von UNB&T) unterstreichen das einzigartige Gesamtbild. Wenn diese Versuche der Unternehmenskultur entsprechen und persönliche und strukturelle – nicht nur finanzielle – Bindungen widerspiegeln, enthalten sie ein großes Kundenpflegepotential. Die Kunden werden solche Versuche wahr-

```
                    ┌─────────────────────────┐
                    │  Strukturelle Bindungen │
                    │ ┌─────────────────────┐ │
                    │ │ Persönliche Bindungen│ │
                    │ │ ┌─────────────────┐ │ │
                    │ │ │    Finanzielle  │ │ │
                    │ │ │    Bindungen    │ │ │
                    │ │ └─────────────────┘ │ │
                    │ └─────────────────────┘ │
                    └─────────────────────────┘
```

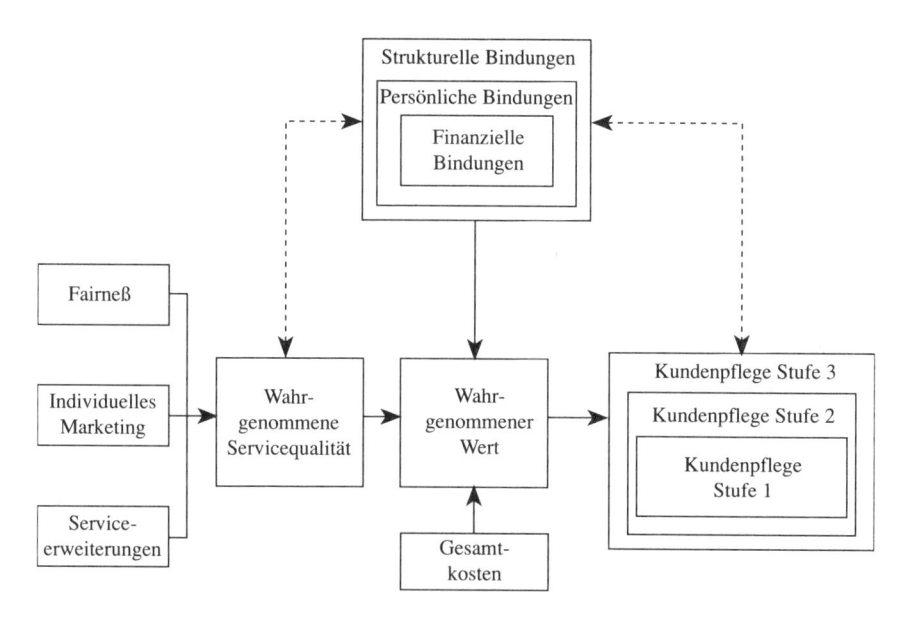

Abbildung 8–2 Die Beziehung zwischen Qualität und Wert

scheinlich am meisten schätzen, und die Konkurrenz wird sie wohl kaum wirksam kopieren können.

Abbildung 8–2 gibt einen Überblick über die wichtigsten Bausteine der Kundenpflege und ihre jeweiligen Verbindungen. Die wahrgenommene Servicequalität und die Bindungen, die ein Unternehmen seinen Kunden bietet, sind die wichtigsten Bestimmungsfaktoren des wahrgenommenen Wertes – die vom Kunden angestellten Kosten-/Nutzenvergleiche. Der wahrgenommene Wert wiederum bestimmt das Niveau und die Stärke der Kundenbeziehung. Die unterbrochenen Pfeile in dieser Abbildung stehen für sekundäre Verbindungen zwischen den verschiedenen Elementen.

Management-Checkliste

Bei der Beurteilung der Effektivität des Marketing bei bestehenden Kunden sollten sich Manager die folgenden Fragen stellen:

1. *Berechnen wir den »Lebenswert« eines Kunden?* Wissen wir, wie sich eine Verringerung der Kundenmigrationsrate um nur 5 Prozent auf

unseren Gewinn auswirken würde? Haben wir unsere Mitarbeiter über diese Auswirkungen informiert? Wissen sie, welchen Wert bestehende Kunden für das Unternehmen und für sie selbst darstellen?
2. *Planen wir die Marketingmaßnahmen für unsere Altkunden genauso sorgfältig wie das Neukundenmarketing?* Wollen wir *Stammkunden* haben oder einfach nur Kunden? Denken wir an die *Pflege der Kundenbeziehung* oder nur an die Vermarktung unserer Leistungen?
3. *Steht in unserem Marketing der Wert oder der Preis im Vordergrund?* Setzen wir zu sehr auf preisliche Anreize und wundern wir uns dann, warum wir so wenige treue Kunden haben? Meinen wir, Kundentreue könne man sich erkaufen?
4. *Engagieren wir uns für den Aufbau einer persönlichen Bindung zu unseren Kunden?* Tun wir alles in unserer Macht Stehende, um mit den Kunden in Kontakt zu bleiben, die Beziehung immer wieder aufleben zu lassen und den Kunden für ihr Vertrauen zu danken? Fördern wir ein auf die Kundenpflege ausgerichtetes Verkaufsverhalten durch die Einstellungs-, Ausbildungs-, Beurteilungs- und Entlohnungspolitik für unser Kundenkontaktpersonal? Verwenden wir genug Energie auf die »zwei K« im Dienstleistungsmarketing – Kommunikation und Kundenanpassung?
5. *Suchen wir nach strukturellen Lösungen für Kundenprobleme?* Ergreifen wir aktiv Maßnahmen, um die Kosten der Abtrünnigkeit für unsere Kunden und den Nutzen eines Wechsels für die Kunden der Konkurrenz zu erhöhen?
6. *Hat Fairneß in unserem Unternehmen einen hohen Stellenwert?* Ist Fairneß ein wesentlicher Bestandteil unserer Unternehmenskultur? Stellen wir bei Entscheidungen, die sich auf die Kunden auswirken, sicher, daß sie auch fair sind?
7. *Konzentrieren wir uns genug auf die Differenzierung von der Konkurrenz?* Differenzieren wir unser *gesamtes* Unternehmen oder sind wir schon zufrieden, wenn wir uns in ein oder zwei Elementen des Marketing-Mix von der Konkurrenz unterscheiden?

9
Marketing bei Mitarbeitern

Bei den meisten Dienstleistungen sind Ausführende und Service untrennbar miteinander verbunden. Der Wirtschaftsprüfer spielt ebenso eine wesentliche Rolle bei der Buchprüfung wie der Arzt bei der medizinischen Versorgung. Eigentlich »kaufen« die Kunden mit der Dienstleistung die Menschen, die sie verrichten. Service ist schließlich eine Leistung, und Leistungen sind oft arbeitsintensiv.

Daher wirkt sich vor allem in den arbeitsintensiven Dienstleistungsbetrieben die Qualität der Mitarbeiter auf die Servicequalität aus. Da letztere wiederum die Effektivität des Marketing bestimmt, ist erfolgreiches *internes Marketing* eine Voraussetzung für das Überleben am Markt. Unternehmen müssen daher eine Marketingstrategie für ihre eigenen Arbeitnehmer und potentielle Mitarbeiter aufstellen und um interne Kunden genauso einfallsreich und aktiv werben wie um externe.

Internes Marketing heißt, daß man sich qualifizierte Mitarbeiter ins Haus holt, sie fördert, motiviert und hält, indem man ihnen Arbeitsstellen (Job-Produkte) bietet, die ihre Bedürfnisse befriedigen. Internes Marketing ist die *Philosophie*, die besagt, daß man Angestellte wie Kunden behandeln sollte – sie »umwirbt«, wie Linda Cooper von der First Chicago Bank es formuliert. Internes Marketing steht für die *Strategie*, die Job-Produkte so zu gestalten, daß sie den menschlichen Bedürfnissen entsprechen.

Ziel des internen Marketing ist letztendlich, die Beschäftigten selbst zur effektiven Vermarktung der Leistungen anzuregen und so eine Organisation aus Marketingmitarbeitern aufzubauen, die bereit und fähig sind, Stammkunden für die Firma zu gewinnen. Die Strategie des internen Marketing zielt also darauf ab, aus den Mitarbeitern Stammkunden zu machen. Susan Wall von Hyatt Hotels beschreibt das so: »Kenntnisreiche, zufriedene Mitarbeiter bringen Spitzenleistungen im Marketing ... Wir behandeln unsere Angestellten so, wie wir möchten, daß sie unsere Gäste behandeln.«[1]

Internes Marketing in der Praxis

Marketingorientertes Denken kann sich nicht auf den externen Bereich beschränken. Wenn ein Unternehmen die Bedürfnisse seiner Innenkunden erfüllt, kann es auch seine Außenkunden zufriedener stimmen. In diesem Kapitel stellen wir die sieben grundlegenden Elemente des internen Marketing vor (vgl. Abbildung 9–1).

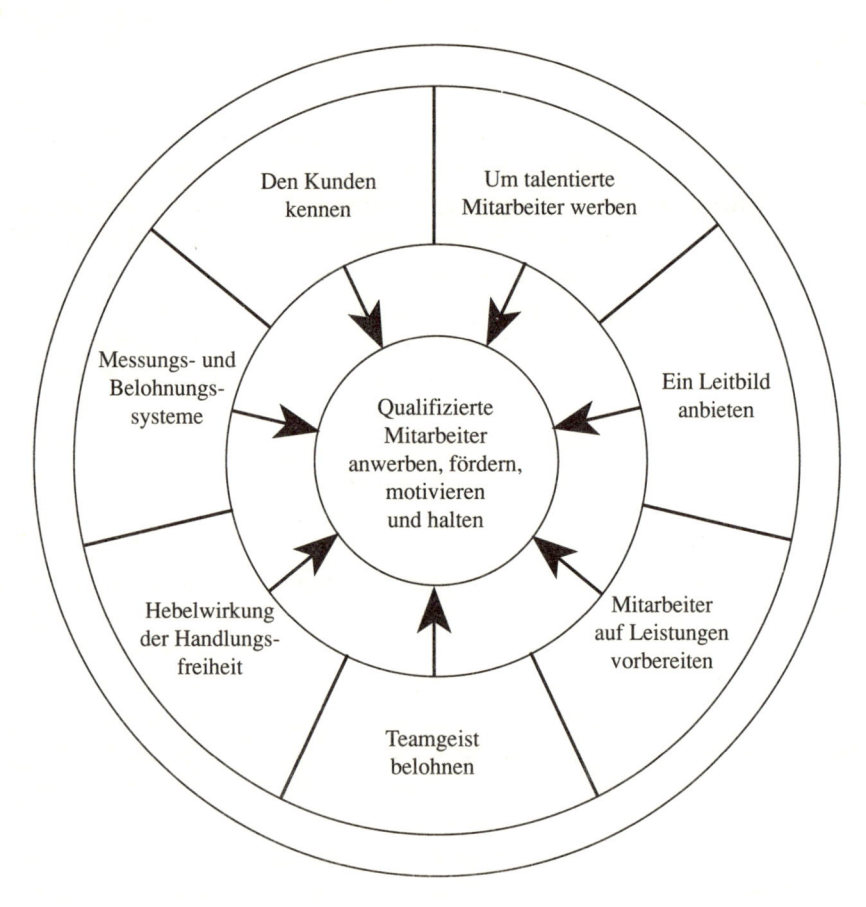

Abbildung 9–1 Wesentliche Elemente des internen Marketing

Um talentierte Mitarbeiter werben

Einer der Schlüsselfaktoren im Dienstleistungsmarketing ist die Einstellung der besten Servicemitarbeiter, die man finden kann. Dennoch richten sich viele Servicegesellschaften nicht danach. Viele Unternehmen arbeiten mit schlecht definierten oder beklagenswert niedrigen Einstellungsnormen. Sie setzen nur wenige Mitarbeiter für Anwerbung, Vorstellungsgespräche und Auswahlverfahren ein oder überlassen diese Aufgaben manchmal ganz der Personalabteilung. Sie nehmen eine unglaublich hohe Fluktuationsrate bei ihrer Belegschaft als gottgegebene Tatsache hin, an der sich nichts ändern läßt.

Eine der Hauptursachen für miserable Servicequalität ist die Einstellung der falschen Servicemitarbeiter. Im Rahmen einer umfangreichen empirischen Studie, die wir mit Kundenkontaktmitarbeitern aus fünf großen Dienstleistungsunternehmen durchführten, stellten wir fest, daß diejenigen Beschäftigten, die meinten, ihre Abteilungen würden die Servicenormen nicht erfüllen, auch glaubten, daß die vom Unternehmen eingestellten Bewerber nicht die richtige Qualifikation für ihre Arbeit mitbrächten.[2]

Warum lassen so viele Manager zu, daß die falschen Leute das Unternehmen gegenüber den Kunden repräsentieren? Teilweise liegt dies an ihrer mangelnden Marketingorientierung in Personalfragen. Die meisten Unternehmen konkurrieren mit den Mitteln des Marketing auf den *Absatzmärkten*, nicht aber auf dem *Arbeitsmarkt*. Man braucht sich nur die kleingedruckten Anzeigen in einer Lokalzeitung ansehen, die sich alle wie ein Ei dem anderen gleichen. Wirbt man so wirksam um talentierte Mitarbeiter? Die gleichen Firmen, die sich intensiv und ideenreich um ihre Kunden bemühen, setzen bei der Personalsuche banale, triviale Mittel ein.

Ein herausfordernder Markt. Niemals zuvor standen den Servicebetrieben wohl so viele Möglichkeiten zum effektiven Wettstreit um talentierte Mitarbeiter zur Verfügung wie heute. Im Dienstleistungssektor zeichnet sich ein Arbeitskräftemangel ab, der sich in den kommenden Jahren noch verschärfen wird. Der Stellenzuwachs im Servicesektor und die Ausweitung der für diese Stellen erforderlichen Fähigkeiten findet zu einer Zeit statt, in der die Zahl der für diese Positionen geeigneten jungen Kandidaten abnimmt. Außerdem besitzen viele der verfügbaren Bewerber nicht die erforderliche Ausbildung und die nötigen Qualifikationen.

Marketingorientiertes Denken. Unsere Empfehlung lautet: Stecken Sie sich hohe Ziele, setzen Sie vielfältige Methoden ein, werfen Sie Ihre Netze weit aus und segmentieren Sie den Markt. Angesichts des harten Konkurrenzkampfs um fähige Mitarbeiter erliegt man leicht der Versuchung, die Einstellungsnormen zurückzuschrauben. Geschicktes internes Marketing bedeutet, daß man dieser Versuchung widersteht und statt dessen gründlicher als die Konkurrenz nach den richtigen Arbeitnehmern sucht. Geschicktes internes Marketing heißt, sich hohe Ziele zu stecken. Die Entwicklung von Profilen für Idealkandidaten für jede Position auf der Grundlage der Serviceerwartungen der Kunden gehört dazu ebenso wie die Verwendung dieser Profile bei der Kandidatenauswahl. Geschicktes internes Marketing heißt, für jede Position Vorstellungsgespräche mit vielen Bewerbern zu führen, für diese Interviews eine Vielzahl von Mitarbeitern heranzuziehen und mehrere Gespräche mit den vielversprechendsten Kandidaten anzusetzen. Geschicktes internes Marketing bedeutet, hartnäckig nach talentierten Mitarbeitern zu suchen. Der Cadillac-Händler Carl Sewell schreibt in seinem Buch *Customers for Life*: »Wenn Sie nicht mit 25 Kandidaten gesprochen haben, haben Sie sich nicht genügend bei der Suche bemüht.«[3] Jim Daniel, der Präsident der höchst erfolgreichen Friendly Bank in Oklahoma City, schließt sich dieser Meinung an:

> Die Suche nach Mitarbeitern ..., die die nötigen Qualitäten für den von uns verlangten überragenden Kundenservice mitbringen, ist eine ständige Herausforderung. Bei Vorstellungsgesprächen muß man kreative Methoden einsetzen, um eine klare Vorstellung davon zu erhalten, wie der Kandidat wirklich der Öffentlichkeit gegenübersteht. Die meisten Bewerber hatten in ihrer früheren Position in gewissem Umfang mit Kunden zu tun. Nur wenige sind aber im Kundenkontakt wirklich *erfolgreich*. Wir suchen so lange, bis wir diese Menschen finden.[4]

Genauso wichtig ist es, daß Unternehmen bei der Suche nach potentiellen Mitarbeitern auch verschiedene Methoden einsetzen. Firmen auf Kandidatensuche dürfen sich nicht auf Kleinanzeigen in Zeitungen beschränken, sie dürfen nicht nur in Zeitungen Anzeigen schalten, und Anzeigen sind auch nicht die einzige Möglichkeit, Bewerber anzulocken. Vom Unternehmen finanzierte Karrieremessen, Beihilfen für Studenten, die während ihre College-Ausbildung arbeiten, Belohnungsprogramme mit Prämien und anderen Anreizen für Angestellte, die neue Kollegen ausfindig machen, sind nur einige aus einer Vielzahl von Optionen. 1990 beschäftige JC Penney über den Sommer mehr als 900 Werkstudenten. Die Firma beabsichtigte, mindestens 30 Prozent davon nach dem Studienabschluß in Vollzeitstellen zu übernehmen.

Kreatives internes Marketing schöpft auch alle demographischen Möglichkeiten aus. Dies bedeutet Einstellung von mehr Frauen, Angehörigen von Minderheiten, Rentnern, Behinderten oder Einwanderern. Pizza Hut stellt Jahr für Jahr etwa 1 500 Schwerbeschädigte ein und kann so unter Millionen von behinderten Amerikanern wählen, die in Umfragen ihren Wunsch nach einer Erwerbstätigkeit zum Ausdruck brachten. Als dieses Buch in Druck ging, beschäftigte Wal-Mart mehr als 10 000 Mitarbeiter, die mindestens 65 waren. Der Personalchef von Wal-Mart, Von Johnston, meinte: »Wer nicht die älteren Mitbürger in seine Personalplanung einbezieht, verpaßt den Anschluß.«[5]

Wer seine Netze für neue Angestellte weit auswerfen will, muß sich intern stärker auf die Marktsegmentierung konzentrieren. Je heterogener der Arbeitskräfte-Pool ist, desto mehr müssen die Job-Produkte auf die verschiedenen Marktsegmente zugeschnitten sein. Untersuchungen in der Fast-Food-Branche förderten mehrere Arbeitsmarktsegmente zu Tage, z.B. Arbeitnehmer, bei denen das Geldverdienen im Vordergrund steht, Mitarbeiter, die sich vor allem regelmäßige Arbeitszeiten wünschen, und solche, die in dieser Branche vorankommen und Karriere machen wollen. Fast-Food-Lokale, die für alle Kandidaten das Gleiche bieten, haben sich eindeutig verkalkuliert.

Die zunehmende Verbreitung von Konzepten wie flexible Sozialleistungen oder Gleitzeit in den 80er Jahren sind Anzeichen für eine fortschreitenden Heterogenität des Arbeitsmarktes und den entsprechenden Reaktionsbedarf. Starre Denkmodelle sind passé. Flexibilität ist in. Die Union Trust Bank aus Connecticut konnte mehr Mütter als Kassiererinnen rekrutieren, weil sie deren Wunsch Rechnung trug, nur zu arbeiten, während die Kinder in der Schule waren. Dayton-Hudson, eine Einzelhandelsfirma aus Minneapolis, bildet Tausende von Tagesmüttern und -vätern aus, damit ihrem Personal qualifizierte Babysitter zur Verfügung stehen. Die Marriott Corporation hat der Personalabteilung ein Ressort für Arbeit und Familienleben angegliedert. Kathleen Alexander, *Vice President* für Personaldienste, sagt: »Wenn 20 meiner Zimmermädchen in der gleichen Juliwoche gehen, in der die Schulen für die Ferien ihre Pforten schließen, dann habe ich ein Problem. Es spielt keine Rolle mehr, ob ich viele Gäste habe, wenn ich die Zimmer nicht reinigen kann.«[6]

Original Research II, ein Unternehmen aus Chicago, das Marktforschung per Telefon durchführt, hat mit Erfolg Vollzeitstudenten als Teilzeitkräfte für telefonische Interviews eingesetzt. Der Erfolg von Original Research II beruht unter anderem auf der Tatsache, daß die Firma den Studenten alle zwei Wochen eine Überarbeitung ihrer Arbeitspläne gestattet. Das Unternehmen zahlt Prämien, um seinen Personalbedarf an unbeliebten Tagen wie Samstag decken zu können. Toys R Us hält die Standortpräferenzen seiner Mitarbeiter in einem Online-Personalinformationssystem fest – das modernste System dieser Art, das wir bisher gesehen haben. Als das Unternehmen beschloß, in Deutschland Geschäfte zu eröffnen, konnte die Personalabteilung sofort eine Liste mit 42 Kandidaten vorlegen, die dort arbeiten wollten.

Ein Leitbild anbieten

Wer hochqualifizierte Mitarbeiter anwerben, fördern, motivieren und halten möchte, muß ihnen ein klares Leitbild anbieten, für das sich der Einsatz lohnt. Der Gehaltsscheck hält zwar die Beschäftigten physisch bei der Stange, doch ohne flankierende Maßnahmen werden sich die Mitarbeiter nicht emotional einsetzen. Serviceangestellte müssen wissen, welche Rolle ihre Arbeit im geschäftlichen Gesamtrahmen spielt und welchen Beitrag ihre Tätigkeit im Unternehmen leistet. Sie müssen das Ziel, für das sie arbeiten, kennen und sich dafür einsetzen; sie brauchen eine *Sache*, für die sich der Einsatz lohnt, da andernfalls exzellenter Dienst am Kunden tagein tagaus einfach zuviel verlangt und zu frustrierend wäre.

Unternehmen mit herausragendem internen Marketing haben ein solches Leitbild und vermitteln ihren Angestellten diese Vorstellung voller Leidenschaft. Das Wort *Leidenschaft* findet man normalerweise nicht in einem Wirtschaftsbuch, aber es beschreibt das Engagement für zielorientierte Werte am besten, das im internen Marketing die Spreu vom Weizen trennt.

Chick-fil-A, eine höchst erfolgreiche Fast-Food-Kette mit Sitz in Atlanta, verfolgt ihre Vorstellung von Produkt- und Serviceintegrität mit einem Eifer, den kaum einer ihrer Konkurrenten an den Tag legt. Das Unternehmen setzt sich so sehr für intensives Management des Tagesgeschäfts in seinen über 400 Lokalen ein, daß es von den Filialleitern (selbständige Geschäftsleute, die mit der Muttergesellschaft eine Personengesellschaft bilden) verlangt, daß sie jeweils nur eine Gaststätte führen. Um erstklassige Betriebsleiter zu halten, die sich ansonsten für die Konkurrenz und die Möglichkeit zur Führung mehrerer Lokale entscheiden könnten, beteiligt Chick-fil-A seine Filialleiter kräftig am Gewinn.

Das Leitbild von ServiceMaster besteht darin, jeder Arbeit Würde zu verleihen. Diese Firma erbringt Dienstleistungen für Instandhaltungs-, Wäscherei- und andere wenig glanzvolle Hilfsbetriebseinrichtungen von Krankenhäusern, Schulen und Industrieunternehmen. Der Grundsatz von ServiceMaster lautet: »Bevor man jemandem befiehlt, etwas zu tun, muß man ihm helfen, etwas zu sein.«[7] Das Unternehmen mit Sitz in Downers Grove, Illinois, investiert in eine Vielzahl grundlegender Ausbildungs- und Bildungsprogramme, um seinen Mitarbeitern zu einem höheren Selbstwertgefühl und besseren Zukunftsaussichten zu verhelfen. ServiceMaster stellt auch den Endkunden gegenüber den Beitrag jedes einzelnen Mitarbeiters heraus. Man bittet z.B. unter Umständen einen Arzt, sich die Frage, wie ein sauberes, ordentliches Zimmer den Heilungsprozeß der Patienten beschleunigt, vom Reinigungspersonal des Krankenhauses beantworten zu lassen. Der *Chairman* von ServiceMaster, C. William Pollard, meint: »Wir ermöglichen dem Reinigungspersonal, sich mit seiner Aufgabe zu identifizieren und zu sagen: ›Also, ich tue etwas für das Wohlbefinden dieser Menschen.‹ ... [Unsere Mitarbeiter] leisten mehr, wenn sie den Wert ihrer Arbeit erkennen.«[8]

Leitbilder sollten einfach gehalten und bei jeder Gelegenheit vermittelt werden, und zwar persönlich von der Führungsspitze des Unternehmens. Der Restaurantbesitzer Timothy Firnstahl aus Seattle verdeutlicht die Vorteile eines einfachen Leitbilds an einem Beispiel:

> Ich verwandte einige Zeit darauf, für unser Unternehmen die »Zehn Gebote zur Spitzenleistung« aufzuschreiben. Sie fanden Eingang in unsere Ausbildungshandbücher und wurden in den Lokalen und Büros ausgehängt. Eines Tages, etwa ein Jahr später, fragte mich jemand, wie das sechste Gebot sei, und ich war außerstande, es zu sagen. Mir wurde klar, wenn selbst ich mir die »Zehn Gebote« nicht merken konnte, würden es andere sicherlich noch weit weniger können. Das aber hieß: Die Mitarbeiter kannten nicht die Strategie ihres Unternehmens.[9]

Das Leitbild von Stew Leonard's versinnbildlicht das Wort STEW. S steht für *satisfy*, T für *teamwork*, E für *excellence* und W für *wow* – der Schwerpunkt liegt also auf der Zufriedenstellung der Kunden, dem Teamgeist, Spitzenleistungen und der Übererfüllung der Kundenwünsche. Die Deluxe Corporation strebt fehlerfreie Ausdrucke von Bankschecks und Auftragsauslieferung am Tag nach der Bestellung an. Bei Southwest Airlines umfaßt das Leitbild Produktivität, Spaß und familiäre Zusammenarbeit.

Geschickte Marketingfachleute nützen jede Gelegenheit, um dieses Leitbild intern zu vermitteln. Die Fluglinie Delta Airlines betrachtet ihre Mitarbeiter als entscheidende zweite Zielgruppe für ihre Werbung und fährt Kampagnen, die gleichzeitig die Fluggäste und die Beschäftigten ansprechen sollen. Deltas Mitarbeiter spielen häufig eine Rolle in der Werbung des Unternehmens. Vor der Eröffnung der neuen Zentrale in Dallas schmückte Southwest Airlines die Wände mit Photos von 11.000 Mitarbeitern. Russell Vernon, der Eigentümer von West Point Market, erläutert die Unternehmensphilosophie in einem *Assoziierten-Handbuch* für alle Beschäftigten.

Der persönliche Einsatz der Führungsspitze bei der Vermittlung des Leitbilds ist absolut unerläßlich. Bernie Marcus und Arthur Blank, *Chairman* bzw. *President* der Innenausstattungskette Home Depot, nehmen persönlich am Einführungskurs für Geschäftsführer teil. Sie wollen die Zahl der Mitarbeiter zwischen 1990 und 1995 von 20.000 auf 60.000 steigern und glauben, daß ihr persönlicher Einsatz maßgeblich zur Erhaltung der Unternehmenskultur beiträgt.

Als British Airways zwischen 1983 und 1985 mehr als 400 zweitägige Seminare abhielt, um die Aufmerksamkeit der Mitarbeiter auf die Verbesserung des Service zu lenken, beteiligte sich der neue Chef Sir Colin Marshall persönlich daran. »Sir Colin hielt in 70 Prozent dieser weltweit veranstalteten Kurse persönlich die Eröffnungs- oder Schlußrede«, berichtet Anthony Lane, geschäftsführender Direktor von Total Manager International, einer britischen Personalförderungsfirma. »Das zeugt von einem außergewöhnlichen Engagement. Aber es vermittelt auch eine Botschaft, die die Belegschaft nicht so bald wieder vergessen wird.«[10]

Mitarbeiter auf Leistungen vorbereiten

Die Vorbereitung der Mitarbeiter auf die Verrichtung und die Vermarktung der Dienstleistung unterstützt all die anderen Ziele des internen Marketing: Anwerben, Fördern, Motivieren und Halten von überragenden Angestellten. Leider sind die Dienstleistenden häufig schlecht auf ihre Serviceaufgaben vorbereitet. Sie werden zwar geschult, aber zu wenig, zu spät und in für sie ungeeigneter Form. Oder sie erhalten eine angemessene technische Ausbildung, doch es wird ihnen nicht genug *Hintergrundwissen* vermittelt; sie lernen, *wie* sie ihre Arbeit zu verrichten haben, nicht *weshalb*.

Viele Unternehmen begehen den Fehler, Fertigkeiten und Kenntnisse von Mitarbeitern als punktuelle Ereignisse zu betrachten (ein einwöchiger Kurs, ein jährlich stattfindendes Seminar), nicht als fortlaufenden Prozeß. Die Tendenz, Arbeitnehmer einem spezifischen Schulungsprogramm zu unterziehen und sie dann für »Fachkräfte« zu halten, ist so weitverbreitet wie falsch. Dienstleister müssen ständig lernen, denn Lernen gibt Selbstvertrauen, motiviert und steigert das Selbstwertgefühl. Was in den Augen der Manager wie mangelnde Motivation aussieht, ist oftmals unzureichendes Selbstvertrauen. Die Mitarbeiter können schwerlich hochmotiviert eine Dienstleistung verrichten, wenn sie meinen, sie hätten dazu nicht die nötige Kompetenz und nicht genügend Selbstbewußtsein. Manchmal halten Manager Angestellte für leistungsunwillig, während diese in Wahrheit nicht in der Lage sind, die Leistung zu erbringen.

Mittlere Manager als Pädagogen. Einer der positivsten Schritte, die ein Unternehmen zur Verbesserung der Mitarbeiterschulung durchführen kann, ist die Beförderung besserer Pädagogen ins mittlere Management. Nahezu alle Beschäftigten in großen und mittleren Unternehmen berichten an Manager dieser Ebene, mit denen sie täglich zu tun haben. Die pädagogischen Möglichkeiten sind großartig – und werden oft nicht genutzt, weil die falschen Leute das Sagen haben. Sie wurden möglicherweise in eine Führungsposition befördert, weil sie sich in ihrer vorherigen Stellung bewährt haben; ihre Servicephilosophie, ihr Engagement für die Leistungsverbesserung anderer und ihre kommunikativen Fähigkeiten wurden vielleicht nicht in Betracht gezogen.

In einem früheren Buch beschrieben wir zwei Tests, die Spitzenmanager zur Ermittlung von Kandidaten für Führungspositionen heranziehen können.[11] Wir wollten dabei zwar in erster Linie Menschen mit Führungsqualitäten ausfindig machen, doch sind diese Tests auch für den vorliegenden Zweck geeignet, da eine Führungspersönlichkeit unbedingt auch pädagogische Fähigkeiten mitbringen muß. Abbildung 9–2 stellt diese Tests vor.

Abbildung 9–2 Zwei Tests zur Identifizierung von Serviceführern

1. *Der Fußspuren-im-Sand-Test.* Bei Menschen ist die Vergangenheit der Weissager der Zukunft. Dabei ist es wichtig, die Vergangenheit einer Person qualitativ und nicht nur quantitativ zu untersuchen, sowie Methoden und nicht bloß Ergebnisse zu prüfen. Einige der zu stellenden und zu beantwortenden Schlüsselfragen sind:
   - Welches sind die bedeutendsten Karriereleistungen der Person – und warum?
   - Welche Innovationen oder neue Wege förderte sie in einer bevollmächtigten Stellung?
   - Welche Servicephilosophie hat sie? Welche Hinweise gibt es, daß sie ein Service-Meister oder Service-Verteidiger sein kann?
   - Gibt es Anzeichen, daß sie andere inspiriert und eine Anhängerschaft aufbaut? Glauben andere an sie? Glauben sie an ihre Integrität?
   - Gibt es Hinweise auf informelle Führerschaft im Background dieser Person, d.h. die Fähigkeit, eine Gruppe zu beeinflussen, ohne dabei von einer offiziellen Position oder einem Titel zu profitieren?

2. *Der Für-etwas-Stehen-Test.* Wahre Führer sind entschlossene Verfolger ihrer Zukunftsvision. Sie sind sich im klaren über die Richtung, in die sie gehen wollen und warum. Sie sind nicht unentschlossen, nicht Wischiwaschi, sie gehen nicht auf Nummer Sicher. Wie Peter Drucker schrieb, ist die erste Aufgabe eines Anführers, die Trompete mit klarem Ton zu sein. Deshalb ist ein entscheidender Test für Führungseignung das Ausmaß, in dem die Überzeugungen und Prioritäten eines einzelnen auf dem Tisch liegen, für jedermann sichtbar.

Neben der Verschärfung der Auswahlkriterien für neue Führungskräfte ist auch die Verbesserung der pädagogischen Fähigkeiten der vorhandenen Mittelmanager wichtig. Manager sollten sogar die für Angestellte an der Kundenfront gedachten Kurse selbst absolvieren – vor dem Kundenkontaktpersonal. Es demoralisiert die Beschäftigten, wenn sie voller Begeisterung von der Schulung oder dem Kurs zurückkommen und neu erlernte Kenntnisse und Fertigkeiten einsetzen möchten und sich dann mit einem unsicheren Vorgesetzten herumschlagen müssen, der etwas Neues als Bedrohung betrachtet. Es ist auch eine Verschwendung, denn das Neuerlernte muß wiederholt und verstärkt werden, wenn der Mitarbeiter es behalten soll. Lernen stärkt nicht nur das Selbstvertrauen der im Kundenverkehr Beschäftigten, sondern auch das Selbstwertgefühl (und die Offenheit) ihrer Vorgesetzten. Berry, Bennett und Brown schreiben dazu: »Ausbildung und Schulung für Manager spielt eine wirklich zentrale Rolle – sie dienen als Beispiel, sie erzeugen Verständnis, und sie fördern Führungs- und Mitarbeiterförderungsqualitäten.«[12]

In der Zeitschrift *The Service Edge* vom Mai 1990 regt die auf das Gesundheitswesen spezialisierte Beraterin Wendy Leebov Krankenhäuser dazu an, mit Hilfe von Schulungen im mittleren Management ein Umdenken hervorzurufen. Ihre Liste erforderlicher Änderungen in der Denkweise, die mit Sicherheit nicht nur für das Gesundheitswesen gilt, spricht in jedem Punkt die pädagogischen Aufgaben der Manager an:

- Von der Unternehmensorientierung zur Kundenorientierung
- Von der Beibehaltung des Status quo zu höhergesteckten Normen
- Vom Direktor zum Bevollmächtiger
- Von der Ersetzbarkeit der Mitarbeiter zur Unersetzlichkeit
- Vom reaktiven zum aktiven Handeln
- Von Tradition und Sicherheit zur Experimentier- und Risikofreudigkeit
- Von der Wahrung der Besitzstände zum abteilungsübergreifenden Teamwork
- Vom Zynismus zum Optimismus

Der Weg zum lernintensiven Unternehmen. Ein Unternehmen, das die Förderung der Kenntnisse und Fertigkeiten seiner Mitarbeiter in seiner Strategie festschreibt, wird für diese Investitionen in das Personal bekannt werden und entsprechend davon profitieren. Original Research II bietet seinen Mitarbeitern mehr als 100 Kurzworkshops oder Lektürepakete. Viele dieser Angebote behandeln Themen, die sich die Beschäftigten gewünscht haben, wie z.B. Umgang mit dem Taschenrechner und Verfassen von Memos. GTE Mobile Communications garantiert seinen Mitarbeitern ohne jede Bedingung mindestens 40 Stunden formale Schulungen und Kurse

pro Jahr. Für Investitionen in Schulung und Ausbildung gelten unter anderem folgende Richtlinien:
1. *Richten Sie sich nach den Daten.* Verwenden Sie bei der Bestimmung der zu vermittelnden Fertigkeiten und Kenntnisse das Datenmaterial aus der Markt- und Personalforschung. Bereiten Sie die Dienstleister auf den Service vor, den ihre Kunden erwarten. Identifizieren Sie Bereiche, in denen die Kundenkontaktmitarbeiter das größte Defizit verspüren.
2. *Setzen Sie verschiedene Lehrmethoden ein.* Verwenden Sie eine Vielzahl von Lehrmethoden, vom Frontalunterricht über Rollenspiele bis hin zu Selbststudienprogrammen. Ein einziger Ansatz wird niemals allen Bedürfnissen und Mitarbeitern gerecht. Zeigen Sie Mut und Kreativität. Die Meridian Banking Group bestreicht die Brillengläser ihrer Angestellten mit Vaseline und läßt sie so Einzahlungsscheine ausfüllen oder hält drei Finger mit Klebeband zusammen und verlangt dann, daß sie Geld zählen. Auf diese Weise sollen die Mitarbeiter die Probleme älterer Kunden besser verstehen lernen, die schlecht sehen oder an Arthritis leiden.
3. *Nutzen Sie Rollenvorbilder.* Laden Sie die glaubwürdigsten Chefmanager als Dozenten zu Ihren Kursen ein. Geben Sie ihnen Gelegenheit, ihr Fachwissen, ihre Werte und ihren Stil vorzustellen. Laden Sie auch erfolgreiche Kollegen aus der gleichen Hierarchiestufe als Referenten und Diskussionsleiter ein.
4. *Institutionalisieren Sie den Lernprozeß.* Machen Sie die Förderung von Fertigkeiten und Kenntnissen zum Thema bei den regelmäßigen Stabsitzungen. Verteilen Sie systematisch ausgewählte Artikel, Videos oder anderes Schulungsmaterial. Machen Sie mit Ihren Mitarbeitern Exkursionen zu anderen Firmen und diskutieren Sie über die positiven und negativen Aspekte, die ihnen dabei auffielen.
5. *Bewerten und verfeinern Sie Ihr Verfahren.* Führen Sie eine vielstufige Bewertung Ihrer Bemühungen zur Förderung von Fertigkeiten und Kenntnissen durch. Fragen Sie die Mitarbeiter und ihre Vorgesetzten, welche Änderungen vor Ort die Teilnahme an einem Lernprogramm bewirkt hat. Bewerten Sie ein Programm nach seinem Abschluß mehrmals, z.B. nach einem und nach drei Monaten.

Teamgeist betonen

Service ist anstrengend, oft frustrierend und manchmal demoralisierend. Allein die Anzahl der zu bedienenden Kunden kann z.B. bei in einem voll besetzten Flugzeug oder in einer Bank am Freitagmittag die Beschäftigten physisch und psychisch überfordern. Einige Kunden sind gedankenlos, wenn nicht sogar einfach unhöflich. Die Serviceaufgaben sind oftmals auf verschiedene organisatorische Einheiten verteilt, die unkoordiniert und ohne Teamgeist arbeiten und damit die Möglichkeiten des Servicepersonals zum effektiven Dienst am Kunden einschränken.[13]

Häufig sind die Dienstleistenden so gestreßt von ihrer Serviceaufgabe, daß sie weniger Fürsorge, Entgegenkommen und Sensibilität zeigen. Was die Kunden für unpersönliches oder bürokratisches Verhalten halten, ist oft eine Selbstschutzmaßnahme ausgelaugter Servicemitarbeiter, die bei der Dienstleistung in der Praxis viele Schläge einstecken mußten. Der Dienst am Kunden wird so ins Gegenteil verkehrt.

Ein Gegenmittel gegen den Frust. Die Verrichtung der Dienstleistung in Anwesenheit von anderen Mitgliedern des »Serviceteams« spielt eine wichtige motivationserhaltende Rolle. Eine Gruppe, in der die Kollegen miteinander kommunizieren, sich helfen, sich gegenseitig bemitleiden und zusammen Leistungen erbringen, ist ein starkes Gegenmittel gegen den Servicefrust. Teamgeist kann erfrischend und anregend sein und die Arbeit zum Vergnügen machen. Er hebt auch das Leistungsniveau des einzelnen. Wenn man das Team im Stich läßt, ist das möglicherweise schlimmer, als wenn man den Chef enttäuscht. Der Respekt der anderen Gruppenmitglieder ist einer der Faktoren mit der stärksten Motivationskraft, heißt es in *The Royal Bank Letter* vom November/Dezember 1989:

> Tief in seinem Inneren möchte sich jeder Mensch mit einer Gruppe indentifizieren, einen Beitrag leisten, sich verwirklichen und seine Kreativität nutzen. Er möchte mit anderen zusammen ... auf ein Ziel hinarbeiten. Jeder möchte ein gutes Gefühl in bezug auf seine Arbeit haben, weil er sich dann auch selbst gut fühlt.

Teamarbeit fördert z.B. die Bereitschaft zum Dienst am Kunden, da sie die Servicefähigkeiten verbessert. Dienstleister werden sich dann für ihre Kunden einsetzen, wenn andere im Unternehmen sich für sie engagieren. Teamarbeit verbessert den internen Service. Unsere Untersuchungen liefern überzeugende Beweise dafür, welch zentrale Rolle die Teamarbeit für qualitativ hochwertigen Service spielt. Die Kundenkontaktmitarbeiter in fünf bedeutenden Dienstleistungsfirmen, die der Meinung waren, daß ihre Organisationen den Servicestandard *nicht* halten können, stimmen mit den folgenden Aussagen *nicht* überein:

- In meiner Abteilung fühle ich mich als Mitglied eines Teams.
- In meiner Abteilung setzen sich alle gemeinsam für den Dienst am Kunden ein.

- Ich fühle mich verantwortlich, meinen Kollegen zu helfen, ihre Aufgaben gut zu meistern.
- Meine Kollegen und ich arbeiten mehr miteinander als gegeneinander.
- Ich fühle mich als wichtiger Bestandteil dieses Unternehmens.

Je mehr Menschen und Funktionen die Dienstleistungskette zum endgültigen Serviceprodukt enthält, desto größer ist der Bedarf an Serviceteams. Edward Lawler von der University of Southern California formuliert das in der Zeitschrift *Fortune* vom 7. Mai 1990 so: »Man muß sich fragen ›Wie komplex ist diese Aufgabe?‹ Je komplexer sie ist, desto mehr eignet sie sich für die Teamarbeit.«

Verbesserung der Teamarbeit. Der Aufbau von Serviceteams darf nicht dem Zufall überlassen bleiben. Wer internes Marketing betreibt und der Meinung ist, daß Serviceteams eine sinnvolle Einrichtung sind, muß auch bereit sein, etwas dafür zu tun. Manchmal kann ein Sinneswandel bei einem wichtigen Mitglied der Gruppe die Teamarbeit entscheidend verbessern. Bob Legler, *President* der in Florida ansässigen First Marketing Corporation, die Kundenrundschreiben erstellt, erläutert dies anhand des folgenden Beispiels:

> Einige Jahre lang schwelte bei uns zwischen der Redaktion und der Druckerei ein ständiger Konflikt. Ich hörte immer wieder Klagen. Die Mitarbeiter in der Druckerei sagten z.B.: »Die lassen uns nie genug Zeit«; die Redaktion dagegen: »Warum müssen die immer so viel verkehrt machen?«.
>
> Dadurch entstand zwischen den beiden Bereichen eine unsichtbare Wand, und die Mitarbeiter waren mehr damit beschäftigt, ihre Besitzstände zu wahren, als sich um die Belange der Kunden zu kümmern.
>
> Vor drei Jahren schlug der Leiter unserer Druckerei einen neuen Weg ein. Er überzeugte seinen Stab (und sich selbst), daß unsere Redakteure eigentlich Kunden seien und daß die Aufgabe seiner Abteilung darin bestehe, alles zu tun, um diese Kunden zufriedenzustellen.
>
> Es funktionierte. Er hat in der Druckerei eine Kultur geschaffen, die uns ermöglicht, auch bei knappster Frist rechtzeitig zu liefern. Die Arbeitsmoral ist besser denn je. Und der Teamgeist übersteigt auch unsere kühnsten Vorstellungen bei weitem.

Ein Sinneswandel löst in der Regel jedoch die Probleme nur teilweise. Die fruchtbarste Form der Teamarbeit im Service läßt sich verwirklichen, wenn die Mitglieder lange dem Team angehören, regelmäßig Kontakt untereinander haben, wenn die Führung stimmt, gemeinsam auf Ziele hingearbeitet wird und die Leistung des Teams gemessen und belohnt wird (zusätzlich zur Messung und Belohnung der Leistung des einzelnen). Leider stehen die funktionalen Organisationsstrukturen der Entwicklung dieser Merkmale im Wege. Wenn der Teamgeist in den von Bob Legler beschriebenen Abteilungen – Druckerei und Redaktion – nachläßt, sollte er sich überlegen, ob es nicht günstig wäre, die beiden Abteilungen abzuschaffen und sie durch marktorientierte Teams zu ersetzen. Legler könnte dann redaktionelle Mitarbeiter und Druckereiangestellte Teams zuweisen, die jeweils für bestimmte Kunden zuständig sind. Die bestehende Abteilungsstruktur (die Druckerei bedient die Redaktion) würde dann ersetzt durch eine Teamstruktur (eine Gruppe von Mitarbeitern mit unterschiedlichen Fertigkeiten bedient einen gemeinsamen Endkunden).

1987 strukturierte die Aid Association for Lutherans (AAL) ihre Versicherungsgesellschaft mit einem Umsatz von 50 Milliarden Dollar von Grund auf um; die funktionale Struktur wurde durch Marktteams ersetzt. Vor der Umstrukturierung mußten sich die AAL-Versicherungsagenten im Außendienst Unterstützung von etlichen internen Abteilungen holen – eine mühsame und unpersönliche Aufgabe. Jetzt wenden sich die Agenten für alle benötigten internen Leistungen an ein ihnen zugewiesenes Team im Innendienst. Diese Allzweckteams sind verantwortlich für mehr als 150 interne Dienstleistungen, die früher auf das ganze Unternehmen verteilt waren. Die Geschäftsleitung vertritt die Ansicht, daß die Verringerung der Fallbearbeitungszeit um stattliche 75 Prozent auf diese Umstrukturierung zurückzuführen sei.

Aetna Life hat seinen betrieblichen Stab in funktionsübergreifende Teams umorganisiert und zur Unterstützung dieser Gruppen sogar »Teammöbel« aufgestellt. Diese Sitzgruppen bilden einen zentralen Arbeitsbereich für die Team-Besprechungen; die danebenstehenden Einzelschreibtische gewähren die Privatsphäre für individuelles Arbeiten. William Watson, Chefmanager bei Aetna meint: »Man muß nicht im ganzen Haus herumlaufen, wenn man etwas erreichen möchte.«

Die Hebelwirkung der Handlungsfreiheit

Menschen sind keine Roboter. Dennoch behandeln Manager sie wie Maschinen, wenn sie sich Handbücher mit Vorschriften und Verfahrensbeschreibungen ausdenken, die die Freiheit des einzelnen im Service stark beschneiden. Management nach Vorschrift untergräbt das Vertrauen der Mitarbeiter in die Führungskräfte, schränkt Arbeitnehmer in ihrer persönlichen Entwicklung und in ihrer Kreativität ein und treibt die fähigsten Mitarbeiter auf die Suche nach interessanteren Arbeitsstellen.

Management nach Vorschrift ist in der Regel auch für die Endkunden nicht von Vorteil. Mitarbeiter ohne Handlungsspielraum leisten reglementierten Service, wenn eigentlich schöpferischer, maßgeschneiderter »Dienst am Kunden« gefragt ist. Während Manager die Dienstleistenden an der kurzen Leine führen, wünschen sich die Kunden, sie stünden einem »denkenden Menschen« gegenüber.

Zwei Bespiele, auf die wir während der Untersuchungen zu einem anderen Buch gestoßen sind, zeigen die Vorteile einer Unternehmenskultur, die Entscheidungsfreiheit im Service fördert. Die erste Geschichte handelt von einem Bankmanager, der die frierenden Kunden an einem kalten Tag vor der Tür stehen ließ, während er drinnen direkt vor ihrer Nase mit der Uhr in der Hand auf die Öffnungszeit wartete. Als ihn jemand fragte, weshalb er nicht den Kunden zuliebe früher aufgemacht hätte, behauptete der Angestellte, das Bankengesetz hindere ihn daran. Es waren aber die Geschäftspraktiken der Bank; gesetzliche Bestimmungen hatten damit nichts zu tun.

Das zweite Beispiel beschreibt den Fall einer verzweifelten Bankkundin, deren Karte der Geldautomat genau an dem Tag schluckte, an dem sie eine Reise antreten wollte. Sie brauchte Bargeld für die Reise und war nicht in der Nähe ihrer Bank. Also rief sie einen Bankangestellten an, der ihr die benötigten 200 Dollar in einem Taxi vorbeischickte.

Diese beiden Fälle verdeutlichen den Unterschied zwischen roboterartigem Verhalten und Mitdenken im Service. Der Manager im ersten Beispiel verschaffte lediglich den Regeln Geltung; der Angestellte im zweiten Beispiel setzte sich, wie sich später herausstellte, über die Gepflogenheiten der Bank hinweg, indem er das Geld per Taxi versandte. Obwohl seine Aktion wenig Geld kostete und einer Kundin in Not half (die jetzt von dem phantastischen Service der Bank schwärmt), wäre sein Ansinnen nach Aussage des geschäftsführenden Vizepräsidenten der Bank wahrscheinlich abgelehnt worden, wenn er seinen Vorgesetzten gefragt hätte. Doch er dachte mit, und die Kundin, der Angestellte und die Bank profitierten davon. Mechanisches Verhalten ist jedoch häufiger anzutreffen, und es schadet Kunden, Servicemitarbeitern und Unternehmen gleichermaßen.

Natürlich brauchen auch Dienstleistungsbetriebe Vorschriften. Passagiere einer Fluglinie legen mit Sicherheit Wert darauf, daß die Piloten die Regeln der Flugsicherheit einhalten. Wir propagieren nicht die Abschaffung der Geschäftspraktiken und Verfahrenweisen, sondern die Ausdünnung der Dienstvorschriften auf das absolut notwendige Minimum. Gutes internes Marketing heißt auch, daß die Serviceangestellten die Möglichkeit haben, ihre Kreativität für die Kunden einzusetzen und für sich selbst etwas zu erreichen. Lowell Mayone, Vice President für Personal und Dienstleistungen bei Hallmark Cards, formuliert das so: »Wenn man den Leuten Handlungsfreiheit einräumt, ist das für sie der beste Weg zum Erfolg, und sie sind dann auch die Schöpfer ihres Erfolgs.«[14]

Die Umsetzung aller anderen Aspekte des internen Marketing, die in diesem Kapitel angesprochen wurden, ist nur möglich, wenn man die Beschäftigten bevollmächtigt. Führungskräfte wagen es, Befugnisse und Verantwortung zu delegieren (und darum geht es hier im Grunde), wenn sie wirklich um talentierte Mitarbeiter werben. Ein eindrucksvolles, gut definiertes Leitbild lenkt das Verhalten der Mitarbeiter; folglich werden weniger Regeln benötigt. Die Förderung von Fertigkeiten und Kenntnissen gibt den Arbeitnehmern das Selbstvertrauen, sich den Kunden gegenüber innovativ zu zeigen. Die Interdependenzen und die gemeinsamen Ziele im Team regen zu Eigeninitiative an.

Es ist nicht leicht, den Mitarbeitern diesen Freiraum zu gewähren. Einigen Arbeitnehmern wäre es lieber, wenn alles für sie schriftlich fixiert würde, damit sie sich nicht dem zusätzlichen Druck aussetzen müßten, kreative Problemlösungen zu finden und das Risiko von Fehleinschätzungen einzugehen. Schließlich macht es weniger Arbeit und ist weniger riskant, einer Kundin zu sagen, daß man ihr nicht helfen kann, als ihr 200 Dollar per Taxi zu schicken. Auch Manager begrüßen nicht unbedingt mehr Vollmachten für ihre unmittelbaren Untergebenen – dies würde ja ihre eigene Macht beschneiden.

Entschlossenheit, Geduld und bewußte Anstrengungen zum Abbau von Vorschriften sind erforderlich, wenn Befugnisse und Verantwortung im Unternehmen nach unten in Kundennähe delegiert werden sollen. Die meisten Dienstleistungsfirmen würden von Arbeitsgruppen profitieren, die bestehende Gepflogenheiten und Vorgehensweisen überprüfen mit dem Ziel, diejenigen zu ändern oder über Bord zu werfen, die die Handlungsfreiheit im Service unnötig einschränken. Die Unternehmen würden auch von Ausbildungs- und Schulungsprogrammen profitieren, die Servicemitarbeitern an der Kundenfront Werte, nicht Vorschriften nahebringen. Leistungsmessungs- und Belohnungssysteme schließlich sollten zur Kreativität und zu Initiativen für die Kunden anspornen.

Außerdem müssen die Unternehmen bei Managerschulungen die Frage der Mitarbeiterbevollmächtigung direkt ansprechen. Führungskräfte müssen immer wieder auf die Gefahren der »übertrieben kurzen Leine« aufmerksam gemacht werden; sie müssen lernen, wie vorteilhaft es sein kann, wenn sie den Handlungsspielraum ihrer Mitarbeiter erweitern.

Messungs- und Belohnungssysteme

Ohne eine Messung und Belohnung der Mitarbeiterleistungen lassen sich die Ziele des internen Marketing nicht verwirklichen. Die Beschäftigten müssen wissen, daß ihre Leistung am Arbeitsplatz gemessen wird und daß sich gute Leistungen lohnen. Job-Produkte, die Erfolgserlebnisse bieten, erfüllen die Bedürfnisse der Menschen am besten, dennoch bleiben diese Erfolge ohne Messungs- und Belohnungssystem im Dunkeln und werden nicht anerkannt.

Leider schneiden viele Servicebetriebe beim Aufbau einer erfolgsorientierten Kultur schlecht ab. Die Systeme zur Leistungsmessung konzentrieren sich häufig ausschließlich auf die *Ergebnismessung* wie z.B. Umfang oder Genauigkeit der Transaktionen und lassen *Verhaltensmessungen* beiseite, wie z.B. die Frage, wie die Kunden das Entgegenkommen oder das Einfühlung im Service wahrnehmen. Außerden finden Leistungsrückmeldungen an Mitarbeiter nur selten oder in wenig konstruktiver Form statt. Manchmal werden aus den Messungen keine eindeutigen Schlußfolgerungen gezogen; Beschäftigten, die gut arbeiten, ergeht es in bezug auf Entlohnung, Beförderung oder Anerkennung nicht besser als den anderen.

Unternehmen, die fest entschlossen sind, die Besten zu belohnen, legen ihre Hauptaugenmerk oftmals zu sehr auf finanzielle Anreize und nutzen die Vorteile vielfältiger Formen der Anerkennung nicht. Der Berater George Rieder aus Dallas untersuchte die relative Wichtigkeit verschiedener Arten der Belohnung für Kontoführungsmanager im Bereich Geschäfts- und Firmenkunden in einer großen nordamerikanischen Bank. Rieder stellte fest, daß sie Verantwortung und Autorität, einen auf ihre persönlichen Bedürfnisse abgestimmten Förderplan und Schulung in Verkaufsfertigkeiten zu den wichtigsten Optionen zählten. Geld war wichtig, aber nicht der entscheidende Faktor.[15]

Einige Richtlinien für Leistungsmessungen. Der Schlüssel zu einem effektiven Belohnungssystem ist eine wirksame Leistungsmessung. Mit ihrer Hilfe läßt sich feststellen, wem eine Belohnung zusteht. Ein wirksames System mißt Leistungen, die am meisten zum Leitbild und zur Strategie des Unternehmens beitragen; die Messung wird eindeutig, rechtzeitig und gerecht vorgenommen. Umständliche oder komplizierte Systeme lenken die Aufmerksamkeit der Mitarbeiter nicht auf das Wesentliche – eines der Hauptziele der Leistungsmessung. Seltenes Feedback unterstreicht nicht regelmäßig die Ziele der Schulungen und der Politik ständiger Verbesserungen. Luthans und Davis schreiben im Rahmen einer kritischen Betrachtung von Untersuchungen über den Einsatz von Verfahren zur Verhaltensbeeinflussung in Serviceunternehmen:

Wie die meisten Untersuchungen zeigten, kann der Informationsrückfluß an die Mitarbeiter in bezug auf die Serviceleistung eine äußerst wirksame Methode zur Verhaltensbeeinflussung sein. In einer überraschend großen Anzahl von Fällen hatten die Serviceangestellten kaum eine Vorstellung von ihrem Leistungsniveau. Regelmäßiges Feedback kann den Beschäftigten immer wieder ihre Leistung vor Augen führen und – wie die betrachteten Studien zeigen – eine Verstärkung des gewünschten Serviceverhalten zur Folge haben.[16]

Ungerechte Systeme untergraben die Glaubwürdigkeit des daraus resultierenden Informationsrückflusses und der darauf beruhenden Belohnungen. Abbildung 9–3 listet die Merkmale eines gerechten Systems zur Leistungsmessung auf.

Leistungsmessungs- und Belohnungssysteme sind ein deutliches Symbol für die Unternehmenskultur. Die Beschäftigten wissen, daß das Management Wichtiges mißt und belohnt. Daher ist es vorteilhaft, wenn Leistungsmeßdaten an die zuständigen Spitzenmanager weitergeleitet werden. Die Mitarbeiter in Dienstleistungsunternehmen, die direkt mit den Kunden zu tun haben, verrichten zumindest teilweise eine undankbare Arbeit. Daher müssen sie wissen, daß Führungskräfte in bedeutenden Positionen sich ihrer Leistung bewußt sind.

Abbildung 9–3 Merkmale eines gerechten Systems zur Leistungsmessung

---

- Die Messungen beziehen sich direkt auf den Servicestandard. Zwischen den Prioritäten einer Servicerolle und der Methode zur Leistungsmessung besteht Übereinstimmung.
- Die Dienstleister wurden auf ihre Serviceaufgaben vorbereitet. Es wurde ihnen Gelegenheit gegeben, sich die Kenntnisse und Fertigkeiten anzueignen, die für ein gutes Abschneiden in den Leistungsmessungen erforderlich sind.
- Die Dienstleister haben sich zur Eignung und zur Gerechtigkeit des Meßsystems äußern können.
- Die Meßmethoden wurden den zu beurteilenden Beschäftigten erklärt.
- Es werden laufend Messungen vorgenommen, um den Einfluß einer punktuellen Einzelmessung zu vermindern.
- Die Messungen erfolgen innerhalb der Arbeitsgruppen so einheitlich wie möglich, damit alle nach den gleichen Regeln spielen.
- Man verwendet verschiedene Meßmethoden, damit die Nachteile eines einzelnen Ansatzes nicht zum Tragen kommen und die Serviceleitung aus verschiedenen Blickwinkeln betrachtet wird.

Nach Leonard L. Berry, David R. Bennett und Carter W. Brown, *Service Quality – A Profit Strategy for Financial Institutions* (Homewood, Ill.: Dow Jones-Irwin, 1989), S. 176.

Einige Richtlinien für Belohnungssysteme. An dieser Stelle wollen wir einige Richtlinien für Belohnungssysteme vorstellen, die wir im Rahmen unserer Untersuchungen von Dienstleistungsunternehmen und aus unseren Interviews mit Serviceangestellten abgeleitet haben:

- Stellen Sie eine Verbindung zwischen den Belohnungen und dem Leitbild und der Strategie des Unternehmens her. Belohnen Sie Leistungen, die das Unternehmen in der gewünschten Richtung voranbringen.
- Unterscheiden Sie zwischen Kompetenzzahlungen (Entlohnung für die Verrichtung der zugewiesenen Arbeit) und Leistungszahlungen (zusätzliche Prämien für herausragende Leistungen).
- Verwenden Sie verschiedene Methoden zur Belohnung herausragender Leistungen, z.B. finanzielle Anreize, nichtfinanzielle Anerkennung und Beförderungen. Ziehen Sie die Möglichkeit in Betracht, den Mitarbeitern zur Belohnung Aktien zu überschreiben und sie so zu Miteigentümern zu machen.
- Denken Sie daran, wie wirksam es sein kann, wenn man jemandem anerkennend auf die Schulter klopft. Belohnungen müssen nicht immer ausgeklügelt oder teuer sein; am wichtigsten ist die aufrichtige Anerkennung.
- Werben Sie um das nachhaltige Engagement der Mitarbeiter. Entwickeln Sie langfristige Belohnungssysteme und setzen Sie kurzfristige Programme wie Verkaufswettbewerbe nur selektiv oder überhaupt nicht ein.
- Stellen Sie die positiven Aspekte heraus. Wählen Sie Belohnungssysteme, die Erfolge loben, nicht mangelhafte Leistungen bestrafen.
- Geben Sie jedem eine Chance. Machen Sie nicht den Fehler, Mitarbeiter in bestimmten Positionen (z.B. im Außendienst) zu belohnen, andere (z.B. Sekretärinnen) dagegen nicht. Denken Sie daran, daß *alle* Beschäftigten in irgendeiner Form einen Service für jemanden leisten; ihre Leistung ist meßbar, und sie müssen die Chance haben, sich hervorzutun und dafür Anerkennung zu ernten.
- Belohnen Sie Teams, nicht nur einzelne Mitarbeiter. Fördern Sie den Teamgeist durch Belohnungen für Gruppen, doch stellen Sie gleichzeitig auch überlegene Leistungen einzelner Arbeitnehmer heraus.

In allen Unternehmen – abgesehen von den allerkleinsten – gibt es drei Gruppen von Mitarbeitern: solche, die aus irgendeinem Grund keine guten Leistungen erbringen; solche, die adäquate, aber keine herausragenden Leistungen zeigen und solche, die überragend sind. Die wirksame Messung und Belohnung der Arbeitsleistung betrifft alle drei Gruppen.

Einige Mitarbeiter am unteren Ende der Skala werden entweder ihre Leistung steigern oder aber das Unternehmen verlassen. Angestellte im Mittelfeld haben allen Grund, sich zu verbessern. Und diejenigen in der Spitzengruppe verlassen nicht so leicht das Unternehmen, weil sie zu wenig Anerkennung bekommen. Alexander »Sandy« Berry von der Signet Bank in Richmond, Virginia, meint: »Worte allein reichen nicht. Wichtig ist, was gemessen und belohnt, anerkannt und gefördert wird.«

Den Kunden kennen

Der älteste Grundsatz im Marketing lautet, daß man den Kunden kennen muß. Wer über Maßnahmen zur Zufriedenstellung der Kunden zu entscheiden hat, muß sich zunächst mit ihren Wünschen und Bedürfnissen vertraut machen. Auch Mitarbeiter sind Kunden; sie »kaufen« Job-Produkte von ihren Arbeitgebern. Die Gestaltung von Arbeitsplätzen, die diese internen Kunden anziehen, fördern, motivieren und halten, erfordert ein Gespür für ihre Ziele, Einstellungen und Sorgen. In vielen Fällen sind die Annahmen über die Wünsche und Meinungen der Mitarbeiter falsch, und die Kunst der Marktforschung ist beim internen Marketing genauso wichtig wie beim externen.

Linda Cooper, *Vice President* bei der First Chicago Bank, beschreibt, wie in ihrer Bank einmal die Wertungen der Scheinkäufer für Kassierer bei dem Punkt »Hilfsbereitschaft« durchgängig niedrig waren. Dies war ein gravierendes Problem, denn die Analyse der Bank hatte ergeben, daß »Hilfsbereitschaft« die Kunden am ehesten dazu bewegte, die Bank einem Freund zu empfehlen. Ein anderer Bankmanager vertrat die Ansicht, daß mehr Schulung die Antwort auf dieses Problem sei. Cooper war sich da nicht so sicher und führte etliche Gruppengespräche mit Kassierern durch. Sie erfuhr, daß sich diese Mitarbeiter über ihre Vorgesetzten und die Bank ärgerten. Ein wichtiger Punkt war z.B. die Tatsache, daß die Kassierer genaue Anweisungen erhielten, welche Transaktionen zulässig waren und welche nicht – z.B. die Überschreitung der Kreditlinien bei der Scheckeinlösung. Wenn sich aber Kunden beschwerten, setzten die Vorgesetzten sich manchmal über die Kassierer hinweg, und diese verloren vor den Kunden das Gesicht. Cooper schlug als Lösung vor, daß sich Kassierer und Vorgesetzte gemeinsam auf eine schriftliche Richtlinie für solche Fälle einigen sollten. (In diesem Fall war eine Erweiterung der Dienstvorschriften sinnvoll.)

Dieses Beispiel zeigt, wie wichtig es ist, daß Dienstleistungsunternehmen ihren Serviceangestellten zuhören. Die Bank fand durch ihre Endkundenforschung heraus, daß es ein Problem gab. Wenn sie sich in dieser Angelegenheit auf den Vorschlag eines Managers verlassen und nicht die Meinung der Kassierer angehört hätte, hätte sie wahrscheinlich viel Zeit und Geld in die falsche Lösung investiert.

Die First Chicago Bank ist ein glühender Verfechter der Mitarbeiterforschung. Sie hält nicht nur monatlich Interviews mit Angestelltenfokusgruppen ab, sondern hat auch für die Beschäftigten einen »heißen Draht« zum Aktionszentrum der Abteilung für Verbraucherangelegenheiten – »2-Talk« – eingerichtet. Die Mitarbeiter werden angeregt, »2-Talk« anzurufen, wenn sie selbst schlechten Service erleben, Serviceprobleme beobachten oder Serviceverbesserungsvorschläge haben.

Jedes Quartal erhalten die Bankangestellten im Privatkundengeschäft einen Fragebogen, den sie ohne Namensnennung ausfüllen, sowie ein Begleitschreiben der Konzernleitung, in dem die Ergebnisse der vorhergehenden Studie und die ergriffenen Maßnahmen zusammengefaßt sind. In einem der letzten Jahre enthielt dieser Bogen im ersten Quartal Fragen wie: »Haben Sie alles, was Sie für Ihre Arbeit brauchen?« und »Funktionieren die Geräte, mit denen Sie arbeiten?« Im zweiten Vierteljahr beschäftigte sich die Umfrage mit den Meinungen der Mitarbeiter zu Bankdienstleistungen, Preisen und Kommunikation. Im dritten Quartal lag der Schwerpunkt auf der von den Beschäftigten wahrgenommenen internen Servicequalität. Die letzte Umfrage des Jahres schließlich deckte die Zufriedenheit der Mitarbeiter mit ihren unmittelbaren Vorgesetzten und der Führungsspitze ab. Die Arbeitnehmer bewerteten Manager zu verschiedenen Fragen: ob sie z.B. die Arbeitsprioritäten diskutierten, zusätzlichen Einsatz anerkannten und für ihre Mitarbeiter präsent waren. Folgende Fragen wurden gestellt:

- Würden Sie einem Freund/einer Freundin empfehlen, bei uns zu arbeiten?
- Wären Sie bei uns Kunde, wenn Sie nicht hier arbeiten würden?
- Wenn Sie der Präsident der Bank wären, welche Veränderungen würden Sie vornehmen, um Servicequalität und Arbeitsmoral zu steigern?[17]

Interne Marktforschung ist ein Schuß, der nach hinten losgeht, wenn das Management nicht bereit ist, auf wichtige Ergebnisse zu reagieren. In der *New York Times* vom 22. April 1990 wird ein nicht genanntes Unternehmen zitiert, das durch eine Umfrage erfuhr, wie unzufrieden die Mitarbeiter mit der Cafeteria waren. Die Geschäftsleitung berichtet in der Mitarbeiterzeitung über die Umfrageergebnisse, unternahm dann aber nichts, um die Cafeteria zu verbessern. Ein Manager sagte: »Vorher konnten wir uns einreden, daß die Chefetage nicht wußte, wie schlecht die Cafeteria war. Nach der Umfrage wußten wir, daß es denen einfach egal war.« Les Butler, *Vice Chairman* der First Pennsylvania Bank erklärt: »Fragen Sie nicht nach etwas, was Sie eigentlich nicht wissen wollen. Stellen Sie keine Fragen, wenn Sie sich eine bestimmte Antwort erwarten. Werten Sie die Beiträge, werten Sie die Beteiligung, erklären Sie, warum Sie die Meinung der Mitarbeiter hören möchten und wofür die Ergebnisse verwendet werden.«

Management-Checkliste

Zur Betrachtung der sieben Elemente des internen Marketing empfiehlt sich folgender Fragenkatalog:

1. *Werben wir um Mitarbeiter im gleichen Maße wie um Endkunden?* Zeigen wir bei unseren Aktivitäten auf dem Arbeitsmarkt Einfallsreichtum und Mut? Experimentieren wir und probieren wir neue Strategien aus? Verwenden wir eine breite Palette von Medien? Setzen wir für Personalauswahl und Einstellungsgespräche die richtigen Leute ein? Mitarbeiter, die einen starken Eindruck hinterlassen? Mitarbeiter, die unser Unternehmen gut verkaufen können?
2. *Haben wir ein Leitbild, für das sich der Einsatz lohnt?* Bieten wir unseren Mitarbeitern eine Vision, die sie verstehen und mit der sie sich identifizieren können? Haben wir eine Daseinsberechtigung, die unser Unternehmen zum herausragenden Arbeitgeber macht? Vermitteln wir unser Leitbild gut? Bauen wir es bei jeder Gelegenheit in die Unternehmenskultur ein?
3. *Bereiten wir unsere Mitarbeiter auf Spitzenleistungen vor?* Betrachten wir die Förderung von Fertigkeiten und Kenntnissen als Investition oder eher als Aufwendung? Betrachten wir sie als kontinuierlichen Prozeß oder eher als einmaliges Ereignis? Betrachten wir sie als Mittel zur Förderung des Selbstvertrauens und als motivierende Kraft? Bringen wir unserer Belegschaft nicht nur bei, wie sie ihre Arbeit zu verrichten hat oder auch warum? Gehen wir auch über die Schulung und Ausbildung hinaus?
4. *Betonen wir Teamgeist?* Wird Teamarbeit durch unsere Organisationsstruktur gefördert? Durch das physische Arbeitsumfeld? Durch unsere Schulung und Ausbildung? Durch unser Leistungsmessungs- und Belohnungssystem? Wissen unsere Mitarbeiter, welche Position sie im Unternehmen innehaben? Verstehen Sie den Gesamtzusammenhang?

5. *Gewähren wir unseren Mitarbeitern genügend Handlungsspielraum, damit sie sich für die Kunden einsetzen können?* Stellen wir Regeln auf, die den Wünschen unserer besten Angestellten entsprechen, oder solche, die uns vor den schlechtesten Mitarbeitern schützen? Ist unser Handbuch für Geschäftspraktiken und Verfahren dünn? Ist die Bevollmächtigung der Beschäftigten Bestandteil unserer Unternehmenskultur?
6. *Messen und belohnen wir wesentliche Gesichtspunkte?* Messen und belohnen wir die Beiträge der Arbeitnehmer, die am meisten zu unserem Leitbild beitragen? Verwenden wir unterschiedliche Leistungsmessungs- und Belohnungsmethoden? Steht bei unseren Methoden die Fairneß im Vordergrund? Haben alle unsere Mitarbeiter die Chance, daß ihre erstklassigen Leistungen belohnt werden?
7. *Hören wir auf unsere Mitarbeiter?* Setzen wir formale und informelle Forschungsverfahren zur Untersuchung der Meinungen, Sorgen und Bedürfnisse unserer Belegschaft ein? Befragen wir sie aktiv um ihre Meinung? Führen die Forschungsergebnisse zu entsprechenden Reaktionen? Verwenden wir diese Daten, um unsere Job-Produkte zu verbessern?

Teil V
Ein Blick in die Zukunft

10
Dienstleistungsmarketing bis zur Jahrtausendwende

Wir schrieben dieses Buch in der Absicht, dem Leser die für Dienstleistungsmarketing angemessene Betrachtungsweise und die zentrale Rolle der Qualität zu verdeutlichen. In den 90er Jahren wird das Streben nach überragenden Serviceleistungen die Entwicklung des Dienstleistungsmarketing bestimmen. Kein anderer Faktor wird einen so starken Einfluß ausüben. Im letzten Kapitel wollen wir auf die Veränderungen im Dienstleistungsmarketing in der letzten Dekade dieses Jahrhunderts eingehen. Vor diesem Blick in die Zukunft aber fassen wir die Hauptthemen dieses Buches kurz zusammen.

Der Qualitätsimperativ

Servicequalität ist die Grundlage des Dienstleistungsmarketing. Überragender Service stärkt die Glaubwürdigkeit der Außendienstmitarbeiter und der Werbung, fördert positive Mund-zu-Mund-Propaganda, verbessert die Servicewahrnehmung der Kunden und steigert die Arbeitsmoral und die Loyalität der Mitarbeiter und der Kunden. Servicequalität läßt sich nicht vom Dienstleistungsmarketing trennen, sondern ist ein *wesentlicher Bestandteil* davon. Unternehmen mit schlechtem Service können keinen Markterfolg erzielen, ganz gleich, wie verlockend sie ihre Werbung gestalten oder wie viele Kunden ihre Außendienstmitarbeiter besuchen. Durch solche Werbemaßnahmen und Vertreterbesuche werden nur noch mehr Menschen einen miserablen Service erleben und aus erster Hand erfahren, daß man dieses Unternehmen in Zukunft besser meiden sollte.

Der wichtigste Aspekt der Servicequalität ist Zuverlässigkeit – die Einhaltung des Serviceversprechens. Unternehmen, die ihre Versprechen immer wieder brechen, die nicht verläßlich arbeiten und häufig Fehler machen, verlieren das Vertrauen ihrer Kunden – das Wertvollste, was ein Dienstleistungsbetrieb besitzt.

Ein nicht eingehaltenes Serviceversprechen läßt sich nicht durch Freundlichkeit aufwiegen. Hotelgäste erwarten, daß bestätigte Reservierungen auch vorgenommen werden; Bankkunden rechnen mit richtigen Monatsauszügen; Kunden von Expreßreinigungen erwarten, daß ihre Hemdkragen jedesmal richtig gebügelt sind. Die meisten Kunden akzeptieren eine aufrichtige Entschuldigung, wenn das Serviceversprechen nicht eingehalten wurde, aber damit ist die Erinnerung an eine unzuverlässige Dienstleistung noch nicht ausgelöscht. Wenn häufiger Fehler auftreten, kommen die Kunden zu dem Schluß, daß man sich auf dieses Unternehmen nicht verlassen kann, ganz gleich, wie freundlich man dort behandelt wird.

Herausragendes Pannenmanagement entscheidet darüber, ob das Vertrauen der Kunden in die *Servicewerte* des Unternehmens gestärkt wird. Die Wiedergutmachung kann den ursprünglichen Servicefehler nicht ungeschehen machen, aber sie kann zeigen, daß die Ziele des Unternehmens hochgesteckt sind und daß der ursprüngliche Fehler ein Ausrutscher war. Der Einsatz ist hoch, denn unzulängliche Problemlösungen verärgern den Kunden zweimal – beim ursprünglichen Patzer und dann beim Umgang mit der Panne. Unsere Untersuchungen zeigen, daß eine solche »doppelte Abweichung« von den Erwartungen der Kunden ihr Vertrauen in den Service des Unternehmens erheblich mindert.

Dienstleistungsunternehmen müssen zuverlässig arbeiten, um sich im Wettbewerb behaupten zu können. Sie müssen mehr als verläßlich sein, wenn sie einen so starken Eindruck auf die Kunden machen wollen, daß diese der Konkurrenz den Rücken kehren. Kunden erwarten, daß Unternehmen ihre Versprechen halten; daher fallen ihnen Servicepannen stärker auf als reibungslose Abläufe. Die beste Gelegenheit, exzellenten Service vorzuführen, ergibt sich während der Verrichtung der Dienstleistung in der Wechselwirkung zwischen Kunde und Kundenbetreuer. Hier kann man die Kunden angenehm *überraschen*. Servicegesellschaften müssen ihre Kunden überraschen, wenn sie ihre Erwartungen übertreffen wollen – und dies ist manchmal nötig, wenn ein Unternehmen für legendären Service bekannt werden will.

Dienstleistungsmarketing ist anders

Die zentrale Rolle der Servicequalität für die Wirksamkeit des Marketing und die Tatsache, daß bei vielen Dienstleistungen Erbringung und Konsum nicht voneinander getrennt werden können, erfordert Dienstleistungsmarketing »vor Ort«. Dienstleistungen werden in den Läden, in den Niederlassungen und am Telefon an den Mann oder an die Frau gebracht, wie versprochen ausgeführt, mit Inspiration umgesetzt – oder eben nicht. Die besten Marketingleiter in Servicebetrieben wollen nicht mit aller Gewalt die Marketingaufgaben für die Firma übernehmen, sondern versuchen, alle Beschäftigten zum Marketing zu motivieren; ihr Hauptaugenmerk liegt auf der Förderung des menschlichen Potentials für den Dienst am Kunden und für den Verkauf. Herausragende Marketingdirektoren im Servicesektor verstehen, was Quinn und Paquette mit ihrer Beschreibung von Dienstleistungsunternehmen als »Freiwilligenorganisationen« meinen, und sie setzen sich für ein Umfeld ein, in dem die Kundenbetreuer gute Leistungen erbringen können und wollen.[1]

Es ist nicht dasselbe, ob man eine Leistung oder einen Gegenstand vermarktet. Dienstleistungsmarketing unterscheidet sich insbesondere von der Vermarktung verpackter Waren (vgl. Abbildung 1–3 in Kapitel 1). Viele Marketingmanager, die zunächst für Fertigungsunternehmen tätig waren und dann in den Dienstleistungssektor wechselten, erkannten diesen Unterschied zu ihrem Leidwesen in der Praxis. Bei verpackten Waren steht die Differenzierung materieller Aspekte durch Bilder im Vordergrund; bei Dienstleistungen dagegen liegt der Schwerpunkt auf der Frage, wie man Immaterielles sichtbar machen kann. Bei verpackten Waren wird Markenpolitik für Einzelprodukte betrieben; bei Dienstleistungen muß dem Unternehmen Markenstatus verschafft werden. Bei verpackten Waren versuchen Marketingmanager, den Handel zur Lagerung und zum Absatz eines Produkts zu bewegen und die Kunden durch Werbung an sich zu ziehen; bei Dienstleistungen betreiben sie Marketing bei Mitarbeitern, damit diese die Leistung an die Endkunden vermarkten und für die Klienten verrichten. Bei verpackten Waren versuchen die Anbieter, Markentreue in erster Linie mit nicht personalisierten Mitteln zu erreichen; bei Dienstleistungen ist das Ziel eine Kundenbeziehung, und maßgeschneiderter, persönlicher Kontakt ist eines der wesentlichen Werkzeuge.

Im Dienstleistungsmarketing spielen Marktsegmentierung, Positionierung, Preise und Werbung die gleiche Rolle wie bei der Vermarktung physischer Güter. Viele der Aufgaben in beiden Bereichen werden mit den gleichen Worten beschrieben; der Unterschied besteht in der Betrachtungsweise, mit der der Erfolg im Dienstleistungsmarketing steht oder fällt. Die Dienstleister verkörpern das Produkt, und wenn ihre Leistung nicht das nötige Niveau erreicht, ist nichts mehr zu retten.

Vier Gesichtspunkte werden die Entwicklung im Dienstleistungsmarketing bis zum Jahr 2000 stark beeinflussen:

- Das erweiterte Unternehmen
- Global denken, individuell handeln
- Freundliche Computer
- Höhergesteckte Ziele und höhere Qualitätsanforderungen

Das erweiterte Unternehmen

In den 90er Jahren wird der Ethnozentrismus der Unternehmen zunehmend der Zusammenarbeit von Servicebetrieben weichen. Die Vorstellung von einem Unternehmen als einer autonomen Einheit, die einer Festung gleicht, wird an Bedeutung verlieren und immer mehr durch Joint-ventures ersetzt werden. Dienstleistungsfirmen werden sich verstärkt auf ihre Glanzstücke konzentrieren und mit anderen Firmen kooperieren, die einen wertvollen, wesentlichen Bestandteil zu ihrer Dienstleistung liefern können.

Dieses Konzept des erweiterten Unternehmens hat sich am schnellsten im verarbeitenden Sektor durchgesetzt. Eine wachsende Zahl von Herstellern versucht beispielsweise, Produktqualität und Produktivität durch verstärkte Kooperationen mit weniger Zulieferbetrieben zu verbessern. Xerox hat die Zahl seiner Lieferanten von 5.000 auf 500 reduziert, um bei der fertigungssynchronen Materialwirtschaft (JIT) und der Qualitätsverbesserung eine engere Zusammenarbeit zu erreichen. Die Lieferanten besuchen jetzt den hauseigenen Xerox-Qualitätskurs. Für seine Grundsatzrede bei der Qualitätskonferenz des Conference Board am 2. April 1990 in New York brachte David Luther, der Leiter der Konzernabteilung Qualität bei Corning, einen Kunden, einen Lieferanten, einen Gewerkschaftsführer und sogasssr den Direktor einer örtlichen Grundschule mit. Jeder von ihnen erläuterte, warum und wie er stärker als in der Vergangenheit partnerschaftlich mit Corning zusammenarbeitet. Der Gewerkschaftsführer Larry Bankowski erklärte: »Warum setzt sich die Gewerkschaft für totale Qualität ein? Die Antwort lautet: ›Um zu überleben.‹ Mit einer mittelmäßigen Qualität können wir auf dem Weltmarkt nicht bestehen.«[2]

Aus den gleichen Gründen werden sich neben diesen von den Herstellern initiierten Allianzen auch zwischen Servicefirmen immer mehr Partnerschaften entwickeln: Die gemeinsame Nutzung von Ressourcen und die Kooperation führen zu Qualitätsverbesserungen und Kostensenkungen. Nicht nur Teamwork innerhalb des Unternehmens hat Qualitäts- und Produktivitätssteigerungen zur Folge, sondern auch Teamwork mit externen Partnern. Der wichtigste Aspekt bei der Erweiterung des Unternehmens ist die Umwandlung von externen zu internen Partnern.

Vor einigen Jahren setzten sich die Chefmanager von Procter & Gamble und Wal-Mart zwei Tage lang zusammen, um zu überlegen, wie sie die Grundsätze des Qualitätsmanagement gemeinsam im Bereich Einmalwindeln umsetzen könnten. In der Folge zog ein Team von Procter-&-Gamble-Mitarbeitern in die Zentrale von Wal-Mart in Bentonville, Arkansas, und nahm dort zusammen mit Führungskräften von Wal-Mart Produktivitäts- und Qualitätsfragen in Angriff. Aufgrund dieser Kooperation konnte Wal-Mart seinen Anteil an Procter-&-Gamble-Windeln um 50 Prozent steigern und die Lagerzeit um 70 Prozent reduzieren.

AMRIS, eine Tochter der Firma AMR (auch Muttergesellschaft von American Airlines) gründete ein Joint-venture mit Marriott, Hilton und Budget Rent-A-Car, um ein computerisiertes Reservierungs- und Ertragsmanagementsystem für die Hotel- und Mietwagenbranche zu entwickeln. AMRIS bringt in dieses Projekt seine bemerkenswerte Erfahrung und sein beträchtliches Fachwissen ein, das aus der Entwicklung des Reservierungs- und Informationssystems SABRE stammt. Von den Partnern erwartet man, daß sie sich an den Kosten beteiligen und sowohl Fachkenntnisse als auch Glaubwürdigkeit im Hotel- und Mietwagengewerbe liefern.[3]

Die Kooperation zwischen P&G und Wal-Mart sowie das Joint-venture von AMRIS, Marriott, Hilton und Budget Rent-A-Car verdeutlichen einen wesentlichen Aspekt in der Erweiterung des Unternehmens: Strategische Allianzen können alle von den Partnern gewünschten Ziele verfolgen, solange sie nicht gegen die guten Sitten und das Gesetz verstoßen. Wir erwarten für die Zukunft z.B. eine stärkere Zusammenarbeit von Servicegesellschaften in den Bereichen Schulung und Marktforschung. Man denke nur an die Möglichkeiten, die sich eröffnen, wenn eine Bank, eine Supermarktkette und ein Warenhauskonzern gemeinsam eine Firma für Verkaufs- und Serviceschulungen gründen, die intern Mitarbeiterschulung und extern Marktprogramme anbietet. Durch die Zusammenlegung ihrer Ressourcen könnten diese drei Unternehmen ihre jeweiligen Schulungskosten senken, zusätzlichen Cash-flow erwirtschaften und vor allem Niveau und Umfang der Schulungen verbessern. Die Grundsätze für herausragenden Verkauf und Service sind nicht branchen- oder unternehmensspezifisch; Unterschiede ergeben sich mehr aus der üblichen Betrachtungsweise als aus den tatsächlichen Gegebenheiten.

Die Erweiterung des Unternehmens hat natürlich auch ihre Haken. Die Risiken lassen sich überwinden, wenn man z.B. Partner mit gleichen Werten und Bedürfnissen auswählt, zunächst kleine Projekte realisiert, sich viel Zeit für die Planung läßt und eine Struktur aufbaut, die fortlaufende Kommunikation und Teamwork fördert.

Global denken, individuell handeln

Global denken

In den 90er Jahren werden die am besten geführten Dienstleistungsunternehmen global denken, aber individuell handeln. Global denken heißt, daß sie eine umfassende Perspektive wählen, grenzüberschreitendes Lernen fördern und sich weiterentwickeln. Die Globalisierung wirkt sich auf jede Servicefirma aus, ganz gleich, ob die Geschäftsleitung beabsichtigt, auf ausländische Märkte vorzustoßen oder nicht. Der freie Verkehr von Waren, Dienstleistungen und Ideen auf der ganzen Welt beeinflußt in Wahrheit stärker als jemals zuvor die Erwartungen, Geschmäcker und Wahlmöglichkeiten der Kunden. Möbelläden in Philadelphia spüren die Auswirkungen des Markteintritts der Firma IKEA, die skandinavische Möbel zur Selbstmontage populär gemacht hat. Die inneramerikanischen Fluglinien müssen auf das hohe Serviceniveau von ausländischen Gesellschaften wie Singapore Airlines oder SAS reagieren. Die Tatsache, daß die französische Firma Galeries Lafayette in ihrer Werbung eine international gebührenfreie Telefonnummer für die Bestellung von Webpelzen in den USA nennt, hat auch Folgen für den örtlichen Kürschner.

Kluge Manager bereisen viele Länder auf der Suche nach neuen Ideen, neuen Erkenntnissen über andere Kulturen, neuen Möglichkeiten. Sie nehmen an Studienreisen in andere Länder teil, lesen viel über globale Märkte, Trends und Wettbewerbstendenzen und suchen sich ausländische Partner, mit denen sie in regelmäßigem Kontakt stehen können. Und sie ziehen die Möglichkeit der Expansion außerhalb des eigenen Landes in weitaus stärkerem Maße als bisher in Betracht.

Eine globale Betrachtungsweise stärkt die Wettbewerbsposition. Toys R Us brauchte 35 Jahre, um in den USA einen Anteil von 10 Prozent am Spielzeugmarkt zu ergattern, aber nur drei Jahre in Großbritannien. Bei Fertigstellung dieses Buches versuchte Toys R Us, im Rahmen eines Jointventure mit McDonald's auf dem japanischen Markt Fuß zu fassen – trotz massivem politischen Widerstand seitens der japanischen Spielzeughändler. Moto Photo, ein Fotolabor mit Ein-Stunden-Service aus Dayton, Ohio, hat sein Schnellentwicklungssystem erfolgreich in Kanada, Schweden und Norwegen eingeführt – und das Ergebnis dieser Expansion ist beeindruckend.

Unternehmen können unter anderem ihre Wettbewerbsfähigkeit verbessern, indem sie über alle Grenzen hinweg lernen und sich bewußt Kenntnisse über den vertrauten, herkömmlichen Rahmen hinaus aneignen. Manager, die kulturübergreifendes Wissen anstreben, tun dies genauso wie Führungskräfte, die Material aus anderen Branchen lesen und branchenfremde Konferenzen besuchen. Grenzüberschreitendes Lernen erfordert eine bewußte Anstrengung. Fred Smith von Federal Express liest vier Stunden täglich Material ganz unterschiedlichen Ursprungs. In einem Interview mit der Zeitschrift *Inc. Magazine* im Oktober 1986 beschrieb er, wie seine interdisziplinäre Lektüre dem Unternehmen hilft:

> Es wurde deutlich, daß wir zu jeder Zeit wissen mußten, wo sich ein uns anvertrauter Gegenstand befand. Und als wir uns überlegten, wie wir dabei vorgehen könnten, schien es uns, als sei dieses Problem unlösbar ... Damals hatte ich ganz unterschiedliche Materialien über den Lebensmittelhandel und das Preis-Leistungs-Verhältnis von Computern gelesen.
>
> Eines führte also zum anderen, und wir begannen, eine neue Variante dieser Strichcodes einzuführen, wie man sie auf Suppendosen findet. Wir wiesen also jedem Päckchen der Reihe nach eine Nummer zu. Es stellte sich heraus, daß dies eine gute Idee war ... Wir hätten sonst die Kontrolle über diese Organisation verloren.

Global denken heißt auch, Fortschritte zu erzielen, bereit zu sein, Neues aufzubauen und Altes umzustrukturieren. Wer global denkt, darf nicht stehenbleiben, sonst erreicht er seine Ziele nicht. Aus diesem Grund hat Federal Express die Firma Tiger International erworben und nimmt anfangs Verluste in Kauf, um sich auf dem Weltmarkt zu etablieren. Aus diesem Grund hat Disney das EPCOT Center aufgebaut, sich zu einem bedeutenden Hotelunternehmen gemausert, seine Filmaktivitäten mit der Marke Touchstone neu belebt, einen Filmpark eröffnet und einen Vorstoß auf den Weltmarkt gewagt. Aus diesem Grund hat Stew Leornard's 1991 in Danbury, Connecticut – nur 17 Meilen von seinem Stammgeschäft in Norwalk entfernt – seinen zweiten Laden mit einer Fläche von sage und schreibe 12.700 m² eröffnet.

Individuell handeln

Genauso wichtig wie global zu denken ist es, individuell zu handeln. Damit meinen wir das Gegenteil von bürokratischem Vorgehen. Carolyn Burstein vom Federal Quality Institute nennt vier Kennzeichen von bürokratischen Organisationen:[4]

- Dienst nach Vorschrift
- Funktionale Organisationsstruktur
- Nach innen gerichtete Betrachtungsweise
- Vorsätzlich unpersönliche Behandlung der Kunden

Individuell handeln dagegen heißt, daß man mit wenigen Vorschriften auskommt, eine nahtlose, reaktionsschnelle Organisationsstruktur einführt, sich nach außen an den Kundenbedürfnissen orientiert und bewußt persönlich auf die Kunden eingeht. Es bedeutet, daß man die Gelegenheiten zur Interaktion mit Endkunden nutzt, indem man schöpferischen, ehrlichen, persönlichen Service leistet. Es bedeutet *nicht*, daß dieser persönliche Service gekünstelt oder programmiert sein sollte. Untersuchungen von Suprenant und Solomon zeigen vielmehr, daß die Kunden weniger Vertrauen in die Fähigkeiten der Beschäftigten eines Unternehmens haben, wenn der persönliche Service zu gewollt wirkt.[5]

Kleine Unternehmen können nicht automatisch aufgrund ihrer Größe individuell handeln; wie auch das Denken in großen Zusammenhängen ist dies eher eine Führungsaufgabe. Es gibt kleine bürokratische Unternehmen und große, die flexibel sind. Stew Leonard's bedient vielleicht 100.000 Kunden pro Woche in seinem Geschäft in Norwalk, gibt aber jedem einzelnen das Gefühl, wichtig zu sein. American Express hat Millionen in Technologie, Systeme und Schulungsmaßnahmen investiert, um 85 Prozent der Probleme sofort lösen zu können, wegen denen Kreditkarteninhaber die auf ihren Monatsauszügen angegebene gebührenfreie Nummer wählen.

Natürlich ist es für kleinere Unternehmen leichter, individuell zu handeln – und gut geführte Kleinfirmen nutzen diese Tatsache als Wettbewerbsvorteil gegenüber den großen. Dial-a-Mattress aus New York garantiert die Lieferung einer neuen Matratze innerhalb von zwei Stunden nach Auftragseingang; andernfalls gewährt die Firma einen Preisnachlaß von 10 Prozent. Eine Kundin rief Dial-a-Mattress aus der Concorde während des Flugs von Paris nach New York an und bestellte eine Matratze für ihre Wohnung in Manhattan. Als sie eintraf, wartete die Matratze bereits auf sie.

Auch Direct Tire Sales, eine erfolgreiche, in der Nähe von Boston ansässige Reifen- und Kfz-Servicewerkstatt mit einer Niederlassung beherrscht das individuelle Handeln. Für Kunden, die in Mietwohnungen leben, ist es aus Platzgründen oft schwierig, die Winter- oder Sommerreifen zu lagern, wenn diese gerade nicht im Einsatz sind. Daher mietete Direct Tire einen Anhänger und zog einen Reifenlagerungsdienst auf. Für eine Jahresgebühr von 100 Dollar lagert die Firma die Reifen, wechselt sie zweimal jährlich und wuchtet sie aus. Direct Tire setzt auch in großem Umfang Leihwagen ein, da viele Kunden dies wünschen, wenn sie ihr

Auto in die Werkstatt bringen. Der *President* des Unternehmens, Barry Steinberg, erklärte in einem Interview mit der Zeitschrift *Inc. Magazine* vom September 1990:

> Vor drei Jahren, als ich noch keine Leihwagen hatte, belief sich der Umsatz im Inspektionsbereich auf 50.000 bis 55.000 Dollar im Monat. Jetzt erziele ich im Durchschnitt 120.000 Dollar monatlich, und die Bruttoumsatzrendite ist bei den Inspektionen 30 Prozent höher als im Reifengeschäft. Die Leute rufen uns an und sagen: »Ich habe gehört, daß Sie mir einen kostenlosen Wagen zur Verfügung stellen, während meiner in der Reparatur ist.« Wir sagen: »Ja, das stimmt«, und sie vereinbaren sofort einen Termin. Viele fragen nicht einmal, was die Inspektion kostet. Ich werde noch mehr Leihwagen kaufen.

»Freundliche« Computer

Der Computer stellt eines der wichtigsten Hilfsmittel für Unternehmen dar, die individuell handeln wollen. Serviceangestellte und Kunden machen häufig den Computer für unpersönlichen, bürokratischen, pannenbehafteten Service verantwortlich, doch ist dies oftmals die Folge der Einsatzweise der Informationstechnologie, nicht der Computerisierung selbst. Computer können die besten Freunde der Kundendienstmitarbeiter und der Kunden sein. Sie können den Anteil der langweiligen Routinearbeiten verringern, maßgeschneiderte Informationen liefern, Zeit sparen und der Bürokratie das Wasser abgraben.

Wenn sie zur Unterstützung einer klaren Strategie verwendet werden, können sich Computer als unermüdliche Diener erweisen. Computer sind ein Werkzeug, ein Mittel zum Zweck. Kluge Manager setzen sie ein, um die Bedürfnisse interner und/oder externer Kunden zu erfüllen. Sie informieren sich über die Anforderungen, Präferenzen, Arbeits- oder Lebensweisen und den technischen Kenntnisstand der Zielgruppen und entwerfen dann Computersysteme, die so natürlich und einfühlsam wie möglich auf die Bedürfnisse der Kunden eingehen. Und sie bieten neben der technischen auch menschliche Unterstützung.

In den 90er Jahren werden die am besten geführten Dienstleistungsunternehmen sowohl »*High-Tech*« als auch »*High-Touch*« bieten, nicht entweder das eine oder das andere. Sie werden Computer zur Unterstützung ihrer Kundenbedienungsmitarbeiter und zur Steigerung des Werts von Serviceleistungen verwenden und gleichzeitig Menschen einsetzen – als Sicherheit, wenn mit den Computern etwas schiefläuft, und zur Erreichung von Zielen, die der Computer nicht erfüllen kann, wie z.B. zur Pflege einer persönlichen Beziehung zu einzelnen Klienten.

Die Nutzung der Leistung von Computern im positiven Sinne ist menschlich. Dylex Ltd., eine Einzelhandelskette mit Sitz in Toronto, übertrug dem DV-Manager vorübergehend die Leitung eines ihrer Geschäfte, damit dieser vor Ort die Realitäten des Geschäftsablaufs kennenlernen konnte. Aufgrund dieser Erfahrung konnte der betreffende Manager ein einfaches Dateneingabesystem entwickeln, das die Lagerwirtschaft erheblich verbesserte. Dieser Ansatz führte auch dazu, daß bei der Entwicklung des Computersystems die Anwenderbedürfnisse im Vordergrund standen – was nicht gerade oft der Fall ist.

Die Vervielfältigung des Wissens

Manager in Dienstleistungsunternehmen werden sich mehr und mehr »freundlicher« Computer bedienen, um Wissen vielen Mitarbeitern zugänglich zu machen. Dienstleister, denen keine Datenbanken zur Verfügung stehen, müssen sich auf ihre eigenen Kenntnisse beschränken; wer dagegen Zugriff auf gut konzipierte Informationssysteme hat, kann das Wissen vieler einfließen lassen. Und da Wissen Macht ist, kann die Vervielfältigung des Wissens der im Kundenverkehr Beschäftigten sich vorteilhaft auswirken, da es die Bürokratie auf ein Minimum reduziert und die Hebelwirkung der Handlungsfreiheit im Service verstärkt. Warum sollte man die Dinge durch unnötige Maßnahmen und Genehmigungsvorschriften verkomplizieren, wenn die Servicemitarbeiter über das für den Dienst am Kunden erforderlich Wissen verfügen?

An das Reservierungs- und Informationssytem SABRE (das einer seiner Entwickler einen »elektronischen Reisesupermarkt« nennt)[6] sind inzwischen mehr als 14.500 Büros in über 40 Ländern angeschlossen. SABRE und die Systeme der Konkurrenz führten zu einer Dezentralisierung und Vereinfachung der Buchungen und der Ticketausgabe. Reisebüros verkaufen jetzt über 80 Prozent aller Flugtickets im Vergleich zu weniger als 40 Prozent im Jahre 1976. Ohne diese umfassenden Wissenssysteme wären sie nicht wettbewerbsfähig in einer Branche, in der jeden Monat Millionen von Tarifänderungen stattfinden.

»Freundliche« Computer können auch das Wissen der Endkunden vervielfältigen. Die Heimwerkerkette Central Hardware hat in jedem ihrer Läden ein interaktives Videoinformationssystem installiert. Unter anderem bietet dieses System Videoclips, die Heimwerkern detaillierte Anweisungen für 19 verschiedene Projekte zur Verschönerung ihres Hauses oder ihrer Wohnung geben. Durch Berühren des Bildschirms können die Kunden einen Ausdruck anfordern, auf dem die einzelnen Projektschritte aufgeführt sind.

Rationalisierung der Dienstleistung

»Freundliche« Computer können auch Dienstleistungen rationalisieren, indem sie manuelle Aufgaben aus der Welt schaffen oder automatisieren. Die Kombination der Energien von Mensch und Maschine kann die Serviceleistung beschleunigen und die Dienstleistung leichter zugänglich machen. Sie kann den Kundenbetreuern die langweiligen, sich wiederholenden Aufgaben abnehmen, in denen Computer besser sind, und auf diese Weise die Produktivität bei Routinedienstleistungen steigern und ein breiteres Angebot an persönlichen Serviceleistungen ermöglichen.

Die Chemical Bank hat Genesys entwickelt, ein Privatkundensystem auf PC-Basis, das allen Mitarbeiterteams zur Verfügung steht, die in direktem Kontakt mit den Kunden stehen. Die automatische Kreditwürdigkeitsprüfung in Genesys führte zu Entscheidungen über Personalkredite (einschließlich der Ausstellung des Schecks) innerhalb von fünf Minuten.

Die in Cleveland beheimatete Progressive Casualty Insurance Company hat ein Hybrid-System eingeführt, über das Telefone und Computer miteinander kommunizieren können. Die anrufenden Kunden geben ihre Kontonummer über Tastwahltelefone ein. Sobald die Kundenberater den Hörer abnehmen, sehen sie daher auf ihrem Bildschirm eine Kontenübersicht des Kunden. Wenn der Anruf weitergeleitet wird, erscheinen die Dateien auf dem Bildschirm des Mitarbeiters, der dann den Anruf entgegennimmt.

Die Polizei in Aurora, Colorado, hat – wie auch etliche andere Polizeistationen des Landes – ihren Notrufdienst soweit computerisiert, daß Adresse und Telefonnumer des Anrufers eine Sekunde nach Abheben des Hörers auf dem Bildschirm erscheinen. Durch Knopfdruck kann der Bediener die jüngsten Besuche der Polizei bei dieser Adresse abrufen; ein weiterer Knopfdruck zeigt den Streifenwagen, der diesem Ort am nächsten ist. Da die Polizei in Aurora 1990 190.000 Notrufe erhielt (und da in New York City alle sieben Sekunden ein Bürger die Notrufnummer 911 wählt), kann nur die Informationstechnologie die »Gefangenen der 911« befreien, damit sie sich neue Wege zur Verbrechensverhütung ausdenken können.

Hyatt Hotels prüft derzeit, ob sich Magnetkartenlesegeräte an der Tür der Hotelzimmer einsetzen lassen. Das Lesegerät ist an den Hotelcomputer angeschlossen. Bei einer Reservierung sagt man den Gästen ihre Zimmernummer und empfiehlt ihnen, sich bei der Ankunft direkt zu ihrem Zimmer zu begeben. Die Tür öffnet sich, wenn sie ihre Kreditkarte durch das Lesegerät ziehen. Der Hotelcomputer weiß dann, daß der Gast eingetroffen ist, und ab diesem Zeitpunkt werden Nachrichten entgegengenommen und der Aufenthalt berechnet. Adam Aron, der Marketingleiter von Hyatt, meinte dazu in *American Demographics* vom Januar 1990: »Ziel unseres Unternehmens ist es, die Rezeption abzuschaffen.«

Maßgeschneiderter Service

Nicht nur die Strategie der Verbindung von »High-Tech« *und* »High-Touch« wird das Dienstleistungsmarketing in den 90er Jahren bestimmen, sondern auch Konzepte, die einen High-Touch-Ansatz *mit Hilfe* der Hochtechnologie erreichen wollen. Computersysteme, die dem richtigen Dienstleister die richtigen Informationen über einzelne Kunden (oder ihr Vermögen) zur richtigen Zeit zuleiten, eröffnen Möglichkeiten für kostengünstigen, kundenangepaßten Service. Die Informationstechnologie ist das wichtigste Werkzeug auf dem Weg zur Kundenpflege der Stufe drei, die in Kapitel 8 erläutert wurde. Tom Regnier von Business Incentives Inc. meint dazu:

> Mit Hilfe der Technologie können größere Dienstleistungsbetriebe ihren Kunden einen störungsfreien Service bieten, da das Kundenkontaktpersonal direkten Zugriff auf Millionen von Datensätzen hat. Die Firmen können so den Kunden intensiven, persönlichen Service angedeihen lassen, der einmal der Schlüssel zur erfolgreichen Servicequalität der Dienstleistungsunternehmer war.

Die USAA Insurance Company verwendet optische Scanner zur Speicherung und zum Abrufen der Korrespondenz mit den Klienten. Wenn ein Klient die Versicherungsgesellschaft anruft, kann der Sachbearbeiter sagen: »Ja, Colonel Smith, ich habe den Brief vor mir.«

Walgreen, eine aus Chicago stammende Pharmahandelskette mit mehr als 1600 Niederlassungen, hat Satellitenschüsseln und eine Computerdatenbank installiert, damit die Apotheker in 29 Bundesstaaten unmittelbaren Zugriff auf Verschreibungsdaten der Kunden haben, ganz gleich, wo die Rezepte ursprünglich ausgestellt wurden. Daher kann ein Walgreen-Kunde, der in Texas lebt, seine verschreibungspflichtigen Medikamente während einer Reise in Arizona kaufen. Für Versicherungs- und Steuerzwecke können die Kunden einen Ausdruck mit einer Aufstellung ihrer bei Walgreen gekauften Medikamente verlangen.

Xerox hat Kopierer auf den Markt gebracht, die mit Hilfe von Sensoren sich anbahnende Betriebsprobleme entdecken. Über ein Modem wird der Zentralrechner bei Xerox verständigt. Wenn dieser meint, daß die Normen nicht erfüllt werden, ruft er den dem Problemkopierer am nächsten gelegenen Xerox-Kundendienst an. Dieser wiederum vereinbart einen Wartungstermin mit dem Kunden. Wayne Light, Leiter der Abteilung Kundendienststrategie, erklärt:

> In neun von zehn Fällen kontaktiert ein Kunde die Firma Xerox, weil ein Gerät ausgefallen ist, und wir müssen einen Techniker in eine Umgebung entsenden, in der man ihn feindselig empfängt. Wenn jetzt ein Grenzwert überschritten wird – wenn z.B. das Timing im Papierweg nicht mehr funktioniert – dann wird diese Information an ein Expertensystem weitergeleitet. Dieses untersucht das Problem und teilt unserem Kundendienst-Team vor Ort auf elektronischem Wege mit, daß es innerhalb der nächsten 24 bis 48 Stunden mit einem Problem bei diesem Gerät rechnen muß. Unser Ziel ist es, daß bei 50 Prozent der Kontakte zwischen Xerox und den Kunden ein Techniker zur Reparatur kommt, bevor der Kunde weiß, daß ihm ein Problem bevorsteht.[7]

Höhergesteckte Ziele und höhere Qualitätsanforderungen

Es ist schwierig, mit Verbesserung der Qualität anzufangen und sie durchzuhalten. Sehr viele Unternehmen liefern Lippenbekenntnisse für die Qualitätsverbesserung ab, aber nur wenige führen grundlegende Änderungen durch. Fortschrittliche Betriebe gibt es in allen Branchen, doch die meisten befinden sich immer noch in dem Stadium, in dem sie zwar über Qualität reden, aber nicht ihre Unternehmenskultur umstellen. Viele Beobachter der Servicequalitätslandschaft in Amerika sind skeptisch. Einer davon erklärte uns gegenüber:

> Wir erleben zwar gegenwärtig eine Revolution der Servicequalität, aber ich denke nicht, daß die Mehrheit der Unternehmen große Fortschritte in dieser Hinsicht machen wird. Das erfordert einfach ein zu großes Engagement. Für mich ist ein Programm zur Verbesserung der Servicequalität mit einer Diät vergleichbar. Diätratgeber gibt es wie Sand am Meer. Über dieses Thema wurden vielleicht sogar die meisten

Bücher geschrieben, wenn man einmal vom Thema Geld absieht. Zu jedem Zeitpunkt sind etwa 25 Prozent der Erwachsenen in den USA auf Diät, und dennoch sind wir nicht gerade ein Volk aus Haut und Knochen. Es müßten schon grundlegende Veränderungen stattfinden, möglicherweise aufgrund einer Krisensituation, bevor sich die amerikanischen Unternehmen ändern.

Unserer Meinung nach könnten die 90er Jahre das Jahrzehnt des wirklichen Fortschritts in der Servicequalität in Amerika werden, unter anderem weil weite Teile des tertiären Sektors bereits in der von unserem skeptischen Freund angesprochenen Krise stecken – von Warenhäusern bis zu Fluggesellschaften, vom Kabelfernsehen bis zu Banken. Globaler Wettbewerb, in dem nur die Stärksten überleben können, wird praktisch alle wichtigen Dienstleistungsbranchen in dieser Dekade heimsuchen; die Krise wird immer neue Opfer fordern. Ein bereits starker Ansporn zum Wandel – globaler Wettbewerb – wird in den kommenden Jahren noch mehr an Dynamik gewinnen.

Die Tatsache, daß man bereits über Qualität spricht, wird diesem Wandel Vorschub leisten. Wenn dieses Thema diskutiert wird, werden Manager auch in gewissem Umfang zuhören, und daraus werden einige Unternehmen ihre Lehren ziehen. Die Führungskräfte sind sich heute mehr als vor 10 Jahren bewußt, daß Servicequalität für die Kunden wichtig ist, daß sie die Grundlage für eine Differenzierung von der Konkurrenz bildet, daß sie der Eckpfeiler der Pflege von Kundenbeziehungen ist, die beste Möglichkeit, sich durch den Wert, nicht über den Preis von den Mitbewerbern zu unterscheiden, und ein Schlüssel zum internen Marketing (wie auch das interne Marketing ein Schlüssel zur Servicequalität ist).

Natürlich ist nicht unbedingt gesagt, daß den Worten Taten folgen. Die Krise spornt zum Handeln an, Lernprozesse zeigen neue Möglichkeiten auf – aber überall im Unternehmen müssen die einzelnen Mitarbeiter sich der Serviceführung verschreiben und Maßnahmen ergreifen. Eine Revolution des Denkens und des Handelns auf zwei Ebenen ist gefordert.

Die erste Ebene betrifft unsere Ziele. Es ist an der Zeit, daß wir unseren Servicestandard erhöhen, unseren Ehrgeiz steigern und das Ziel ins Auge fassen, die besten Dienstleister der Welt zu werden. Wir haben seit langem in anderen Bereichen versucht, ein Spitzenniveau zu erreichen, und es spricht vieles dafür, daß wir im Servicesektor ähnliche Ambitionen entwickeln sollten. In Abbildung 10–1 sind zehn grundlegene Änderungen in der Einstellung aufgelistet, die zur Verbesserung der Servicequalität führen.

Die zweite Ebene betrifft die Führungskräfte, die lernen müssen, wie

Abbildung 10−1 Zehn grundlegende Änderungen in der Einstellung zur Verbesserung der Servicequalität

Ausgangspunkt	Ziel
Gute Leistung	Herausragende Leistung
Qualität der Produkte	Qualität in jeder Hinsicht
Unterstützung des Managements	Beteiligung des Managements
Funktionale Isolation	Teameinsatz
Abwälzen der Qualitätsverantwortung	Qualitätszuständigkeit des einzelnen
Einige Mitarbeiter haben Kunden	Alle Mitarbeiter haben Kunden
Servicepannen sind ein Problem	Servicepannen sind eine Chance
Irrtümer sind unvermeidlich	Richtiger Service gleich beim ersten Mal
Service ist gestaltlos	Gestaltung des Servicesystems
Qualitätsverbesserungsprogramme	Stetige Verbesserungen

sie Verbesserungen im Service in die Organisation integrieren können, wie sie Servicequalität zur Gewohnheit und zum Bestandteil der Unternehmenskultur machen können. Das Streben nach exzellentem Service muß im betrieblichen Ablauf *erwartet*, nicht *als Option betrachtet* werden. Unternehmen, die sich Serviceverbesserungen zur Gewohnheit machen wollen, können die nachstehend erläuterten fünf Maßnahmen ergreifen.

1. *Aufbau eines Informationssystems zur Servicequalität.* Servicequalitätsforschung wird höchstwahrscheinlich dann einen Einfluß auf den Entscheidungsprozeß haben, wenn sie kontinuierlich in unterschiedlichster Form durchgeführt wird, die Ergebnisse den Managern systematisch mitgeteilt und von ihnen durchdiskutiert werden. Eine einzelne Studie zur Servicequalität reicht nicht aus; die Unternehmen müssen Informationssysteme aufbauen, auf die Manager bei der Entscheidungsfindung regelmäßig zurückgreifen können. Art und Häufigkeit der Untersuchungen, die Grundlage eines Informationssystems zur Servicequalität bilden könnten, zeigt Abbildung 10−2.
2. *Berichte über wichtige Servicekenndaten.* Die Vorlage von wichtigen Qualitätsdaten in der Öffentlichkeit und auf höchster Unternehmensebene regt ein internes Interesse an der Qualität und ihrer Erhaltung an. Die Deluxe Corporation gibt in ihrem Jahresbericht bekannt, wie hoch der Prozentsatz der fehlerfrei gedruckten Aufträge ist, die – wie

Abbildung 10−2 Aufbau eines Informationssystems zur Servicequalität

Art der Untersuchung	Häufigkeit
Erleichterung von Kundenreklamationen	kontinuierlich
Kundenbefragungen nach der Transaktion	kontinuierlich
Informelles Feedback durch Kundentelefongespräche von Managern	wöchentlich
Kundenfokusgruppen	monatlich
»Scheinkäufe« von Dienstleistern	vierteljährlich
Mitarbeiterbefragungen	vierteljährlich
Umfragen zur Servicequalität auf dem Markt insgesamt	dreimal jährlich
Spezialuntersuchungen	nach Bedarf

Quelle: A. Parasuraman, Leonard L. Berry und Valarie A. Zeithaml, »Guidelines for Conducting Service Quality Research«, *MarketingResearch,* Dezember 1990, S. 43.

in den Normen verlangt – am nächsten Tag ausgeliefert werden. Bei den Vorstandssitzungen von Corning steht die Qualitätsleistung ganz oben auf der Tagesordnung. Immer mehr Firmen verlangen inzwischen von ihren operativen Managern, daß sie bei Lagebesprechungen mit der Führungsspitze über die Qualitätsleistung berichten.

3. *Messung der Auswirkungen schlechter Qualität auf den Gewinn.* Unternehmen müssen die Kosten miserabler Qualität offiziell messen und diese Daten in die Deckungsbeitragsrechnung der einzelnen Geschäftsbereiche einfließen lassen. Sie können z.B. die Durchschnittskosten für die Wiederholung fehlerhafter Dienstleistungen berechnen und diese Zahl mit der Fehlerhäufigkeit multiplizieren und so die Nachbesserungskosten im Service ermitteln. Sie können aus Untersuchungen den Prozentsatz der Kunden schätzen, die aufgrund von Serviceproblemen dem Unternehmen den Rücken kehren, den Beitrag der verschiedenen Kundengruppen zum Jahresgewinn berechnen und dann den aufgrund von Servicefehlern entgangenen Gewinn feststellen. Manager, deren Leistung auf der Grundlage des Deckungsbeitrags gemessen und entlohnt wird, werden sich dann stärker für die Qualität interessieren.

4. *Betonung der Qualitätsbeitrags des einzelnen.* Chefmanager sollten jede Gelegenheit nutzen, um die persönliche Verantwortung jedes Angestellten für die Qualitätsverbesserung zu unterstreichen. Alle Mitarbei-

ter sollten während der Arbeitszeit in Qualitätzirkeln mitwirken. Alle Beschäftigten sollten zur Vorlage von Qualitätsverbesserungsvorschlägen ermutigt werden. Alle Arbeitnehmer sollten während der ersten Monate ihrer Tätigkeit einen Qualitätsverbesserungskurs besuchen. Alle Angestellten sollten Jahr für Jahr einen im voraus festgelegten Prozentsatz ihrer Gesamtarbeitszeit auf Schulungen verwenden. Bei allen Mitarbeitern sollte im Rahmen ihrer formellen Leistungsbewertung auch ihr Beitrag zur Qualitätsverbesserung eine Rolle spielen.
5. *Beispielhafte Serviceführung.* Unternehmen, die sich für den Malcolm Baldrige Quality Award bewerben, profitieren von ihrem Antrag, da dieser die Möglichkeit schafft, über Qualität nachzudenken, Schwachstellen zu identifizieren und die Energien in der Organisation zu mobilisieren. Auch wenn jedes Jahr nur einige wenige Unternehmen diesen Preis gewinnen können, führt die Selbstbewertung der Firmen zu Qualitätsfortschritten.

Mittlere und größere Unternehmen sollten zusätzlich zu ihrer Teilnahme am Baldrige-Programm interne Qualitätpreise vergeben. Gut organisierte hauseigene Programme bieten viele der Vorteile des Baldrige-Preises und haben noch einen zusätzlichen Pluspunkt: In jedem Unternehmen gewinnen eine oder mehrere Abteilungen. Wenn Gewinner in Anwesenheit ihrer Kollegen mit Lob und Anerkennung überhäuft werden, setzt das ein Beispiel für Serviceführung. Siegreiche Abteilungen bereiten den Weg für andere im Unternehmen und stellen höhere Anforderungen an sich selbst. Sie werden zu Wegweisern des Wandels und unterstützen so Veränderungen in der Unternehmenskultur.

Schlußbemerkung

Dieses Buch ist getragen vom Geist der eleganten Einfachheit des Dienstleistungsmarketing. Es geht dabei mehr um Grundlegendes als um Hochglanzprojekte, mehr um den gesunden Menschenverstand als um hochwissenschaftliche Ausführungen, mehr um die mühevolle Kleinarbeit als um Kampagnen zur Verkaufsförderung. Dienstleistungsmarketing erfordert praktische Umsetzung, nicht nur strategisches Denken; geniale Lösungen, nicht nur Routinearbeit; Einhalten, nicht nur Abgeben von Versprechen.

Hervorragende Dienstleistungsbetriebe setzen ein erstklassiges Servicekonzept ausgezeichnet um; sie sind in den kleinen Dingen besser als die Konkurrenz; sie wissen mit den Symbolen in ihrem Unternehmen wirksam umzugehen; sie hören ihren Mitarbeitern und Kunden aufmerksam zu; sie investieren in die Dienstleister; sie versuchen, die Kundenerwartungen zu übertreffen und die Kunden angenehm zu überraschen; sie pflegen nach besten Kräften die Beziehungen zu Stammkunden; und sie versuchen, ihre Serviceleistungen ständig zu verbessern.

Das Wesentlichste beim Dienstleistungsmarketing ist der Service. Wenn es sich bei dem Produkt um eine Leistung handelt, ist nichts so wichtig wie die Qualität eben dieser Leistung.

Anmerkungen

Kapitel 1
Dienstleistungen und Qualität

1. Die beiden ersten Beispiele erwähnte Leonard L. Berry in seinem Artikel »In Services, Little Things Make the Big Stories«, *American Banker*, 28. April 1988, S. 4. Das dritte Beispiel stammt aus Leonard L. Berry, Valarie A. Zeithaml und A. Parasuraman, »Five Imperatives for Improving Service Quality«, *Sloan Management Review*, Sommer 1990, S. 29. Über das vierte Beispiel schrieb Andrew H. Malcolm in seinem Artikel »For Police, a Delicate Job of Reordering Priorities«, *New York Times*, 28. Oktober 1990, S. 12. Alle vier Geschichten wurden für dieses Buch bearbeitet.
2. Valarie A. Zeithaml, »How Consumer Evaluation Processes Differ Between Goods and Services«, in: James H. Donnelly und William R. George, Hrsg., *Marketing of Services* (Chicago: American Marketing Association, 1981), S. 186–189.
3. James Brian Quinn, Thomas L. Doorley und Penny C. Paquette, »Wie Dienstleister Industrien umkrempeln«, *Harvard-Manager* 4/90, S. 133–142.
4. Valarie A. Zeithaml, A. Parasuraman und Leonard L. Berry, *Qualitätsservice* (Frankfurt, New York: Campus Verlag, 1991). Eine der neueren Sammlungen fachübergreifender, multinationaler Artikel zum Thema Servicequalität bieten Stephen W. Brown, Evert Gummersson, Bo Edvardsson und Bengtove Gustavsson, *Service Quality: Multidisciplinary and Multinational Perspectives* (Lexington, Mass: Lexington Books, 1991).

Kapitel 2
Richtiger Service gleich beim ersten Mal

1. Valarie A. Zeithaml, A. Parasuraman und Leonard L. Berry, *Qualitätsservice* (Frankfurt, New York: Campus Verlag, 1991).
2. Frederick F. Reichheld und W. Earl Sasser, Jr., »Zero-Migration: Dienstleister im Sog der Qualitätsrevolution«, *Harvard-Manager* 1991, 4/91, S. 108–118.
3. James L. Heskett, W. Earl Sasser, Jr., und Christopher W.L. Hart, *Bahnbrechender Service. Standards für den Wettbewerb von morgen.* (Frankfurt/New York: Campus Verlag, 1991).

4. Zeithaml, Parasuraman und Berry, *Qualitätsservice*, S. 19 f.
5. *Corning Total Quality Digest* (Corning N.Y.: Corning, Inc.), Band II, S. 2.
6. G. Lynn Shostack, »Service Design in the Operating Environment«, in: William R. George und Claudia E. Marshall, Hrsg., *Marketing of Services* (Chicago: American Marketing Association, 1984), S. 35.
7. G. Lynn Shostack und Jane Kingman-Brundage, »Service Design and Development«, in: Carole A. Congram und Margaret L. Friedman, Hrsg., *Handbook of Services Marketing* (New York: American Management Association, 1990).
8. William R. George und Barbara E. Gibson, »Blueprinting – A Tool for Managing Quality in Service«, in: Stephen W. Brown, Evert Gummersson, Bo Edvardsson und Bengtove Gustavsson, *Service Quality: Multidisciplinary and Multinational Perspectives* (Lexington, Mass: Lexington Books, 1991), S. 73–91.
9. G. Lynn Shostack, »Service Blueprints‹ Help to Iron Out System Design Flaws Before Front Liners Take the Fall«, *The Service Edge*, Juli/August 1990, S. 8.
10. David B. Luther, »Continuous Quality Improvement: The Ever-Widening Network«. Grundsatzrede bei der Dritten Qualitätskonferenz des Conference Board am 2. April 1990 in New York.

Kapitel 3
Herausragender Service beim zweiten Mal

1. Vgl. Christoper W.L. Hart, James L. Heskett und W. Earl Sasser, Jr., »Wie Sie aus Pannen Profit ziehen«, *Harvard-Manager* 1/91, S. 128–136. Die Bedeutung der Fehlerbehebung im Service behandelten bereits Chip R. Bell und Ron Zemke, »Service Breakdown: The Road to Recovery«, *Management Review*, Oktober 1987.
2. Eine ausführliche Beschreibung dieser Studie finden Sie in Alan R. Andreasen und Arthur Best, »Consumers Complain – Does Business Respond?«, *Harvard Business Review*, Juli/August 1977, S. 93–101.
3. Eine ausführliche Beschreibung dieser Studie finden Sie in Valarie A. Zeithaml, A. Parasuraman und Leonard L. Berry, *Qualitätsservice* (Frankfurt, New York: Campus Verlag, 1991).
4. Andreasen und Best, »Consumers Complain«, S. 101.
5. Hart, Heskett und Sasser, »Wie Sie aus Pannen Profit ziehen«, S. 129.
6. Vgl. z.B. A. Parasuraman »An Attributional Framework for Assessing the Perceived Value of a Service«, in: Carol Surprenant, Hrsg., *Add Value to Your Service* (Chicago: American Marketing Association, 1988), S. 21–24, oder Carol F. Surprenant und Michael R. Solomon, »Predictability and Personalization in the Service Encounter«, *Journal of Marketing*, April 1987, S. 86–96.
7. Mary Jo Bitner, Bernard M. Booms und Mary Standfield Tetreault, ›The Service Encounter: Diagnosing Favorable and Unfavorable Incidents«, *Journal of Marketing*, Januar 1990, S. 71–84.
8. Hart, Heskett und Sasser, »Wie Sie aus Pannen Profit ziehen«, S. 134.
9. John A. Goodman, Arlene R. Malech und Soja Boyd, »Danger! Angry Customer!« *American Banking Journal*, Januar 1987, S. 66.
10. Mary C. Gilly, »Postcomplaint Processes: From Organizational Response to Repurchase Behaviour«, *The Journal of Consumer Affairs*, Winter 1987, S. 293–313.

11. Firnstahl, »Mitarbeiter garantieren die Produktqualität«, S. 9, (siehe unten).
12. Timothy W. Firnstahl, »Mitarbeiter garantieren die Produktqualität«, *Harvard-Manager* 1/90, S. 7–12.
13. Firnstahl, »Mitarbeiter garantieren die Produktqualität«, S. 10.
13. John F. Yarbrough, »TARP Information Systems«, *Salisbury* (Maryland) *Daily Times* (Wirtschaftsteil), 18. August, 1990.

Kapitel 4
Kundenerwartungen steuern und übertreffen

1. Robert C. Lewis und Bernard H. Booms, »The Marketing Aspects of Service Quality«, in: Leonard L. Berry, G. Lynn Shostack und Gregory Upah, Hrsg., *Emerging Perspectives on Services Marketing* (Chicago: American Marketing Association, 1983), S. 99–107.; A. Parasuraman, Valarie A. Zeithaml und Leonard L. Berry, »A Conceptual Model of Service Quality and Its Implications for Future Research«, *Journal of Marketing*, Herbst 1985, S. 41–50.
2. Eine der früheren Schriften zu diesem Thema verfaßte Christian Gronroos, *Strategic Management and Marketing in the Service Sector*, Helsinki: Swedish School of Economics and Business Administration, Arbeitspapier, 1982.
3. Vgl. z.B. Ernes R. Cadotte, Robert B. Woodruff und Roger L. Jenkins, »Expectations and Norms in Models of Consumer Satisfaction«, *Journal of Marketing Research*, August 1987, S. 305–314.
4. Weitere Einzelheiten zu unserer Studie sind zu finden in A. Parasuraman, Leonard L. Berry und Valarie A. Zeithaml, »Understanding Customer Expectations of Service«, *Sloan Management Review*, Frühjahr 1991, S. 39–48 sowie in Valarie A. Zeithaml, Leonard L. Berry und A. Parasuraman, *The Nature and Determinants of Customer Expectations of Service*, Cambridge, Mass.: Marketing Science Institute, Forschungsmonographie, 1991. Bei einigen Passagen in diesem Kapitel handelt es sich um bearbeitete Materialien aus diesen beiden Veröffentlichungen.
5. A. Parasuraman, Valarie A. Zeithaml und Leonard L. Berry, »SERVQUAL: A Multiple-Item Scale for Measuring Consumer Perceptions of Service Quality«, *Journal of Retailing*, April 1988, S. 35–48.
6. Allgemeine methodologische Ansätze für die Forschungen, die wir in diesem und in den beiden vorangegangenen Kapiteln empfehlen, sind zu finden in A. Parasuraman, Leonard L. Berry und Valarie A. Zeithaml, »Guidelines for Conducting Service Quality Research«, *Marketing Research*, Dezember 1990, S. 34–44.

Kapitel 5
Marketing als Linienfunktion

1. Leonard L. Berry, »Big Ideas in Services Marketing«, *Journal of Consumer Marketing*, Frühjahr 1986, S. 47.

Kapitel 6
Die Symbolisierung steuern

1. G. Lynn Shostack, »The Sins of Alfred Sloan,« Vortrag bei der Zweiten Internationalen Servicequalitätkonferenz in Norwalk, Connecticut, 10. Juli 1990.
2. Leonard L. Berry, »Services Marketing is Different«, *Business*, Mai/Juni 1980, S. 26.
3. Gregory D. Upah und James W. Fulton, »Situation Creation in Service Marketing«, in: John A. Czepiel, Michael R. Solomon und Carol F. Surprenant, Hrsg., *The Service Encounter* (Lexington, Mass.: Lexington Books, 1985), S. 256.
4. Julie Baker, »The Role of the Environment in Marketing Services: The Consumer Perspective«, in: John A. Czepiel, Carole Congram und James Shanahan, Hrsg., *The Service Challenge: Integrating for Competitive Advantage* (Chicago: American Marketing Association, 1987), S. 79–84.
5. Carl Sewell und Paul B. Brown, *Customers for Life* (New York: Doubleday Currency, 1990), Kapitel 22 und 24.
6. Ibd., S. 113.
7. Michael Solomon, »Packaging the Service Provider«, *The Service Industries Journal*, März 1985, S. 65 und 67.
8. Vgl. Christopher W. L. Hart, »Auch Dienstleistern nutzen Garantien«, *Harvard-Manager* 1/89, S. 114–121.
9. Ibd. S. 115.
10. Mary Jo Bitner, »Consumer Responses to the Physical Environment in Service Settings«, in: M. Venkentesan, Diane Schmalensee und Claudia Marshall, Hrsg., *Creativity in Services Marketing: What's New, What Works, What's Developing* (Chicago: American Marketing Association, 1986), S. 90.
11. P. Anne van't Haaff, »Top Quality: A Way of Life«, in: *Distinguished Papers: Service Quality in the 1990s*, Podiumssitzung, Sechste Generalversammlung der World Future Society, Juli 1989 (New York: St. John's University Business Research Institute, Dezember 1989), S. 10 f.
12. Mary Jo Bitner, »Evaluating Service Encounters: The Effects of Physical Surroundings and Employee Responses«, *Journal of Marketing*, April 1990, S. 69–82.
13. Julie Baker, Leonard L. Berry und A. Parasuraman, »The Marketing Impact of Branch Facility Design«, *Journal of Retail Banking*, Sommer 1988, S. 33–43.
14. Sewell und Brown, *Customers for Life*, S. 122.

Kapitel 7
Dem Unternehmen Markenstatus verschaffen

1. Chris Easingwood, »Service Design and Service Company Strategy«, in: Susan Jackson, John Bateson, Richard Chase und Benjamin Schneider, Hrsg., *Marketing, Operations and Human Resources Insights into Services*, Protokoll des Ersten Internationalen Forschungsseminars im Dienstleistungmanagement, Université d'Aix-Marseille, Frankreich, 1990, S. 188–199.
2. Die Erörterung dieser Eigenschaften basiert auf Leonard L. Berry, Edwin F. Lefkowith und Terry Clark, »Der Firmenname als Marke« *Harvard-Manager*, 2/89, S. 13–18.

3. Thomas J. Fitzgerald, »Understanding the Differences and Similarities Between Services and Products to Exploit Your Competitive Advantage«, *The Journal of Business and Industrial Marketing*, Sommer 1987, S. 29–34.

Kapitel 8
Marketing bei bestehenden Kunden

1. Michael J. O'Connor, »Most Failures Come in the Second Act; Retailing Is No Exception«, *International Trends in Retailing*, Herbst 1989, S. 17–21.
2. Ibd., S. 21.
3. Frederick F. Reichheld und W. Earl Sasser, »Zero-Migration: Dienstleister im Sog der Qualitätsrevolution«, *Harvard-Manager*, 4/91, S. 108–116.
4. John A. Czepiel und Robert Gilmore, »Exploring the Concept of Loyalty in Services«, in: John A. Czepiel, Carole Congram und James Shanahan, Hrsg., *The Service Challenge: Integrating for Competitive Advantage* (Chicago: American Marketing Association, 1987), S. 91–94.
5. Reichheld und Sasser, »Zero-Migration«, S. 109.
6. James H. Donnelly, Jr., Leonard L. Berry und Thomas W. Thompson, *Marketing Financial Services – A Strategic Vision* (Homewood, Ill.: Dow Jones-Irwin, 1985), S. 113.
7. Die Bedeutung der Kundentreue ist ausgezeichnet beschrieben bei Czepiel und Gilmore, »Exploring the Concept of Loyalty in Services.«
8. Lawrence A. Crosby, Kenneth R. Evans und Deborah Cowles, »Relationship Quality in Services Selling: An Interpersonal Influence Perspective«, *Journal of Marketing*, Juli 1990, S. 68–81.
9. Peter W. Turnbull und David T. Wilson, »Developing and Protecting Profitable Customer Rationships«, *Industrial Marketing Management*, August 1989, S. 237.
10. Eine ausgezeichnete Diskussion zur Werttheorie liefert Valarie A. Zeithaml in »Consumer Perspectives of Price, Quality und Value: A Means-End Model and Synthesis of Evidence«, *Journal of Marketing*, Juli 1988, S. 2–22.
11. Parasuraman, Berry, und Zeithaml, »Understanding Customer Expectations of Service«.

Kapitel 9
Marketing bei Mitarbeitern

1. Zitat aus Carole A. Congram, John A. Czepiel und James B. Shanahan, »Achieving Internal Integration in Service Organizations: Five Propositions«, in: John A. Czepiel, Carole A. Congram und James B. Shanahan, Hrsg., *The Service Challenge: Integrating for Competitive Advantage* (Chicago: American Marketing Association, 1987), S. 5.
2. A. Parasuraman, Leonard L. Berry und Valarie A. Zeithaml, »An Empirical Examination of Relationships in an Extended Service Quality Model«, *Marketing Science Institute Research Program Series*, Dezember 1990, Bericht Nr. 90–122.

3. Carl Sewell und Paul B. Brown, *Customers for Life* (New York: Doubleday Currency, 1990), S. 68.
4. Leonard L. Berry, David R. Bennett und Carter W. Brown, *Service Quality: A Profit Strategy for Financial Institutions* (Homewood, Ill.: Dow Jones-Irwin, 1989), S. 51.
5. Von Johnston, »How to Attract and Keep the Best Employees«, Vortrag beim Symposium des Zentrums für Einzelhandelsstudien der Texas A&M University in San Antonio, Texas, am 1. November 1990.
6. Kathleen S. Alexander, »How to Think About the People Issues for the Nineties«, Vortrag beim Symposium des Zentrums für Einzelhandelsstudien der Texas A&M University in San Antonio, Texas, am 1. November 1990.
7. James L. Heskett, »Vorbildliches Management von Dienstleistungbetrieben«, *Harvard-Manager* 1/88, S. 62.
8. Tim W. Ferguson, »Inspired from Above, ServiceMaster Dignifies Those Below«, *Wall Street Journal*, 8. Mai 1990, S. A21.
9. Timothy W. Firnstahl, »Mitarbeiter garantieren die Produktqualität«, *Harvard-Manager* 1/90, S. 8.
10. Zitat aus Dave Zielinski, »Effective Service Messages are Sent Often – and at All Job Levels«, *The Service Edge*, Mai 1990, S. 3.
11. Zeithaml, Parasuraman und Berry, *Qualitätsservice*, S. 177 f.
12. Berry, Bennett und Brown, *Service Quality*, S. 160.
13. Dieses Passage und einige andere in diesem und den nächsten Abschnitten basieren auf Berry, Zeithaml und Parasuraman, »Five Imperatives for Improving Service Quality«, S. 29–38.
14. Lowell Mayone, »How to Improve Human Performance in Retailing«, Vortrag beim Symposium des Zentrums für Einzelhandelsstudien der Texas A&M University in San Antonio, Texas, am 2. November 1990.
15. George A. Rieder, »Incentives That Work: Rewarding Performance and Commitment«, Vortrag bei der Mellon Bank Conference for CEOs am 7. März 1990 in Scottsdale, Arizona.
16. Fred Luthans und Tim R. V. Davis, »Applying Behavioral Management Techniques in Service Organizations«, in: David E. Bowen, Richard B. Chase, Thomas G. Cummings et al., Hrsg., *Service Management Effectiveness – Balancing Strategy, Organization und Human Resources, Operations and Marketing* (San Francisco: Jossey-Bass, 1990), S. 206.
17. Linda Cooper und Beth Summers, *Getting Started In Quality* (Chicago: The First National Bank of Chicago, 1990), S. 14.

Kapitel 10
Dienstleistungsmarketing bis zur Jahrtausendwende

1. James Brian Quinn und Penny C. Paquette, »Technology in Services: Creating Organizational Revolutions«, *Sloan Management Review*, Winter 1990, S. 76.
2. David B. Luther, Larry Bankowski et al. »Continuous Quality Improvement: The Ever-Widening Network«, Vortrag bei der Qualitätskonferenz des Conference Board am 2. April 1990 in New York.
3. Max D. Hopper, »Sabre – Lektionen für das Überleben im Informationszeitalter«, *Harvard-Manager* 1/91, S. 80–87.

4. Carolyn Burstein, »Service Quality in the Federal Government«, Vortrag bei der Zweiten Internationalen Servicequalitätskonferenz am 10. Juli 1990 in Norwalk, Connecticut.
5. Carol F. Surpenant und Michael R. Solomon, »Predictability and Personalization in the Service Encounter«, Journal of Marketing, April 1987, S. 86–96.
6. Hopper, »Sabre – Lektionen für das Überleben im Informationszeitalter«, S. 84
7. Zitat aus »Xerox Corp. und Milliken & Co. are this Year's Winners of the Malcolm Baldrige National Quality Award«, *The Service Edge*, Dezember 1989, S. 5.

Register

AAdvantage-Programm 160, 161, 166, 172
Abhilfe bei Serviceproblemen 50
Abteilungsstrukturen 188
Aetna Life 188
Aid Association for Lutherans (AAL) 188
Alexander, K. 179
Allegheny Airlines 145, 151
Allegis 144
Allstate 148
America West 122
American Airlines 160, 161, 166, 172
American Association of Homes for the Aging 64
American Express 41
– Informationssysteme 71
– Problemlösungen 208
– Reklamationen 52
– Technische Ausstattung 66
AMRIS 205
Andreasen, A. 49, 50, 51
ARA Services 96, 147
Arbaugh, G. 99, 105, 128
Architektur 132
Aron, A. 212
Arztpraxen 130
AT&T 146
atmospherics 114
Autobranche 22, 74, 205
Avis 138

Baker, J. 115, 134
Bank of Granite 144
Bank of Virginia 143
Bank One 121, 134

Bank One Texas 153
Bankgewerbe 53, 134
Bankowski, L. 204
Befugnisse 63
Bell South 145, 152
Belohnungssysteme 191-194
Benihana of Tokyo 129
Bennett, D.R. 184, 192
Berry, A.B. 141, *195*
Berry, L.L. 50, 114, 161, 184, 192, 216
Beschwerden 41
Best, A. 49, 50, 51
Best Seller System 128
Betriebliche Abteilungen 96
Bitner, M.J. 55, 62, 127, 130
Blank, A. 181
Branchenwissen 105
Breaking Free from Product Marketing (Shostack) 22, 114
British Airways 182
Brown, C.W. 184, 192
Budget Rent-A-Car 205
Business Incentives 212
Burnstein, C. 207
Butler, L.R. 98, 100, 196

Cable News Network (CNN) 16
– Markenidentität 141
Cable Television Laboratories 141
Cadillac 59
care pair 45
Carmichael, D. 156
Carnival-Cruise 120, 121
Cash-Management-Konto 165, 166
casualty insurance 74
Central Hardware 210

226

Chebat, J.-Ch. 127
Chemical Bank 211
Chik-fil-A 180
Chung, A.R. 141
Citibank 38, 144, 152
Coldwell Banker 127, 128, 129, 134
Computer 209-213
Consolidated Edison of New York (Con Ed.) 145
Consumers Complain (Andreasen, Best) 50
Continental Airlines 123, 124, 139
Cooper, L. 53, 175, 194
Corning, Inc. 37, 42, 62, 69, 139, 204, 216
Cowles, D. 162
Crosby, L.A. 162
Cross-Marketing-Initiative 106
Customers for Life (Sewell) 117, 178
Czepiel, J.A. 157

Daniel, J. 178
Day, G. 9
Dayton-Hudson 179
Davis, T.R.V. 191, 192
Delta Airlines 151, 181
Deluxe Corporation 181, 215
Designfaktoren 117
Deutsch, H. 104
Dial-a-Mattress 208
Dienstleistungsmarketing
– Integrationsschema 23
– intuitives 105-108
– Grundlagen für 30
– Beurteilungskriterien der Kunden 30, 31, 52-53, 61
– Merkmale und Aufgaben 19
– verarbeitende Industrie 21, 22
– vor Ort 202
– vs. Warenmarketing 17-20, 22
Digital Equipment Corporation 67
Direct Tire Sales 208
Disney EPCOT Center 207
Disney-Hotels 132
Disney World s. *Walt Disney World*
Disney World Dolphin 132
Domino's Pizza 16, 17
Donnelly, J.H. 161
Doorley, T.L. 21

Doppelte Abweichung 55
double deviation 55
Dow, R. 59
Dow Chemical 139
Drucker, P. 183
DuPont 87
Dylex Ltd. 210

Easingwood, Ch. 142
Eastern Airlines 124
Elsman, T.R. 87
Embassy Suites Hotel 59
England 142
English, M. 69
Entschädigungen 68
Entscheidungsfreiheit der Mitarbeiter 188-190
Erforschung der Kundenwünsche 58
Ergebnismessungen 191
Erkennen von Serviceproblemen 57-61
Erwartungsniveaus 75-80
– Änderungen 76
– Bestimmungsfaktoren 78-79
Evans, K.R. 162
Externe Strategien 99

Fairneß 168-169
Falzon, J. 45, 46
Fantus 107
Farley, J. 62, 69
Fast-Food-Branche 179, 180
FAST FORWARD 41
Federal Express 16, 17, 37, 38, 138, 144, 207
– Informationssysteme 71
– Markenidentität 141
– Mitarbeiterschulung 63
– Reklamationen 52
– Telefonsystem 66
Federal Quality Institute 207
Feedback 38
Ferrero, Ch.J. 98
Fidelity Bank 41
Firmenlogos 145
Firmennamen 139
Firnstahl, T. 65, 68, 70, 181
First Bank System 68
First Chicago Bank 175, 194
– Mitarbeiterforschung 195

227

First Marketing Corporation 187
First National Bank of Chicago 52
First Pennsylvania Bank 98, 100, 196
First Union 145
First Virginia Bank 143
Fitzgerald, T. 96
Fleet 143
Fluggesellschaften 102, 123
- Flexibilität 145-146
- Globalisierung 206
- Preispolitik 124
- Vielflieger-Programme 160-161
Forlines, J. 144
Forster, H.C. 163
Franchise-Restaurants 141
Friendly-Bank 178
Frontier-Airlines 124
Führungskräfte s. *Management*
Fulton, J.W. 114

Galeries Lafayette 206
Geldautomaten 38
General Electric 169
General Motors 59
Genesis 211
Getting Started in Quality (Cooper, Summer) 53
Gillett, T.F. 141
Gilmore, R. 157
Girl Scouts of the U.S.A. 99, 131
Glastonbury Bank and Trust Company 103
Globalisierung 206, 214
Goodman, J. 51, 64
Graphische Symbole 147
Graves, M. 132
Great Atlantic & Pacific Tea (A&P) 145
GTE Mobile Communications 184
Guidelines for Conducting Service Quality (Parasuraman, Berry, Zeithaml) 216
Gummesson, E. 129

H&R Block 138
Hallmark Cards 190
Hamby, J. 103
Hammill, D. 98
Hart, Ch. 33, 48, 52, 63
Hart, R. 121, 122
hassle factor 68

Hesselbein, F. 131
Heskett, J. 33, 48, 63
Hilton 205
Holiday Inn 15
Home Depot 181
Homequity 107
Hotelbranche 74, 158, 172, 205
Houghton, J. 37
Hull, J. 128
Humana 144
Hyatt Hotels 175, 211, 212

IBM 139, 146
IKEA 206
Imagepflege 102-103, 131
Informationssysteme 216
Infrastruktur 35, 42-45
Innovative Unternehmen 17
Insurance Company of North America (INA) 146
Interne Strategien 99
Internes Marketing 24
- wesentliche Elemente 176

J.P. Morgan 143
JC Penny 99, 178
Jemison, G. 122
Job-Produkte 175, 191, 194
Jocz, K. 9
Johnson & Johnson Medical 141
Johnston, V. 178
Joint Ventures 204
Jones, D.T. 45
Joyce Internation Inc. 38

Kahn, A. 101, 105
Kelleher, H. 122
Kfz-Versicherungen 124-125
Kingman-Brundage, J. 60
Klienten 162
KLM Royal Dutch Airlines 129
Kommunikation
- abteilungsübergreifende 43, 44
- Computer 209-213
- Fähigkeit zur 64
- Kanäle der 58, 119
- mit Kunden 83, 84, 170
- Symbolisierung durch 120

228

Kompetenzen s. *Befugnisse*
Kontrolle nach der Einführung 40
Kopierer 213
Kotler, P. 114
Kraftfahrzeugversicherungen 74
Krankenhäuser 184
kreative Unvernunft 104
Kreativität 64, 148
Kunden 24
- Beschwerden 41, 49
- besprechungen 170
- bindung 80, 88-90
- Erforschung der Wünsche des 58-61
- und Gestaltung der Servicemarken 140
- s. *Klienten*
- Kontakte zu 86, 100
- Kriterien der Servicebeurteilung 30, 31
- Marketing bei 155-173
- Serviceangestellte und 33
- Stammkunden 156-158
- Stufen der Kundenpflege 160-166
- Symbole 125
- Umsatz 159
- Vertrauen 54-55
- Wahrnehmung von Service 52-53
Kundenerwartungen 74-90
- Preise 123-125
- Steuerung der 82
- Strukturen 75-80
- übertreffen der 85
Kundenpflege 166-173
Kundenschnittstelle 95, 100
Kunisch, R. 106

L.L. Bean 52
Lakeland Regional Medical Center 44, 45
Lane, A. 182
Lastkraftwagen 74, 158
Lawler, E. 187
Leebov, W. 184
Lefkowith, E. 149
Legleer, B. 187
Leistungsbelohnung 67
Leitbilder 180-182
Lenkungsausschüsse für Servicequalität 102

Leonard, S. 133
Lernen aus Problemlösungen 69-71
Lexus 68, 87, 129
Liswood, L. 157
Luthans, F. 191, 192
Luther, D.B. 42, 204

Malcolm Baldrige National Quality Award 59, 63, 217
Management
- Chancen 95
- Computer 209
- ehrliches Bild der Dienstleistungen 82
- Entscheidungsfreiheit der Mitarbeiter 188-190
- Globalisierung 214
- als Pädagogen 182
- Rekrutierung 183
- Schulungen 106, 182, 190
- Serviceführung 36, 43
- und Stammkunden 159
- Systeme zur Problemverfolgung 71
- und Teamarbeit 44
- Unternehmenskultur 192
- Unterstützung des Marketing 98-99
managing the evidence 114
Marcus, B. 181
Maritz Marketing Research 125, 146
Marken
- bewußtsein 19
- Forschung 149
- gestaltung bei Dienstleistungen 139-142, 146
- identität 141
- namen s. *Namen*
- status 24, 138-153, 203
Marketing 95-109
- Abteilungen 97
- agressives 95
- Altkunden 169
- Aufgaben der Markentingleiter 96-103
- Eigenschaften des Marketingleiters 103-105
- Frequenz- oder Selbstfinanzierungsmarketing 160
- Imagepflege 102
- und Symbole 127

229

Marketing Financial Serice (Donnelly, Berry, Thompson) 161
Marktforschung 185
Marktsegmentierung 179
Marriott 143, 152, 179, 205
- Corporation 59
- Hotels 15
Marshall, Sir C. 182
Massachusetts Mutual Life 145
Mayone, L. 190
MBNA America 171
McDonald's 120, 121, 143, 206
- Markenidentität 141, 147, 152
McFarland 134
McKesson 164, 165
Meridian Banking Group 143, 185
Merril Lynch 165
MetLife 46
Metropolitan Life Insurance Company 45
Midlantic National Bank 98
Mitarbeiter 24
- Bedeutung für Serice 42, 59
- Befugnisse 63
- Belohnungssysteme 191-194
- Förderung 62, 205
- Kompetenz 64
- als Kunden 194-196
- Kundenkontakt 40
- Marketing für 175-196
- psychologische Unterstützung 66
- Qualifikation 177
- Sozialisation 133-135
- Symbole 125
- Verinnerlichung der Marke 153
- Werkzeuge für Marketing 101
Mitgliedskarten 171
Montgomery Ward 145
Moto Photo 206
MSA *(measure of service adequacy)* 88-89
MSS *(measure of service superiority)* 88-89
Mund-zu-Mund-Werbung 18, 20, 121, 157, 201

Nachbesserung s. *Pannenmanagement*
Namen 142-146
- Einprägsamkeit 145
- Flexibilität 145

- Kosten 151
- Relevanz 144
- Unterscheidbarkeit 143
NBC News 32
Newman, L. 146
Nigro, J.M. 41
Northwest Airlines 147
NYNEX Service Company 69

O'Connor, M. 155, 156
Onstead, R. 130, 131
Original Research II 179

Pannenmanagement 48-71, 202
- Schritte des 57
- Vorteile 52
Paquette, P.C. 21, 203
Parasuraman, A. 50, 216
People Express 124
Personalförderung 62
Pflegepaar 45
PHH Corporation 99, 105-108, 121, 128
- Kundenmanager 170
PHH Fleet America 106
Physische Umgebung s. *Umgebung*
Pier 1 imports 153
Pizza Hut 17, 147, 178
Polizei 16, 211
Pollard, C.W. 181
Popper, L. 130, 167
Potter, W. 37
Prämien 171
Preisgestaltung 123-125
Preston Trucking Company 37
Probelauf 38
Procter & Gamble 138, 205
Progressive Casualty Insurance Company 211
Prozeßkontrolle 70
Prudential of America 148
Prudential Insurance Company 84
Psychologische Unterstützung 66
pulling strategy 100
pushing strategy 100

Qualitätsserice (Zeithaml, Parasuraman, Berry) 23
Quantes Airlines 126
Quinn, J.B. 21, 203

Randall's Food and Drug 131
Rasmussen, M.A. 41
Regnier, T. 212
Reichheld, F.F. 157, 159
Reklamantionen 52, 58
Reputation 54
Rieder, G.A. 99, 191
Riesenman, J. 69
Richmond Metropolitan Blood Service 39
Roberts, J. 37
Rollenvorbilder 131, 185

SABRE 205, 210
SAS 206
Sasser, E. 33, 48, 63, 157, 159
Satisfaction Guaranteed Eateries, Inc. 65, 67
Schadenregulierer 63
Scheinkunden 60
Schmitt, C. 163
Schulungsmaßnahmen 62, 63
Schweden 101
Sentry 146
Service Quality (Berry, Bennett, Brown) 192
Service-Blaupause 39, 60
Service Master 16, 180, 181
Servicebegegnungen 86
Servicefehler
– Maßnahmen gegen 35
– Nachbesserung 48-73
Serviceführung 36-37
Servicegarantien 121, 122, 153
Servicekarten 60
Servicestrategie 16
Servicequalität
– Bedeutung der 16, 17, 201
– Grundlagen 23
– Merkmale 53
– s. *Zuverlässigkeit*
Serviceversprechen 80
Sevell, C. 117
Sevell Village Cadillac 117
Sewell, C. 134, 178
Sharing Leads Bonus Program 106
Shostack, G.L. 10, 38, 39, 113, 114
Signet Bank 141, 194
Singapore Airlines 206

Situation Creation 114
Smith, F. 207
Softwaresysteme 71
Solomon 208
Solomon, M. 118
Sonesta Hotels 64
Southwest Airlines 16, 122, 123, 124, 139, 181
Sovran 145
Soziale Faktoren 118
Sozialisation der Mitarbeiter 133-136
Sozialpsychologie 52
Staples 171
Steinberg, B. 209
Stew Leonard's 132, 134, 172, 181, 207, 208
Strategische Ausrichtung 97, 99
Studenten 178
Summer, B. 53
Suprenant 208
Symbolisierung 24, 113-136
– Aufgaben 125
– durch Kommunikationsmittel 120
– und Marketing 127
– Symbolarten 115
– Symbolsteuerung 114
– bei West Point Market 135
Synovus 144

Taylor, N.P. 169
Teamarbeit 43-45, 185-188
– mit externen Partnern 204
Technical Assistance Research Programs (TARP) 51, 53, 58, 64
Technische Ausstattung 66
Telefonsysteme 66
Terbruegen, M. 83
The Home Depot 98
The Role of the Environment in Marketing Services (Baker) 116
The Royal Bank Letter 186
The Power of Unconditional Service Guarantees (Hart) 121
Thompson, T.W. 161
Ticketron 144
Tiger International 207
Toleranzbereich 75-76, 83
Total Manager International 182
Touchstone 207

231

Toys R Us 145, 206
– in Deutschland 179
Toyota 68, 87
trace agents 63
Travelers Company 120, 121, 145
Turchiano, F. 126
Turnbull, P.W. 164

Ukrop, J. 15
Ukrop's Super Markets 15
Umgebung 115-119
– Komponenten 116
Unannehmlichkeitsfaktor 68
Union Trust Bank 179
United Virginia Bank 143
University National Bank & Trust Company (UNB&T) 162, 163, 164, 172
Unternehmenskultur 192
Upah, G.D. 114
Ursachenanalyse 69
US Air 146
U.S. Mortgage 107
US West 145
USAA Insurance Company 212

van't Haaff, P.A. 129
Verarbeitende Industrie 21
Vernon, R. 130, 135, 136, 181
Verhaltensmessungen 191
Versicherungen 158, 162
Verwirrende Dienstleistungen 35
Vielflieger-Programme 160-161, 172
Virginia National Bank 143
Visa 144
Vorschriften 189
Vorstellungsgespräche 178

Wayne Light 213
Wahrnehmung von Service 52-53
Wal-Mart 178, 205
Walgreen 212, 213
Wall, S. 175
Wall Street Journal 32
Walt Disney World 16, 117, 118, 119, 131
– Personalrekrutierung 133
Warenmarketing
– vs. Dienstleistungsmarketing 17-20, 22
– Merkmale und Aufgaben 18
Wartungsfirmen 158
Watson, W. 188
Werbebotschaft 24
Werbegeschenke 164
Werbespots 32
Wertbestimmung 172-173
West, J. 63
Westin 146
West Point Market 130, 136, 181
– Symbole 135
Wettbewerbspositionen 88-89, 142
Wilson, D.T. 164
WOW-Faktor 133

Xerox 204, 213

ZapMail 39
Zeithaml, V. 9, 23, 49, 50, 74, 157, 216
Zuverlässigkeit 30, 201
– Komponenten 36
– vs. Fehlerbehebung 54, 56
– als Marketingvorteil 31, 32
– Normen für 35
– Prämien 82
– und Toleranzbereich 76